Au frère Bruno, mon maître Yoda.
À Nikolaus von Liechtenstein, Reid Hoffman,
James Manyika et Carlo d'Asaro Biondo,
mentors et complices.

DIEU ET LA SILICON VALLEY

ÉRIC SALOBIR
avec la collaboration de Sven Ortoli

DIEU ET LA SILICON VALLEY

BUCHET • CHASTEL

7, rue des Canettes, 75006 Paris

ISBN : 978-2-283-03402-6

Préambule

> *« Le Monde en croissant, est-il condamné à mourir automatiquement, étouffé sous l'excès de son propre poids ? […] L'âge des nations est passé. Il s'agit maintenant pour nous, si nous ne voulons pas périr, de secouer les anciens préjugés, de construire la Terre. »*
>
> Pierre Teilhard de Chardin,
> « Construire la Terre », *Cahiers*,
> océan Pacifique, 1931

D'un côté, il y a le Vatican, 44 ha et 806 habitants, le plus petit État du monde et l'un des plus jeunes – il est créé en 1929 – qui abrite le Saint-Siège, tête d'une Église de 1,313 milliard de catholiques. De l'autre, un territoire de 5 000 km^2, 3 millions d'habitants parmi lesquels 73 des 143 milliardaires de la *tech* mondiale. Le premier exerce l'une des influences spirituelles et politiques les plus anciennes et les plus vastes du monde. En un demi-siècle d'existence, le second a bouleversé la vie de milliards d'êtres humains. Est-il possible de jeter un pont entre ces deux mondes à la temporalité si différente ? Entre les entrepreneurs pour qui les mystères de la vie et de la mort sont plus technologiques que théologiques et la vénérable institution qui est à un tournant de son histoire ? Le XXIe siècle sera spirituel ou ne sera pas. André Malraux se défendait d'avoir prononcé cette phrase, mais voici ce qu'il a dit : « *Le drame de la civilisation du siècle des machines n'est pas d'avoir perdu les dieux, car elle les a perdus moins qu'on ne dit : c'est d'avoir perdu toute notion profonde de l'homme*[1]. » Face à la révolution technologique, nous sommes dans le brouillard. Je cherche un homme[2], disait Diogène en brandissant sa lanterne allumée sur l'agora ensoleillée d'Athènes. Nous cherchons l'homme. Et nous avons besoin d'une lanterne.

1. *L'Express*, 21 mai 1955.
2. Dans son *Histoire de la pensée* (1989), Lucien Jerphagnon a remarqué que ce que cherche Diogène, ce n'est pas tant un homme digne de ce nom dans une Athènes dévoyée que le concept d'homme.

Introduction

Nous, les humains

« Je crois en un destin qui frappe les hommes s'ils ne font rien. »

Gilbert Keith Chesterton,
Illustrated London News, 29 avril 1922

Je ne sais pas si Dieu a visité la Silicon Valley, ni s'il envisage de le faire, mais je suis sûr que la Silicon Valley gagnerait à recevoir sa visite. Je veux dire par là que dans ce lieu qui est à la fois une métaphore (celle des nouvelles technologies et de l'argent fou de la Net économie), un fantasme (celui de l'éternelle jeunesse, l'omniscience et la conquête des étoiles) et une idéologie (celle de la disruption et de la création permanente), il manque quelque chose. Quelque chose comme un sens du sacré. Quelque chose autour duquel se joue, il me semble, notre survie en tant qu'espèce.

Nous vivons une époque paradoxale. Une époque hantée par une sainte trouille de la *singularité*, c'est-à-dire la peur du moment où des intelligences artificielles (IA) acquerraient leur autonomie ; et dans le même temps, nous ne savons pas, en tout cas pas encore, prendre la mesure de cet Internet que nous avons créé.

Ce grand bazar fabuleux dont on sait qu'il repose physiquement sur l'interconnexion des ordinateurs à travers le monde a donné naissance à quelque chose qu'on a baptisé le Web et à des messageries instantanées et plus généralement à un espace de signes dont les manifestations sont innombrables, qu'elles s'appellent Amazon ou Facebook ou Google ou Twitter ou Snapchat. Et ce grand bazar qui contient tout le savoir du monde en sait davantage, bien davantage sur chacun d'entre nous que nos pères et mères respectifs et même que nous-mêmes : ce que j'achète, ce que je lis, ce que je mange, ce que je consomme et comment je l'achète, comment je le lis, comment je le commente. En réalité, il ne *sait* rien. Ce n'est pas un dieu, fût-il de silicium. Et il se fiche bien de ce que j'ai mangé ou qui j'ai rencontré. Mais il est autrement plus inquiétant et passionnant. Il me change en profondeur, comme il change pour chacun d'entre nous la manière de communiquer, de penser, voire d'aimer et, au bout du compte, d'être humain. Si le sens du sacré manque quelque part, c'est bien là !

De nos jours, le mot sacré est facilement tenu pour suspect, et je vais préciser ce que j'entends par là, mais auparavant il est nécessaire de rappeler, même s'il est difficile de l'ignorer tant on se tue à nous le trompeter, que nous vivons une révolution[1] cognitive comme l'humanité n'en a

1. L'usage immodéré du mot « révolution » peut horripiler. Et on pourrait arguer que nous vivons en état de révolution permanente depuis… la révolution industrielle. Ou que la fin du XIXe siècle a été marquée par l'apparition du téléphone, du phonographe, du cinéma, de la TSF, etc. Pas mal pour une révolution cognitive ! Il n'empêche que ce que

pas connu cinq depuis qu'un hominidé s'est mis debout pour parcourir la savane africaine il y a 3 millions d'années. Et que l'épicentre de cette révolution se situe dans la *Silicon Valley*.

Par son importance et son aspect exceptionnel, cette révolution est classiquement comparée à l'invention de l'écriture chez les Sumériens. C'était à Uruk il y a 5 200 ans. Au cœur du Croissant fertile, entre le Tigre et l'Euphrate, celle que les Hébreux nommeront Erech, les Grecs Orchoé, et les Arabes Warka va dominer l'Asie Mineure durant un millénaire. C'est alors la plus grande ville du monde. À son apogée, elle abrite 70 000 ou 80 000 habitants dans les 6 à 8 km^2 que protègent ses remparts de pisé dont la tradition dit que c'est Gilgamesh, le roi légendaire, qui a décidé de leur construction. Celui-là même qui, à la mort de son ami Enkidu, est pris de panique à l'idée de sa propre mort, se met en quête du secret de l'immortalité et obtient, en lot de consolation, une plante qui prolonge la vie et qu'il perd aussitôt. Rapporté à la surface et à la population, Uruk est comparable aujourd'hui au troisième arrondissement lyonnais ou au territoire de Gibraltar. C'est là qu'en l'espace de cinq ou six siècles ont été inventés la vie urbaine, la roue, le système sexagésimal de comptage du temps et, bien sûr, l'écriture cunéiforme – « en forme de clous ».

Maintenant, basculez d'un coup cinquante-deux siècles plus tard, disons entre 1970 et 2020. Et faites un zoom sur cette zone de 200 km^2 qui s'étale au sud de San Francisco sur les comtés de San Jose et de Santa Clara et mieux connue sous le nom de Silicon Valley depuis que Don

---

nous vivons avec le numérique me semble bien plus radical, ou pour tout dire révolutionnaire !

Hoefler[1] l'a ainsi baptisée en 1971 après avoir constaté que les fabricants de semi-conducteurs, généralement à base de silicium, y poussaient comme des champignons après l'orage. C'est là qu'en l'espace de cinquante ans ont été inventés ou co-inventés les ordinateurs personnels, les moteurs de recherche, les smartphones, les réseaux sociaux, l'e-commerce, les services de distribution à la demande de vidéo et de musique. C'est là que sont nées parmi les plus grandes entreprises du monde contemporain Apple, Google, Facebook, Twitter, etc., mais aussi des entreprises de tailles à peine plus modestes, Tesla, Salesforce, Nvidia, Hewlett-Packard ; la liste est trop longue pour en faire état. C'est là aussi que des entreprises aux noms plus ou moins poétiques, Nectome, SENS, Ambrosia, Human Longevity Inc, etc., ont repris le flambeau que Gilgamesh a laissé choir. C'est là enfin que les capital-risqueurs et les *tech-entrepreneurs* vous affirment les yeux dans les yeux qu'ils entendent bien sinon sauver le monde, du moins le rendre meilleur.

Souvent, ils y croient.

Les deux révolutions ont en commun d'avoir un épicentre bien localisé et de changer en profondeur les sociétés dans lesquelles elles se produisent. Sauf que la première s'étale disons – c'est un peu arbitraire – jusqu'au moment où les scribes mettent par écrit les récits de la tradition orale, soit une dizaine de siècles, et que la seconde survient en moins de cinquante ans si l'on considère – ce n'est pas moins arbitraire – qu'elle commence par l'ordinateur personnel et la transformation du réseau universitaire ARPANET en World Wide Web dans les années 1980, se poursuit

1. « Silicon Valley USA », *Electronic News*, 11 janvier 1971.

avec le smartphone et culminera avec les produits d'IA. Moi qui suis né en 1970, j'ai vécu cette bascule de plein fouet ; ma génération peut témoigner qu'on ne vit pas de la même manière avant, pendant et après une révolution de ce calibre : je l'ai vécue, comme tout le monde, dans la rue, au bureau, dans le métro, dans le train, dans le bus, dans les supermarchés, et comme beaucoup d'entre nous sans avoir le temps, ni l'envie, de réfléchir et en quelque sorte, de mûrir son usage !

J'ai dit révolution, et l'histoire nous apprend que les temps de révolution ne sont pas toujours les plus sympathiques à vivre ; et que cela dépend, au premier chef, de quel côté on se situe. Aujourd'hui, une partie de l'humanité qui n'a rien demandé est invitée, bon gré mal gré, à se joindre à la révolution numérique. Vous me direz que celle-ci est sympathique, indolore et certainement pas coercitive, au moins dans les démocraties. Et puis, de toute façon, l'histoire n'est-elle pas jalonnée de conquêtes qui bouleversent et dispersent des cultures ? Pourquoi s'en faire ? Sur l'aspect non coercitif dans nos démocraties, le point est discutable et j'y reviendrai dans les chapitres consacrés au big data et à la gouvernance. Mais il faut s'en faire : *primo* parce que la numérisation du monde peut conduire à un monde meilleur mais également au *Meilleur des mondes*. *Secundo* parce que cette révolution coïncide avec un bouleversement du climat qui pourrait être la plus grande épreuve que l'humanité ait jamais affrontée. Rien moins que l'avenir de l'espèce et de toutes celles qu'elle entraînerait dans sa chute si nous ne parvenons pas à changer nos modes de vie. « *Puissiez-vous vivre une époque intéressante* », dit une malédiction, censément d'origine chinoise mais plus probablement américaine. Et de fait, nous sommes servis, entre dérèglement climatique et révolution numérique.

Comme ces vagues géantes qui naissent, dit-on, dans la houle océane, la conjonction de ces deux tendances est assurément puissante et potentiellement terrible. Et paradoxalement, je le crois profondément, c'est une chance.

La chance de réfléchir à notre place dans l'univers ou, pour le dire autrement, de nous poser ces questions que le philosophe Emmanuel Kant considérait comme l'essence de la philosophie : *que puis-je connaître ? que dois-je faire ? que puis-je espérer ?* et, pour les coiffer toutes, *qu'est-ce que l'homme ?* Ces questions, chaque culture se les pose ou se les est posées à sa manière, mais aujourd'hui nous sommes contraints de le faire globalement. Paul Valéry pouvait observer au lendemain de la Première Guerre mondiale que « *nous autres civilisations nous savons maintenant que nous sommes mortelles*[1] », aujourd'hui, nous savons que c'est l'humanité entière qui est mortelle. Les enchères ont monté depuis la boucherie de 1914-1918.

Chance également parce que la révolution du numérique peut contribuer à notre sauvetage, beaucoup plus, je le crois, qu'à notre naufrage. À condition de ne pas la subir. C'est aussi l'un des objets de ce livre que de dire simplement de quoi on parle lorsqu'on évoque IA, robots, blockchain, algorithmes ou big data. Le futur des prochaines générations se joue aujourd'hui et nous leur devons de poser les bonnes questions pour qu'elles puissent donner les bonnes réponses. Que doit-on craindre et que peut-on espérer ? Comment limiter les biais des algorithmes ? Comment supprimer les manipulations et les appels à la haine sans limiter les libertés ? Comment

1. Paul Valéry, *La Crise de l'esprit*, NRF, 1919.

empêcher les microdécisions prises par des IA de se substituer à la faculté de juger ? Mais aussi comment un bon usage des IA peut améliorer notre monde : en favorisant une démocratie mondiale, en assurant une meilleure répartition des ressources au bon endroit et au bon moment, en ouvrant plus largement et plus intelligemment les portes de l'éducation, en luttant contre les inégalités et les injustices, en facilitant la recherche médicale...

Avant tout, ce livre est un *wake-up call*, un « réveillons-nous » tonique : nous autres humains du XXIe siècle ne croyons plus guère au progrès comme moteur vers une société meilleure, comme c'était le cas d'une partie des Européens de la fin du XIXe siècle. Nous sommes en revanche encore nombreux à penser que le progrès relève d'un mécanisme inéluctable et qu'il est vain de vouloir le réguler. Et pourtant ce n'est tout simplement pas vrai. Il n'y a aucune main invisible de la technique, aucune divinité indifférente aux humains et toute entière tournée, invention après invention, vers une création sans fin dans tous les sens du terme. Les nouvelles technologies ne sont ni bienveillantes ni malveillantes, elles sont des outils, des serviteurs, non des maîtres. Sauf si nous choisissons d'en être esclaves. Dans ce marché de dupes où l'on échange une fluidité d'achats ou de discussions contre des informations censément anonymes sur nos habitudes consommatoires, ne choisissons-nous pas la servitude volontaire ? Vivant, comme les terriens de *Matrix*, dans l'illusion de notre libre arbitre ?

C'est bien parce que le danger existe que nous devons (re)mettre le politique, au sens fort du terme, au cœur de la technologie. Et pas plus sous la forme d'une utopie californienne libertaire un peu hors-sol que sous celle d'une dystopie chinoise.

C'est pour cette raison que j'ai évoqué la nécessité d'un sens du sacré et, puisque j'ai employé un mot qui peut déranger ou prêter à confusion, deux parenthèses et une définition s'imposent. La première parenthèse est personnelle : je suis prêtre, dominicain et un peu (trop) geek. Je voyage fréquemment entre la Californie, Rome et Paris au motif que mon ordre, traditionnellement curieux des sciences et des techniques – j'en parle plus abondamment dans le chapitre consacré aux relations parfois houleuses entre l'Église et la science –, a considéré que, dans une société largement redessinée par les nouvelles technologies et l'IA, veiller aux effets de celles-ci sur la place de l'humain entre résolument dans sa mission. Je passe en conséquence une partie de mon temps dans la Silicon Valley mais également au Media Lab du MIT ou au MILA de Montréal, et partout où les hommes et les femmes qui comptent dans ces domaines veulent bien m'expliquer ce qu'ils font. En général, ils me reçoivent avec sympathie et un authentique intérêt – peut-être parce que j'incarne une sorte de version californienne de *mon curé chez les hackers* –, plus sûrement parce qu'ils se disent, et je ne saurais leur donner tort, qu'un ordre qui réfléchit aux questions philosophiques et théologiques posées par les sciences et les techniques depuis bientôt 800 ans mérite au moins d'être écouté. Cela dit, je ne cherche pas plus à les convertir qu'ils ne cherchent à me convaincre de l'excellence de leurs recherches pour l'humanité. Et j'ajoute que je ne cherche pas non plus dans ce livre à évangéliser mon lecteur. La foi, j'en parle dans un (court) chapitre où j'évoque le chemin qui est le mien, est éminemment intime et je ne représente dans ce livre que moi-même. L'éthique, en revanche, est l'affaire de tous. Et l'Église catholique, par la voix du pape François, a clairement montré, dans la lettre *Humana Communitas*[1], qu'à propos des « *technologies émergentes et convergentes* » elle entend jouer son rôle de veilleur : « *L'intelligence artificielle, la robotique et les autres innovations technologiques doivent être employées afin de contribuer au service de l'humanité et à la protection de notre maison commune et non à l'exact opposé, comme malheureusement le prévoient certaines estimations.* »

La seconde parenthèse est générale : je ne crois pas que nos sociétés se soient désacralisées. Anesthésiées peut-être, somnolentes sans doute, mais le sacré y est toujours présent pour la bonne et simple raison qu'il nous est tout aussi vital que l'azote dans l'air ; apparemment inerte mais fondamental pour le vivant parce qu'il limite la concentration (potentiellement explosive) d'oxygène et favorise la production des nitrates indispensables à la vie des plantes. Pour filer plus loin la métaphore, nous ne respirons pas plus de l'oxygène pur que nous saurions penser avec de la raison pure qui doit nécessairement être mélangée avec, entre autres, du sacré. Le sacré n'a pas disparu et ne disparaîtra pas, néanmoins, je crois qu'il se manifeste aujourd'hui beaucoup plus sous une forme individuelle que sous une forme collective. Et que ce déséquilibre, que je sens fortement dans la *Silicon Valley*, est au cœur de la crise de civilisation qui est aujourd'hui la nôtre.

De la forme individuelle du sacré, chacun d'entre nous en fait l'expérience à sa mesure et sait très bien la reconnaître quand elle surgit sans être pour autant capable de

1. Message du Saint-Père, 15 janvier 2019.

théoriser ce qui lui arrive. La contemplation de la Voie lactée, la parfaite bicyclette d'un joueur de football (ah, Cristiano Ronaldo en quart de finale de la Ligue des champions contre la Juventus !), la main tendue d'un inconnu, la tranquille étendue d'un lac au petit matin, le rayon de soleil qui joue dans la poussière dorée au-delà d'un vitrail, enfin tous ces moments de grâce qui, dans la simplicité de leur perfection, ne peuvent ni se vendre ni se donner, mais révèlent, pour un instant, un domaine inaccessible à la raison. Cela ne dure pas, mais dans ces moments-là les nuages qui obscurcissent le réel, c'est-à-dire la structure profonde du monde, s'écartent juste assez longtemps pour que celui qui en est témoin soit saisi d'un sentiment ineffable, mélange de gratitude, d'émerveillement, parfois de crainte devant cette apparition « *de l'extraordinaire dans l'ordinaire*[1] ».

La forme collective du sacré est plus complexe à analyser. En la matière, comme l'a si bien décrit l'anthropologue René Girard, « *le sacré, c'est la violence*[2] », c'est-à-dire le moyen qu'ont trouvé les hommes de neutraliser la violence. Mais il y a d'autres dimensions dans le sacré collectif, celles qu'on expérimente au quotidien lorsque nous affirmons, par exemple, que la liberté de penser, de blâmer, de caricaturer est un droit inaliénable pour lequel il vaut le coup de risquer sa vie. Ou qu'aucun être humain n'est inférieur ou supérieur à un autre, au moins en droit. Ou encore que la lutte contre la ségrégation et l'esclavage mérite que l'on se batte en son nom. Ou enfin que la nature mérite d'être respectée

1. Michel Leiris, « Le sacré dans la vie quotidienne », conférence de 1938.
2. René Girard, *Des choses cachées depuis la fondation du monde*, Le Livre de poche, coll. « Biblio essais », 2006.

plutôt qu'asservie. Ce qui fonde une société, c'est le sacré au sens de ce que nous estimons nécessaire de préserver à tout prix : ce qui n'a pas de prix, ou, pour rester dans le vocabulaire religieux, ce que nous estimons nécessaire pour ne pas perdre notre âme.

Il est ce qui donne du sens à notre vie en communauté et l'idée que cette communauté se fait d'elle-même. Vous me direz que pour un chrétien ou un musulman, c'est facile, notre avenir *post mortem* est sinon assuré, du moins balisé. Et puis, pour le christianisme en particulier, le sacrifice de Jésus sur la croix a permis d'accomplir le sacré.

Certes, mais croyants ou athées, pour le temps qui nous est donné, que partageons-nous aujourd'hui ? La réponse est simple. Nous partageons la Terre. Et nous le savons. Nous ? Pas « les Occidentaux », pas « les Européens », nous, les humains. C'est la première fois dans l'histoire de l'humanité que nous pouvons dire « Nous » ! Ce n'était pas le cas il y a encore vingt ans. Nous savons à la fois que notre planète est insignifiante, parmi les 10 000 milliards de milliards que cet univers contiendrait, et pourtant unique. Plus qu'une planète, nous savons que c'est un vaisseau. Un vaisseau qui file ses 107 000 km/h en moyenne autour d'un Soleil qui se déplace lui-même à 800 000 km/h dans une Voie lactée poussée par le vide à 2,3 millions de km/h vers un lointain amas de galaxies, le Grand Attracteur – Blaise Pascal aurait apprécié ! Un vaisseau dont nous ne maîtrisons ni les propulseurs, ni la passerelle, ni le gouvernail. Et que nous nous employons à rendre invivable. Nous savons désormais qu'aucun vœu pieux ne nous sauvera, aucune promesse, aucun sommet de la terre, aucun refuge martien, aucune « nouvelle technologie » salvatrice si nous ne regardons pas en face la crise de civilisation qui est celle de tous les humains. Et que pour l'affronter nous devons nécessairement nous demander ce qui est sacré à nos yeux. Le sacré dont je parle ne tente pas de répondre à la question de l'au-delà mais de l'ici-bas. Il a plus à voir avec l'idée que nous partageons un *cosmos*, pour parler comme les stoïciens, c'est-à-dire une aventure commune face aux mystères de l'existence, de la vie et de la mort. Qu'on ne s'y trompe pas. Je suis persuadé que cette aventure passe par l'inventivité associée à la révolution numérique. L'homme est capable de créer des machines, c'est l'une de ses plus belles caractéristiques. Il est aussi capable d'élaborer une éthique qui englobe non seulement les humains, les animaux et les plantes, mais aussi les machines. Pour que les inventions à venir soient au service de l'homme, et de la Terre, et non pas à celui d'une croissance économique sans fin(s).

L'assyriologue américain Samuel Noah Kramer a pu écrire que *L'histoire commence à Sumer*[1]. Voulons-nous qu'elle s'achève dans nos smartphones ? À nous d'être plus créatifs que destructifs.

---

1. Samuel Noah Kramer, *History begins at Sumer*, Pensylvania Press, 1956 [*L'histoire commence à Sumer*, Flammarion, 2017].

1

Une passerelle entre science et foi

Influencé par saint Augustin et Maître Eckhart, lecteur de Teilhard de Chardin, geek et passionné de science-fiction, je suis prêtre et dominicain. Et je revendique de vivre dans une époque où la science et la foi ne s'opposent plus. Ce qui ne m'empêche pas de penser, comme Albert Einstein, que « la science sans la religion est boiteuse, la religion sans la science est aveugle ».

« Le passé n'éclairant plus l'avenir, l'esprit marche dans les ténèbres. »

Alexis de Tocqueville,
De la démocratie en Amérique, 1840

On peut aimer *Star Wars* et les Évangiles, l'effervescence des start-up et la patiente curiosité de l'Angelicum, l'université pontificale Saint-Thomas-d'Aquin à Rome. On peut être baba devant une imprimante 3D, les potentialités des IA ou les progrès vertigineux des traducteurs en ligne – mais encore bien loin des *babel fish* du Routard galactique[1] ! –, et apprécier les bienfaits de la contemplation et de la prière. On peut concilier l'Église et la science, l'innovation et la foi. C'est mon cas, je suis catholique, dominicain, technophile et je dirige un laboratoire d'idées, un think tank, consacré à l'impact des nouvelles technologies. J'ajoute, c'est un élément mineur mais crucial de la culture *tech* californienne, que je suis fan de science-fiction. Mais chaque chose en son temps ; il sera beaucoup question dans ce livre des intentions, cachées ou non, derrière les lignes de code et les machines inventées dans la Silicon Valley. La moindre des choses est de préciser mes intentions à moi, c'est-à-dire de prévenir mon lecteur des biais potentiels qui sont les miens : *d'où parles-tu, camarade ?* À la question, traditionnellement posée dans les amphis en 1968, je réponds que je parle d'abord et toujours depuis ma foi.

Un eurêka religieux

Avoir la foi, qu'est-ce que cela signifie ? Il existe, je le suppose, autant de définitions que de croyants, et je ne saurais pas plus épuiser le sujet que le proverbial enfant vidant la mer à la petite cuillère sous le regard perplexe d'Augustin qui l'aurait croisé sur une plage algérienne. Mais je peux néanmoins citer les conseils des deux maîtres pour l'œuvre desquels je me suis découvert une passion, pendant mes études de théologie : saint Augustin, justement, qui énonce dans ses *Homélies sur l'Évangile de Jean* que « *la compréhension est la récompense de la foi. Ne cherche donc pas à comprendre*

1. *The Hitchhiker's Guide to the Galaxy*, Geoffrey Perkins, 1985. Feuilleton radiophonique de science-fiction créé en 1978 par Douglas Adam.

pour croire, mais crois afin de comprendre ». La foi, c'est comme cela que je l'entends, passe d'abord par l'intuition ensuite par la raison. C'est un *eurêka* religieux. Ce n'est pas un hasard si j'évoque Archimède dans son bain plutôt que saint Paul sur la route de Damas : à mon goût, l'intuition colle mieux que la révélation pour décrire comment survient la foi, moins sommet de la montagne que fond de la vallée !

Maître Eckhart ensuite, dont le « *regarde-toi toi-même et où que tu te trouves, laisse-toi*[1] » continue de me guider dans mon expérience quotidienne – enfin pas en permanence, j'en serais incapable ! mais suffisamment pour que je puisse tenter de pratiquer ce décentrement, cet écart de soi ou plutôt cet écart du moi qui permet d'approcher autrui sans le transformer en objet.

Cette démarche collective narrée à la première personne est une sorte de disruption spirituelle, pour employer un terme cher à la *Silicon Valley*. Mais puisqu'il vient un moment où il faut se passer de béquilles, aussi magnifiques soient-elles, disons que je considère simplement la foi comme une relation personnelle à Dieu, une joie, et parfois une inquiétude, qui ne me quitte pas où que j'aille. En somme, un lien de famille.

En parlant de famille, d'aucuns pourraient trouver que ces pages comptent beaucoup de « je ». Sans me défausser, il me faut dire que c'est à cause de – ou grâce à – mon éditeur : au long de la belle aventure qui donna naissance à ce livre, il m'a convaincu que parler à la première personne était la seule façon d'assumer et d'incarner des convictions personnelles,

1. Maître Eckhart, *Les Traités et le Poème*, Albin Michel, 1996, p. 55.

malgré la dimension éminemment communautaire de la mission de l'ordre dominicain, auquel j'appartiens, et en dépit du fait que la plupart des convictions exposées ici se sont forgées au cours de conversations avec les membres d'Optic, institution que j'ai la chance de coordonner, à mi-chemin entre le think tank et le réseau international d'amitié. Cet ouvrage doit beaucoup à chacun d'entre eux, dominicains, entrepreneurs, acteurs des politiques publiques, universitaires, responsables d'ONG et autres représentants de la société civile. Je tiens, ici, à leur rendre l'hommage qui leur est dû.

Pourquoi y a-t-il quelque chose plutôt que rien ?

À ce propos, je suis issu d'une famille d'enseignants et ce n'est pas sans incidence sur mon goût pour la transmission. Ma mère était professeur de sport et mon père enseignait la technologie : il avait monté, à l'époque, l'équivalent du laboratoire central des Mines pour les PME – et m'a transmis le goût d'entreprendre. Ni l'un ni l'autre n'étaient pratiquants et j'ai découvert le catholicisme, seul dans mon coin, entre 9 et 10 ans, en me posant la vieille question *pourquoi y a-t-il quelque chose plutôt que rien ?* C'était sous une forme assurément moins élaborée que ne l'aurait fait Leibniz mais aussi enthousiaste qu'on peut l'imaginer chez un gamin de cet âge que *le silence des espaces infinis* fascine ! D'autant plus que dans les années 1980 le projet SETI (*Search for Extraterrestrial Intelligence*) me laissait imaginer qu'un de ces jours une civilisation extraterrestre nous ferait un coucou cosmique. J'attends toujours…

Il n'y avait qu'un bémol : j'étais immensément pudique et ma ferveur était tempérée par l'effrayante perspective d'un baptême que j'imaginais comme celui de Clovis sur une gravure de mon livre d'histoire : nu devant la foule des dignitaires. Je me suis fait baptiser malgré tout – ce qui indique, je suppose, que ma foi était chevillée au corps… – et à mon grand soulagement il n'a pas été nécessaire de me déshabiller. Au collège et au lycée, j'ai un peu délaissé la lecture de la Bible et des Évangiles pour celle de la science-fiction. Je me souviens en particulier que le voyage spatial de *Discovery One* dans le *2001 : l'Odyssée de l'espace* d'Arthur Clarke m'a laissé une impression inouïe. La perspective d'une IA devenue folle et prise dans un conflit de loyauté terrifiant entre le sort de la mission et celui de l'équipage me semblait prophétique. J'ai retrouvé les lectures sacrées en parallèle de mes études en école de commerce, durant lesquelles j'ai pratiqué avec bonheur le scoutisme et appris, comme l'enseignait Baden-Powell, à « *regarder la face ensoleillée des choses* ». J'ai ensuite travaillé dans une banque, au Crédit Lyonnais. Au bout de trois années passées à optimiser les comptes de grands clients – je ne les renie pas, elles étaient passionnantes –, j'ai choisi d'aller là où je me sentais appelé. Je suis entré chez les Dominicains.

Les lunettes de Giordano

Pourquoi les Dominicains ? Sans doute parce qu'ils accordent un primat à l'intellect et qu'ils aiment transmettre. Giordano da Pisa, ravi de posséder enfin une paire de lunettes, la nouvelle merveille technologique de l'époque, raconte comment le frère Alessandro della Spina (mort quelques années auparavant en 1313) « *fabriqua lui-même des lunettes qu'un autre avait conçues le premier, mais refusait d'en communiquer le secret. Alessandro au contraire […] enseigna à tous la manière de les faire*[1] ». La transmission, c'est notre pain quotidien depuis 800 ans, nous n'en sommes pas peu fiers. Et puisque nous formons ce que l'on appelle un ordre mendiant, comme celui des Franciscains fondé à la même époque, mais aussi d'itinérants, nous avons le devoir de bouger, avec pour mission première de donner le goût de l'Évangile par la prédication. Autrement dit, nous ne vivons pas reclus dans un monastère et nos couvents sont des ports d'attache que nous quittons aussi volontiers que nous aimons les retrouver. Mais entendons-nous : prêcher ne signifie pas psalmodier quelques paroles bienveillantes et creuses. Prêcher commence par l'écoute du monde et se poursuit avec le récit de ce qu'on a entendu. « *Contempler et transmettre ce que l'on a contemplé* », écrit Thomas d'Aquin, enseignant universitaire à Paris, au XIIIe siècle. Voilà la devise qui a mis l'étude au cœur de notre vocation, que ce soit autour de la bibliothèque du Saulchoir à Paris ou à l'École biblique et archéologique française de Jérusalem, à l'Institut d'études orientales du Caire ou au Decere de Strasbourg, et fait de notre ordre un endroit où il est naturel de s'interroger sur les transformations du monde. Nous aimons, c'est dans notre ADN, réfléchir et être en quête, le mot nous est cher, de vérité : « *dans la douceur de la fraternité, chercher la vérité* », selon les mots d'Albert le Grand.

Foi et vérité

Qu'est-ce que cela signifie *chercher la vérité* à l'époque des *fake news* et des « *faits alternatifs* » ? *Primo*, que les faits n'ont

1. Chiara Frugoni, *Le Moyen Âge sur le bout du nez. Lunettes, boutons et autres inventions médiévales*, Les Belles Lettres, 2011, p. 4-5. Cité par Bernard Forthomme.

rien d'alternatifs et qu'ils sont têtus, Mark Twain l'avait remarqué bien avant Lénine ! *Secundo*, que chercher la vérité ce n'est pas être persuadé de la détenir – pour employer un verbe qui sent fort la prison – mais vouloir s'en rapprocher. *Tertio*, je crois comme Winston le héros de *1984* que « *la liberté c'est la liberté de dire que deux et deux font quatre, si cela est accordé le reste suit* ». Des mots qui gardent tout leur sens dans une société, la nôtre, qui considère parfois que la vérité ne se découvre pas mais se construit socialement et que si nécessaire, comme dans le parti de Big Brother, deux et deux peuvent faire cinq. *Quarto* que le désir de vérité, sous toutes ses formes imaginables, scientifique, spirituelle, artistique ou sportive, et bien sûr au quotidien, fait la grandeur de l'homme.

Il va de soi – cela va sans dire mais encore mieux en le disant – qu'avoir la foi n'a jamais empêché de chercher la vérité, donc de penser, inventer, créer : « *en étudiant la Nature, nous n'avons pas à nous demander comment Dieu, selon Sa volonté, utilise Ses créatures pour faire des miracles et montre ainsi Sa puissance. Nous devons plutôt nous demander ce que la Nature, avec ses causes immanentes, peut réaliser*[1] », commente notre illustre prédécesseur, Albert le Grand, pour refuser la subordination de la raison à la révélation. Il suffit de parcourir n'importe quelle histoire des sciences pour voir s'égrener les noms de franciscains, dominicains, jésuites ou séculiers dans la longue liste des inventeurs et savants qui ont participé à ce qui est, à mes yeux, l'une des plus belles aventures collectives de l'humanité : le franciscain Roger Bacon, premier théoricien de l'arc-en-ciel (et peut-être l'inventeur des lunettes de frère Giordano !), dont la curiosité l'a conduit à noter scrupuleusement la formule de la poudre à canon venue de Chine. Nicolas de Cues, le

1. *De Cœlo et Mundo*, I, tr. 4, x.

cardinal cosmologiste, qui affirme en 1463 que « *La machine du monde a pour ainsi dire son centre partout et sa circonférence nulle part*[1] », ouvrant la voie aux spéculations des astronomes de la Renaissance et à la célèbre hypothèse de Nicolas Copernic éjectant la Terre de son orgueilleux centre pour la faire tourner autour du Soleil. Le dominicain Giordano Bruno qui affirme la pluralité des mondes habités dans un univers infini. Et puis l'acousticien et musicologue Marin Mersenne, le jésuite Roger Joseph Boscovich, précurseur de l'atomisme moderne, Edme Mariotte qui partage avec Boyle la loi des gaz parfaits, René Just Haüy le père de la cristallographie, Gregor Mendel et les lois de la génétique, l'abbé Georges Lemaître qui anticipe le big bang.

La condamnation de Galilée

Il est vrai que cette liste éloquente, et loin d'être exhaustive, ne saurait masquer les choses qui fâchent : les rapports entre l'Église, au sens politique du terme, et le vaste chantier *work in progress* qu'est la science, ont été jalonnés de moments de communion intense, mais aussi d'affrontements âpres et de condamnations sévères. C'est ainsi que le génial Roger Bacon, « l'admirable », a passé quelques années en prison, en raison de ses travaux condamnés et de ses livres interdits ; que Copernic a prudemment repoussé la publication de son *De revolutionibus orbium coelestium* après son décès en 1543 et que Tommaso Campanella, l'utopiste de *La Cité du soleil* a été torturé dans la prison romaine de l'Inquisition l'année même où Giordano Bruno a été sorti

1. Nicolas de Cues, *La Docte Ignorance*, 1440, trad. M. de Gandillac, Aubier, 1942.

de cette même prison pour être brûlé sur le campo dei Fiori. Rien de surprenant si la condamnation de Galilée en 1633 est venue cristalliser pour longtemps le scénario d'une Église obscurantiste et dogmatique condamnant la nécessaire liberté accompagnant la recherche de la vérité scientifique. À tel point que, quelques années plus tard, Pascal, savant génial, philosophe inspiré et chrétien incontestable, a pu sombrement écrire que « *le pape hait et craint les savants qui ne lui sont pas soumis par vœux* ».

Mais les temps ont changé depuis le procès de Galilée, et Jean Paul II, dans le mouvement de purification de mémoire qu'il a souhaité en 2002, a voulu reconnaître que, sur ce plan, l'Église avait fait fausse route : « *qu'on nous permette de déplorer certaines attitudes qui ont existé parmi les chrétiens eux-mêmes, insuffisamment avertis de la légitime autonomie de la science. Source de tensions et de conflits, elles ont conduit beaucoup d'esprits jusqu'à penser que science et foi s'opposaient*[1] ». Tout n'est pas réglé mais, pour la plupart des catholiques, la « légitime autonomie de la science » est devenue la norme. Ce qui n'interdit pas – autonomie n'est pas indépendance – de réfléchir aux conséquences mondiales de ce qui se passe dans le domaine des sciences en général et chez nos voisins californiens en particulier. L'Église catholique et romaine, c'est son droit et son devoir, ne pourrait et ne saurait, comme les trois petits singes de la sagesse, rester aveugle, sourde et muette au futur qui se construit aujourd'hui dans la Silicon Valley.

1. *Gaudium et spes*, n° 36, Vatican II, décembre 1965.

2

Ni ange, ni bête, ni machine…

Qu'est-ce que l'homme ? Dans une époque où les frontières se brouillent tant du côté de l'animal que de celui de la machine, l'homme cherche sa place. Et il ne la trouvera pas sans donner une place au spirituel. Qu'est-ce que l'homme ? Où placer le curseur ? D'un côté, il y a longtemps que la réponse a été fournie par Pascal : « La grandeur de l'homme est grande en ce qu'il se connaît misérable » et, pour le reste, « Il est un monstre incompréhensible ». D'un autre, en Californie, c'est un joyeux chaos que résume la cérémonie annuelle, si prisée des magnats de la *tech*, du Burning Man – l'homme qui brûle –, tout un programme…

« Le pessimiste et l'optimiste s'accordent à ne pas voir les choses telles qu'elles sont. L'optimiste est un imbécile heureux, le pessimiste un imbécile malheureux. Vous pouvez très bien vous les représenter sous les traits de Laurel et Hardy. »

Georges Bernanos
La liberté, pour quoi faire ?, 1953

Le problème du futur a été remarquablement bien identifié par l'écrivain français Paul Valéry au lendemain de la Première Guerre mondiale : « *cet état présent, qui est notre œuvre, amorce nécessairement un certain avenir, mais un avenir qu'il nous est absolument impossible d'imaginer, et c'est là une grande nouveauté*[1] ». On en est précisément là aujourd'hui. Enfin pas tout à fait puisque nous savons que nous aurons à franchir le mur climatique d'ici à la fin du XXIe siècle. À quelle hauteur ? C'est ce que nous ne savons pas. Pour le reste, on est contraint d'aller à la pêche aux traces dans le présent. Que voyons-nous dans le nôtre ? Une société humaine qui est largement je n'ose dire unifiée, mais lissée, bon gré mal gré par une *pax technologica*, qui fait que de Pékin à Buenos Aires et de New York à Sydney on trouve les mêmes smartphones, avec les mêmes *apps*, les mêmes moteurs de recherche, les mêmes boutiques en ligne et les mêmes accumulations de données sur nos comportements numériques. Et ce n'est pas moins un empire que celui des Romains sauf que son siège symbolique se trouve dans la Silicon Valley.

Notez bien que je parle d'un siège symbolique : Skype a été fondé en Estonie, l'application de géolocalisation Waze est d'origine israélienne et on ne compte plus le nombre de licornes, comme on aime à appeler les start-up à succès, qui naissent aux quatre coins du monde. L'empire reste cependant unifié en ce que, comme beaucoup, les entreprises que je viens de citer ont toutes deux été rachetées par des géants américains. La Silicon Valley dispose d'un pouvoir d'attraction et de concentration hors du commun. Une combinaison de puissance financière et de méthodes d'innovation qui attire les talents et les jeunes pousses.

1. Paul Valéry, *La Crise de l'esprit*, NRF, 1919.

D'autres acteurs sont en embuscade, comme la Russie dans le domaine de la cybersécurité, mais le seul qui puisse faire trembler cet empire n'est autre que l'empire du Milieu. Il n'aura échappé à personne que le fabricant de smartphones Huawei est chinois et que ce pays s'est doté d'équivalents des GAFAM (Google, Amazon, Facebook, Apple, Microsoft), que l'on rassemble souvent sous l'acronyme BATX (Baidu, Alibaba, Tencent et Xiaomi), constituant ainsi une véritable économie numérique parallèle. Longtemps protégés par l'usage d'une langue et d'un alphabet propres, ainsi que par la relative imperméabilité du Web national, ces géants ont pu prendre du muscle en toute quiétude sur leur immense marché domestique et ne cachent plus, désormais, leur appétit pour le reste du monde. Jusqu'à présent, l'outsider chinois restait cependant en bonne partie dépendant des technologies américaines (microprocesseurs, systèmes d'exploitation comme le fameux Android fourni par Google…) même si l'indéniable avance de Huawei dans la 5G est déjà un signe que les choses pourraient changer. En empêchant l'accès à leurs technologies, dans le cadre de la guerre commerciale sino-américaine, en 2019, les États-Unis ont cependant peut-être hâté l'émergence d'un compétiteur majeur : la Chine ne peut désormais plus compter que sur ses propres forces et fait de son mieux pour couper le cordon ombilical qui la reliait encore à la Silicon Valley. À moyen terme, l'empire californien pourrait donc vaciller, mais, pour l'heure, le succès auprès des jeunes générations des applications comme TikTok ne suffit pas encore à contrebalancer l'inquiétude que font naître les soupçons d'espionnage. Malgré le projet des nouvelles routes de la soie visant à placer l'Europe à portée des entreprises chinoises, le *soft power* asiatique reste sans commune mesure avec celui accompagnant les technologies *made in USA*, qui nous facilitent la vie et encombrent nos poches.

Quel que soit le pays qui la dominera, cette mondialisation garde, en revanche, ceci de particulier qu'elle se déploie en vagues d'innovations toujours plus rapides. Progrès technologique ou obsolescence programmée ? La question mérite d'être posée. Alors que cette tendance aura contribué à l'apparition d'une classe moyenne dans les pays émergents, les légions de consommateurs ont parfois du mal à suivre, qu'ils n'en aient pas les moyens financiers ou qu'ils n'aient pas le temps de digérer les nouveautés à mesure qu'elles arrivent. Ces smartphones qui nous assistent et tout ce que l'on rassemble sous le vocable pratique mais attrape-tout de « nouvelles technologies » sont susceptibles de provoquer en un temps très court, parfois quelques années seulement, un changement radical d'habitudes et de comportements.

De Graham Bell à Steve Jobs

Comparez l'histoire du téléphone, fixe et mobile et celle de l'iPhone : si l'on fixe le moment clef du premier à la date du brevet reçu par Graham Bell le 7 mars 1876, il faut un peu moins d'un siècle pour parvenir, mondialement, à 160 millions d'abonnés. Quatorze ans suffisent, depuis la commercialisation du premier téléphone portable (par Motorola) en 1983 pour attirer 160 millions d'acheteurs. Il aura fallu moins de cinq ans à Apple pour vendre son 160 millionième iPhone depuis le 9 janvier 2007.

Ce qui prenait au début du XXe siècle plusieurs générations pour s'installer dans une société se répand en 10 ou

20 fois moins de temps. Pour le meilleur et pour le pire, nous vivons une époque de bouleversement rapide et profond de notre façon de naître, d'aimer, de travailler, vivre ou mourir. Et il faut reconnaître qu'une partie d'entre nous a du mal à suivre.

Juste avant de commencer mes études de théologie, j'avais le sentiment, très banal, que les gens que je côtoyais manquaient cruellement de joie et d'espérance. Beaucoup s'interrogeaient – plus ou moins confusément, cela me frappe encore aujourd'hui – sur le sens de leur travail et sur le sens de leur vie. Au fond, quand on grattait un peu, on pouvait constater que leurs questions se résumaient à une seule : « Qu'est-ce que l'homme. » Suis-je seulement un paquet d'atomes rassemblés de façon assez subtile ? Y a-t-il quelque chose de plus ? Et quoi ? Il est vrai que toutes les époques se posent cette question – rien de nouveau sous le soleil depuis l'Ecclésiaste et les Grecs. Sauf que chacune y répond selon ses certitudes et ses croyances, et que les définitions implicites de l'homme – il y en a toujours plusieurs et souvent antagonistes – ont des effets tangibles sur la société de leur temps.

Ni ange ni bête

Ce qui caractérise néanmoins notre époque et la distingue des précédentes, c'est que nous n'avons plus de réponse. Qu'est-ce que l'homme ? Posez-vous la question et vous constaterez que la définition n'a jamais paru aussi incertaine. Adolescent, j'ai appris dans mon Lagarde et Michard que « rire est le propre de l'homme », mais il y a belle lurette que les éthologues ont fait litière du bel aphorisme de Rabelais

– voyez les merveilleux selfies rigolards du macaque Naruto ! Le langage alors ? Pas suffisant comme critère : Alex, le perroquet étudié par l'éthologue Irene Pepperberg, avait plus de 100 mots dans son vocabulaire. L'émotion peut-être ? Mais quiconque vit avec un chat ou un chien peut témoigner de ce qu'expriment nos animaux de compagnie – comment le philosophe Malebranche, aussi intelligent fût-il à d'autres égards, a cru voir dans son chien une simple machine incapable de sentiments et qu'il pouvait donc battre comme plâtre m'a toujours laissé pantois. Et ne proposez pas comme critère ultime l'usage de la technique puisque les observations sur l'usage des « outils » chez les primates, entre autres, sont aujourd'hui légion.

Qu'en conclure ? Que l'homme est un animal comme les autres ? Et si vous pensez – c'est mon cas – qu'il y a une discontinuité avec les autres mammifères, quelle est-elle ? En filigrane de cette incertitude, c'est bien la place de l'homme qui est en jeu. D'ailleurs, si vous regardez du côté des machines, les questions ne sont pas moins inquiétantes. L'homme est-il un robot comme un autre ? Et pourquoi pas, demain, un dieu comme un autre puisque parmi les récits prometteurs de la technologie il y a non seulement les perspectives de la fusion homme-machine et des IA omniscientes, mais également l'espoir de l'immortalité, apanage réservé du divin. Rien d'étonnant avec un encadrement aussi mouvant si, comme remarque le philosophe Francis Wolff, « *nous autres humains ne savons plus trop qui nous sommes* ». Entre animal et machine, nous cherchons où placer le curseur mais sommes bien en peine de le fixer quelque part. « *Il ne faut pas que l'homme croie qu'il est égal aux bêtes, ni aux anges,* écrit Pascal dont l'avertissement a traversé les siècles sans une ride, *ni qu'il ignore l'un et l'autre, mais qu'il sache l'un et l'autre. L'homme n'est ni ange ni bête, et le malheur veut que qui veut faire l'ange fait la bête.* »

Dans ce livre il n'est pas vraiment question de bêtes, ni d'ailleurs d'anges mais de *machine learning* et d'IA, de robots et de cyborgs, de blockchain et de bitcoins, de réalité augmentée et d'algorithmes judiciaires, et de toutes ces méthodes, ces systèmes ou ces machines qui modifient notre monde. Face aux bouleversements qu'ils induisent, on peut fermer les yeux, être cynique (*après moi le déluge*) ou fataliste (*que sera sera*) ; on peut aussi vouloir regarder ce qui est en train de se produire pour, le cas échéant, en infléchir le cours. C'est vouloir pratiquer au niveau d'une communauté ce que font naturellement un père ou une mère lorsqu'ils anticipent les dangers qui pourraient menacer leurs enfants : ils veillent. Seulement voilà, aujourd'hui c'est très compliqué de veiller. À la sentinelle solitaire dans sa tour de guet on demandait essentiellement d'avoir l'œil acéré et l'oreille fine, de ne pas s'endormir et de ne pas manquer de courage. Mais *quid* de la sentinelle du XXIe siècle ? Les dangers sont tellement plus insidieux et tellement plus complexes. La plupart d'entre nous sommes déjà en peine de déchiffrer le mode d'emploi d'une nouvelle machine à laver, alors se figurer ce que l'usage du big data, de l'ordinateur quantique ou des kits de déchiffrage du génome va changer dans nos vies est tout bonnement mission impossible. Nous n'avons d'autre choix que retrousser nos manches et nous tourner vers des gens dont nous aurons décidé qu'ils ont les qualifications morales et professionnelles pour occuper en notre nom ce rôle de veilleurs.

Il en existe heureusement. Des comités d'éthique aux lanceurs d'alerte, nos sociétés ne sont pas sans garde-fous.

Mais outre le fait qu'ils ne sont pas suffisamment nombreux, ils sont généralement absents à cet endroit où la raison et la foi se confrontent, où la transcendance déborde du savoir scientifique et technique. Pour le dire autrement, je crois comme l'abbé Lemaître que la science est un « *reflet de la pensée créatrice de Dieu*[1] » et qu'il y a des voies d'accès à la vérité, appelez-les des illuminations poétiques ou mystiques, que nous serions bien en peine de quantifier. En tout cas, et pour en revenir à ce qui m'a amené à me passionner pour les nouvelles technologies, il y avait là un point aveugle auquel l'ordre des Prêcheurs, c'est l'autre nom des Dominicains, a voulu suppléer en inspirant en 2012 la création d'Optic, un réseau consacré aux enjeux éthiques des nouvelles technologies.

Comment bâtit-on un tel observatoire ? En s'adressant à des hommes et à des femmes de bonne volonté qui sont des experts dans leurs domaines et ne voient pas ces technologies comme l'Étoile noire de Dark Vador, foyer de forces inhumaines susceptibles de détruire l'humanité, mais comme l'une des plus belles réalisations de l'esprit humain, avec ses promesses et ses dangers : Fei-Fei Li, directrice du Stanford Institute for Human Centered Artificial Intelligence, Helen Margetts qui a longtemps dirigé l'Oxford Internet Institute, Gérard Escher de l'École polytechnique fédérale de Lausanne et tous ceux qui apportent leur concours dans des groupes de travail à Boston, Montréal, Genève, Toronto, Paris et Berkeley. Sans leur fraternelle collaboration, il n'aurait pas été possible de couvrir sérieusement un aussi vaste champ d'investigation.

1. Discours de réception du prix Francqui, Bruxelles, 17 mars 1934.

Des hackers au Vatican

Ni de créer des événements un peu baroques dans un Vatican qu'on imagine à tort comme un monde hors du temps. Imaginez la scène : nous avons fait venir 120 jeunes hackers dans la salle décorée des fresques de Pinturricchio du palais des Pénitenciers. Leur mission ? Proposer des projets numériques favorisant l'inclusion sociale, le dialogue interreligieux et l'aide aux migrants. Et ils ont eu un tas d'idées ! De fausses bonnes idées parfois comme celle d'utiliser la reconnaissance faciale pour permettre à des migrants de retrouver leurs familles dispersées… Le spécialiste de la question des réfugiés auprès du pape a en effet fait remarquer que ceux qui ont commis des persécutions pourraient par ce biais retrouver leurs victimes. En revanche, favoriser l'accession au logement des migrants en leur fournissant un logiciel permettant de construire un historique financier de leurs petits boulots et revenus, destiné à montrer leur solvabilité, a été jugé excellent par le jury de ce Hackhaton de 36 heures organisé en février 2018. Était-ce disruptif ? Sans doute non, mais ce qui l'est en revanche c'est l'intention : à savoir qu'on peut chercher dans les nouvelles technologies de quoi rendre le monde meilleur et que pour l'occasion cardinaux, évêques et autres dignitaires du Vatican ont pu passer une tête dans un monde qu'ils connaissent en général assez peu…

Une passerelle entre le Vatican et la Silicon Valley

Je précise, ce n'est pas sans incidence, qu'Optic est indépendant du Vatican même si ses analyses y trouvent des oreilles attentives et j'ai déjà eu l'occasion de souligner que le pape François est vigilant sur ces questions : dans une « *société liquide, sans points fixes, désorientée, privée de référents solides et stables, dans la culture de l'éphémère, du jetable* » – les mots sont du Saint-Père – il faut nécessairement des hommes à la vigie. Et ce n'est pas seulement pour alerter en cas de danger. Quand deux mondes sont parallèles, celui, pluriséculaire de la foi, et celui, hyperconnecté, des technologies de la communication, comment fait-on pour établir une passerelle ? La réponse est simple : en cherchant leurs intérêts communs.

Dans le premier, les milliardaires de la high-tech entendent ne pas être cantonnés au rôle d'apprentis sorciers et se souviennent – au moins de temps en temps – que dans les gènes libertaires et anarchistes de la Silicon Valley il y a l'idée de fraternité et de gratuité des échanges. Google pour ne citer que cet exemple avait inclus dans son code d'entreprise la devise « *Don't be evil* » (ne soyez pas malveillants) avant de le remplacer (en 2018) par « *Do the right thing* ». Excellent... à condition de garder en mémoire que l'enfer est pavé de bonnes intentions et de savoir quelle est la chose juste.

Dans le second, l'Église catholique, première communauté religieuse du monde et premier acteur mondial en termes d'éducation, de santé et de soins apportés aux plus démunis, entend, en connaissance de cause, poser les questions éthiques, politiques, métaphysiques et spirituelles qui surgissent avec les nouvelles technologies. C'est cela faire de la veille !

Et je ne connais pas de meilleur exemple en la matière que celui de mon illustre prédécesseur, Dominique Dubarle, qui écrivait dans le quotidien *Le Monde* du 28 décembre 1948 un article qui avait pour titre : « La manipulation mécanique des réactions humaines créera-t-elle un jour “le meilleur des mondes” ? » Il prophétisait d'abord – ce n'était pas mal vu – « les possibilités de créer un appareillage permettant la bibliographie automatique à propos de n'importe quelle question et ceci en couvrant la totalité des productions de l'esprit représentées dans les bibliothèques du monde ». Mais ensuite, et dans le sillage des travaux de Norbert Wiener et de John Von Neumann, il analysait l'impact potentiel de machines à gouverner inspirées des convergences entre statistiques et cybernétique. Sa conclusion était sombre : « *Nous risquons aujourd'hui une énorme cité mondiale où l'injustice primitive délibérée et consciente d'elle-même serait la seule condition possible d'un bonheur statistique des masses, monde se rendant pire que l'enfer à toute âme lucide.* »

Dubarle était en avance sur son temps, à nous de ne pas être en retard sur le nôtre. Et en préalable, cela suppose un grand ménage. Dans cette auberge espagnole que sont les nouvelles technologies, il faut impérativement commencer par trier le certain, le probable, le plausible, l'invraisemblable et l'impossible. À côté d'extraordinaires innovations, le monde des *bio-nano-info-techs* est aussi un énorme réservoir d'illusions, de fantasmes, de projections et de storytelling marquetés au petit poil à l'image de cette Silicon Valley mythique. Apporte-t-elle plus de rêves ou plus de cauchemars ?

C'est la raison d'être de ce livre que de répondre à cette question qui touche à la nature créatrice de l'homme autant qu'à sa capacité de destruction. Et à ce besoin irréductible de trouver du sens. De toucher ce que, moi, j'appelle le Divin.

3

Un absolu besoin de sens

Rien de tel pour comprendre les passionnés des nouvelles *techs* que de se rendre à la grand-messe annuelle de Salesforce à San Francisco. Et quand un prêtre s'y rend, il y croise non seulement ces passionnés, mais aussi des rock stars, chamans, moines bouddhistes et même des prophètes. Que traduit ce foisonnement spirituel souvent baroque, sinon une grande curiosité… et un grand manque.

« Une station météorologique pour la fin du monde. »

Karl Kraus à propos de Vienne, 1900

Que fait un dominicain dans cette multitude plutôt jeune, colorée, affairée, sympathique, tous ingénieurs, informaticiens, programmeurs, développeurs ou communicants, venus des quatre coins du monde, qui déambulent entre Howard Street et Mission Street à l'ombre de la tour Salesforce qui domine *downtown* San Francisco du haut de ses 326 m ? Il y a un vrai mille-feuille de réponses à cette question, mais la première d'entre elles, c'est que quiconque veut comprendre quelque chose aux nouvelles technologies a d'abord intérêt à voir et à écouter ceux qui les font – c'est plus enrichissant que visiter un laboratoire de recherche sur l'IA ou, sauf exception, on ne voit quasi rien et le peu qui est vu est incompréhensible pour le quidam que je suis.

Un Shiva logistique

Une chose est sûre, ici je ne suis pas l'exotique de service parce que franchement il y a plus étrange qu'un col romain dans cette foule où je croise des moines bouddhistes (venus du Périgord !), des employés costumés en peluches géantes, des bataillons de geeks en t-shirts et sac à dos, les membres du groupe Metallica tous tatouages dehors (ensemble, on a fait quelques selfies) et des surfeurs bronzés comme dans *Alerte à Malibu*. C'est la fin du mois de septembre et la ville est infidèle à la réputation que lui a faite Mark Twain : « *mon hiver le plus rigoureux a été l'été que j'ai passé à San Francisco* ». Le ciel hésite entre le blanc et le bleu, et si j'en crois mon *app* météo, la température est de 22 °C. Le *fog*, spécialité locale aussi dickensienne qu'à Londres, n'est pas encore monté de la mer. Pour son événement annuel, Salesforce, leader mondial de la gestion des relations client sur le *cloud*, a privatisé le pâté de maisons autour de son donjon de métal et de verre. Le premier employeur *tech* de San Francisco avec 8 000 emplois est une sorte de Shiva logistique qui fournit à travers le monde et à 100 000 entreprises un mode *software as a service* – comprenez que celui qui fait appel à ses services n'a pas besoin de stocker des données ou d'installer des logiciels. Tout est loué et bien sûr délocalisé sur le *cloud*. Valorisée 100 milliards de dollars en octobre 2018, l'entreprise est florissante, attirante, puisqu'elle a été classée numéro un parmi les 100 meilleures où il fait bon travailler, selon le magazine *Fortune*. Et vernie avec cela, puisque le soleil est assez généreux aujourd'hui avec les 170 000 invités, moi compris, qui foulent le gazon synthétique vert recouvrant l'asphalte des rues.

À l'ouest du numérique

Le rendez-vous annuel de Salesforce est devenu l'un des plus courus du monde, *the place to be* pour quiconque s'intéresse aux nouvelles technologies. Des panneaux « Welcome to Dreamforce National Park » indiquent au visiteur qu'il est ici dans le *Wild Wide West* du numérique avec les artisans de la quatrième révolution industrielle, les *trailblazers* – c'est-à-dire les pionniers de l'innovation de Salesforce – ainsi baptisés par son fondateur multimilliardaire, Marc Benioff. L'ambiance est bon enfant, gentiment extravagante et plus proche de Disneyland que de Dodge City ; au cœur de la Dreamforest, parmi les (faux) arbres et formations rocheuses – il y a même un volcan qui entre en éruption toutes les heures dans une débauche d'effets pyrotechniques –, le promeneur peut pratiquer l'escalade, méditer avec un bonze, écouter un concert, accrocher un petit mot aimable à l'*arbre de la gratitude*, siroter un café équitable ou déguster de l'*organic food* et des menus garantis sans OGM, sans hormones, sans antibiotiques, sans gluten… et *cage free* pour ceux qui se nourriraient encore avec des œufs et du poulet. Dans le hall de démonstrations, on peut mettre sa tête, littéralement, dans l'effigie creuse d'Albert Einstein pour dialoguer avec le clou de l'année, l'IA baptisée *Einstein voice* qui permet au client de Salesforce de mettre ses données à jour, en temps réel et en laissant à l'algorithme le soin de les répercuter à ses collaborateurs. Je passe devant une immense reconstitution de San Francisco en Lego – le paradis doit ressembler à ça – illustrant l'efficacité de l'IA. Non loin, il y a la finale des *ultimate elevator pitch*, 40 s, soit le temps de montée de l'ascenseur au 61e étage de la tour Salesforce, pour convaincre un jury que l'idée présentée est disruptive, comprenez qu'elle va casser la baraque : CarServ, le gagnant 2018, offre la perspective de faire basculer la gestion des pièces détachées d'automobiles d'un coup de software dans le XXIe siècle (à en croire son concepteur, elle était restée au temps des Chevrolet d'*American Graffiti*).

Rien ne laisse totalement médusé, mais il y a une énergie palpable, une électricité, avec cette volonté, parfois un peu frénétique, d'être dans la course. À l'image, j'imagine, de ce sentiment d'urgence qui devait animer les *forty-niners*, les hommes venus au pic de la ruée vers l'or californien en 1849 : premiers arrivés, premiers servis ! Et la fortune, parfois, au bout de la route avec ce changement de paradigme remarqué par l'historien Henry William Brands : au vieux rêve américain des puritains amassant péniblement de petites économies, année après année, succédait désormais celui de la « grosse galette » pour le gars gonflé qui sait saisir l'opportunité quand elle se présente : le *kairos* que les Grecs représentaient comme un petit dieu furtif et fugace, au crâne rasé comme une boule de billard, sauf une touffe au sommet, une poignée qu'un petit malin audacieux pouvait saisir. Et les plus chanceux parmi ceux de 1849, les *forty-niners*, n'ont pas raté l'occasion, gagnant pour certains d'entre eux jusqu'à plusieurs millions de dollars d'aujourd'hui en quelques mois. Mais même le prospecteur moyen pouvait gagner en six mois l'équivalent de six ans de salaire sur la côte est ! À condition de tenter et retenter encore. De tomber et de se relever sans se lamenter sur les échecs et le lait renversé. Et de bosser beaucoup et durement. En tout cas, c'est le récit qui en est fait.

Dans l'Amérique gluten free

Leurs descendants *trailblazers* ont des ambitions similaires, mais au lieu de creuser des mines ou de tamiser des rivières, ils se rassemblent autour du tapis vert des nouvelles *techs* où l'on mise des idées. Pour le reste, même attitude devant le travail, même envie brûlante de ramasser le jackpot. Et puis avec, ou malgré, cela, il se dégage de leur attitude quelque chose qui ne paraît pas vain et, comme souvent aux États-Unis, exprime un curieux mélange de *business attitude* et de boy-scoutisme émerveillé. Moi, cela me va, j'ai adoré être chef scout pendant mes années étudiantes et j'aime l'esprit d'entreprise. Et puis, il n'y a pas le côté *show off* et bling-bling que l'on rencontre dans d'autres milieux. Ici il faut faire ses preuves et gagner ses galons. Certes, cette société n'est pas paradisiaque : à San Francisco, comme dans toute la Californie, le nombre de sans-abri ne cesse de croître en raison de l'augmentation des loyers, mais les gens croisés ici ne donnent pas l'impression de fermer les yeux devant les questions sociales. Il y a partout des affiches qui le rappellent, un stand de collecte et un jeu avec un *goal* de 1 million de dollars : pour participer, c'est très simple, il suffit d'assister, badge à l'appui, à toutes les conférences, de regarder toutes les démos et d'aller rendre visite à tous les sponsors rassemblés dans la Customer Success Expo. En échange de quoi, Salesforce ajoute 50 dollars à la cagnotte. Malin, pragmatique et efficace, plus de 20 000 *trailblazers* ont joué le jeu. On est dans une Amérique *gluten free* certes, mais qui se veut responsable, et chacun est invité à participer à l'effort de guerre contre la pauvreté. Benioff, en digne citoyen d'une ville portant le nom de François d'Assise, a pris la tête d'un mouvement pour donner un toit aux 7 500 sans-abri en réclamant que l'on taxe les entreprises, la sienne au premier chef, dont les revenus dépassent 50 millions de dollars par an. Il contribue aussi à la cause par des dons personnels aussi substantiels que discrets.

Connaissez-vous le capitalisme inclusif ?

À l'heure de la grand-messe annuelle, c'est-à-dire de la *keynote* durant laquelle, traditionnellement, tout chef d'entreprise qui se respecte délivre en quelque sorte son discours sur l'état de l'union, un guide en tenue verte de *park ranger* m'accompagne dans un hall gigantesque. Benioff m'y a convié parce qu'il est curieux de savoir ce qu'un type comme moi, estampillé proche du Vatican, pense de l'avenir qu'il est train de fabriquer. Là aussi, effervescence bon enfant. Mais voilà l'heure du show et, du haut de son mètre quatre-vingt-quinze, Marc Benioff, bras ouverts comme pour étreindre son auditoire, annonce que *le temps est venu pour chacun de prendre des mesures personnelles pour changer le monde* et que *le futur du capitalisme est un capitalisme inclusif.* Comprenez, un capitalisme à visage humain, tourné vers une réduction des inégalités. C'est à l'américaine et sans complexe. Simple, inspiré, presque prophétique.

Les prophètes du présent

D'ailleurs, cela ne s'invente pas, le *chief equality officer*, responsable de l'égalité entre communautés au sein de Salesforce, qui succède à Benioff sur la scène s'appelle Tony Prophet. L'optimisme en plus, et révérence gardée, Isaïe, Jérémie, Daniel et Ezéchiel pourraient-ils être CEO (*chief executive officer*) de l'une ou l'autre des grandes enseignes des GAFAM ? C'est peu probable. D'abord parce que les prophètes n'annoncent pas l'avenir, ils dénoncent le présent : Abdias, au xe siècle avant Jésus-Christ, condamne les Édomites profiteurs de guerre et Nahum, 300 ans plus tard, l'oppression de Ninive et des Assyriens. Amos, selon Ernest Renan – « *On peut dire que le premier article de journaliste intransigeant a été écrit 800 ans avant Jésus-Christ, et que c'est Amos qui l'a écrit*[1] » –, tempête contre les inégalités sociales, « le luxe des constructions en pierre de taille » de Samarie et « les divans somptueux qui servent aux réceptions »[2]. Ensuite parce que si les prophètes d'hier sont les lanceurs d'alerte d'aujourd'hui, on imagine mal un CEO en pleine schizophrénie affirmer quelque chose comme « Attendez les gars, on s'est méchamment trompé : ce qu'on vous vend ne va pas dans le sens d'une amélioration de l'humanité mais juste du cours de notre action ». On imagine mal le fondateur de Facebook vanter les mérites de son réseau d'un côté et mettre en garde sur les déchirures du tissu social qui pourraient résulter d'un usage immodéré dudit réseau de l'autre ! C'est un peu le sentiment que donne les « repentis » comme Chamath Palihapitiya, ancien vice-président de Facebook chargé de la croissance de l'audience, qui claironne avoir interdit à ses enfants d'« utiliser cette merde » ou Sean Parker, premier patron de Facebook, qui a regretté les effets d'addiction induits par les réseaux sociaux : « *Les créateurs – moi, Mark, Kevin Systrom sur Instagram –, tous ces gens l'ont très bien compris. Et nous l'avons quand même fait, malgré cela.* » Non qu'ils

1. Ernest Renan, *Histoire du peuple d'Israël*, VI, Paris, 1891, p. 575.
2. Livre d'Amos, V, 11 et III, 12.

aient tort, d'ailleurs, mais parce que leur avertissement tombe une fois fortune faite, ce qui l'affaiblit un peu…

1 000 milliards de dollars

En revanche, je suppose qu'on peut, et on doit, attendre d'un CEO qu'il ait, c'est bien le moins, une vision du futur de son entreprise, et qui plus est, lorsque celle-ci dépasse 1 000 milliards de dollars en capitalisation boursière comme Apple ou Amazon, une attention particulière au service qu'elle propose et rend à la société. Lorsqu'on tient entre les mains une puissance financière équivalente au PIB du Mexique ou des Pays-Bas, on pèse sur l'avenir de l'humanité, tout simplement parce que les dizaines de milliards de dollars investis en R&D par Amazon, Alphabet, Apple ou Microsoft favoriseront une direction de recherche X plutôt qu'une direction de recherche Y. Et que miser de l'argent sur un système de ballon pour relayer l'Internet dans des zones sauvages n'a pas le même impact que si cet argent est consacré à une paire de lunettes augmentée qui permet dans un hall d'exposition de voir une voiture en 3D changer de couleur et d'équipements au gré des visiteurs ou à la xénotransplantation qui permettrait aux humains de recevoir des organes dont la croissance s'est faite dans des cochons.

Comment font-ils ces choix ? Positionnement du marché, arrière-plan géopolitique, expertises diverses, demande des clients, analyse des analyses, coup de poker parfois, intuition sans doute, le dosage n'est jamais le même, mais les ingrédients qui participent à une décision d'investissement sont toujours plus ou moins identiques. D'où la nécessité d'en proposer d'autres. Autrement dit, et pour revenir au mille-feuille de raisons qui m'ont conduit dans ce temple du capitalisme, inclusif ou non, si j'ai invoqué comme première raison la nécessité de flairer une atmosphère, je convoque cette fois la nécessité encore plus impérieuse d'apporter un regard qui ne soit pas exclusivement économique et culturel sur des choix qui peuvent orienter le futur de l'humanité. Et du coup, cela tombe sous le sens… ou pour être plus exact, cela a du sens d'établir un trait d'union entre ces deux ensembles apparemment disjoints, celui de la spiritualité au Vatican et celui de la technoscience dans la Silicon Valley.

Parce qu'il y a urgence. Urgence à ce que l'Église prenne la mesure de ce qui se concocte dans les laboratoires de la mondialisation, qu'ils soient à Bangalore, Toronto, Stanford, Lausanne ou Pékin. Urgence à ce que les patrons des GAFAM, CEO, directeurs de recherche et autres mogols du numérique confrontent leur vision du monde avec celle de gens qui ont la foi, pas forcément parce qu'ils croient en Dieu, mais parce qu'ils croient en l'homme.

Ni des vampires ni des enfants de chœur

Et à l'usage, ce n'est pas si compliqué à organiser, car il y a une curiosité et une intelligence des deux côtés, sans compter que les uns et les autres sont assez bien concentrés géographiquement ! 74 des 143 fortunes mondiales (le ticket d'entrée dépasse 1 milliard de dollars) bâties sur les nouvelles technologies vivent dans la Silicon Valley. À quoi ressemblent-ils ? Pas à des enfants de chœurs, mais pas non plus à des vampires… Ils sont en général soucieux d'une société plus juste et d'une redistribution des richesses. Cela pousse ces magnats de la *tech* à posséder un terrain philanthropique généralement à la hauteur de leurs colossales fortunes. On pourrait me rétorquer qu'ils peuvent… Certes, mais ils pourraient aussi *préférer ne pas*.

Lorsque les fondateurs de Google annoncent, à propos de leur laboratoire fétiche, The Moonshot Factory, que ceux qui y travaillent sont là pour créer des technologies radicalement neuves qui auront pour objectif de résoudre les plus gros problèmes de l'humanité, qui s'en plaindrait ? La liste de leurs projets, réels ou supposés, est d'ailleurs fascinante. N'empêche que l'approche selon laquelle la technologie sauvera le monde est à tout le moins limitée ; d'où la nécessité d'un dialogue avec d'autres voix, dont celles qui s'élèvent aujourd'hui à Rome puisque le pape et les cardinaux qui l'entourent sont très attentifs à tout ce qui, dans la technologie, peut transformer la nature humaine, pour le meilleur comme pour le pire.

Voilà pourquoi j'ai débarqué en Californie du Nord en juillet 2014. Il y avait un colloque à l'école de théologie dominicaine de l'université Berkeley qui avait pour thème « Athènes et Jérusalem », comprenez quand philosophie et théologie se rencontrent peuvent-elles encore trouver un langage commun au XXIe siècle ? Vieille et passionnante question mais, à mon goût, encore trop éloignée des préoccupations économiques, scientifiques et techniques. Vu mes affinités, il m'a semblé que ce qui se discutait à Berkeley n'était pas encore assez poreux avec le bouillonnement d'idées que j'imaginais 50 km au sud, à Menlo Park, Mountain View et Stanford. Pour le dire de façon plus académique, il m'a semblé qu'Alexandrie manquait singulièrement entre Athènes et Jérusalem. J'ai pris le train pour la Silicon Valley…

4

Un mythe quasi biblique ?

```
Que voit-on lorsqu'on se promène au cœur de
la plus célèbre vallée du monde ? Les signes
extérieurs d'idées géniales restent canton-
nés derrière des murs de béton et de verre.
Et pourtant chacun cherche le fameux garage
mythique où serait née la sacro-sainte idée.
Toute ressemblance avec une humble bergerie
n'est pas fortuite.
```

« On a beau dire ce qu'on voit, ce qu'on voit ne loge jamais dans ce qu'on dit. »

Michel Foucault,
Les Mots et les Choses, 1966

S'il y a quelque chose de mythique dans la Silicon Valley, ce n'est certainement pas le paysage, assez banal dans le genre suburbain avec autoroutes, fast-foods, *malls*, immeubles de verre et de béton, *security guards*, parkings, maisonnettes façon hacienda avec enduit couleur sable et palmiers à gogo. Sans oublier depuis peu les immeubles construits par des « starchitects » Norman Foster, Frank Gehry, Bjarke Ingels, le tout dans le style cher à Pierre Dac qui voulait mettre les villes à la campagne et que Louise Mozingo, architecte et professeur à Berkeley, a joliment baptisé le « capitalisme pastoral ». Les noms des localités sont célèbres depuis qu'elles abritent l'un ou l'autre des géants de l'Internet, Google à Mountain View, Facebook à Menlo Park, Tesla à Palo Alto, Apple à Cupertino, mais pour les touristes qui aimeraient flairer l'ambiance il n'y a rien à voir ou presque ; la seule chose de magique dans la Silicon Valley, c'est que le passant lambda n'a pas accès au quai 9 ¾ et que quiconque veut entrer dans le Poudlard Lab de Google ou de Facebook doit montrer qu'il appartient à la grande famille des sorciers de la techno. Faute de quoi il reste à la porte et le spectacle est sans intérêt : pas de panneau « Hollywood » comme à Los Angeles, pas de Time Square comme à Manhattan, les vaillants explorateurs en sont réduits à faire des selfies devant le robot de service chez Google ou l'affiche Sun Microsystems que Zuckerberg a laissée en guise d'avertissement, *cave canem !* au revers de celle signalant Facebook ; manière simple mais efficace de rappeler à ses employés que sur le terrain de leurs magnifiques bureaux se trouvaient ceux d'une société – gloire des années 1980 avec l'invention des stations de travail Unix et du langage Java – qui a disparu dans la tourmente ayant suivi l'éclatement de la bulle Internet en 2001.

Il est né dans un garage

Mais cela fait partie du mythe de la Valley que d'avoir aussi sa catastrophe et son extinction des dinosaures… Et si parfois les annonces semblent démesurées et certains entrepreneurs un peu mégalomanes, c'est que cela fait partie du show. Pour lever des fonds, il faut attirer l'attention des médias, et tout est prétexte à storytelling. Avec au premier rang le récit du garage primordial qui est au monde des geeks ce que la baignoire est à Archimède, le lieu sacré où est née la sainte idée. Ce n'est pas toujours du flan d'ailleurs puisque Hewlett-Packard est effectivement né dans un garage au 367 Addison Avenue à Palo Alto en 1939 : une plaque précise d'ailleurs qu'il s'agit du « lieu de naissance de la Silicon Valley » ! Mais comme l'ont montré Pino G. Audia et Chris Rider[1], de la Haas Business School à Berkeley, la réalité est généralement différente et le mythe des inventeurs pauvres et solitaires n'a ni plus ni moins de fondements que celui du poète parisien dans son humble garni sous les toits. Il en existe, mais ils ne constituent pas la majorité. Et si Jobs et Wozniack ont effectivement travaillé moitié dans un garage, moitié dans un appartement, ils n'étaient pas des perdreaux de l'année, venaient pour l'un de Hewlett-Packard et l'autre d'Atari, et ont bossé comme des fous. L'une des caractéristiques de la Silicon Valley, c'est que la concurrence y est très dure, que le succès se mérite et qu'on ne peut y compter que sur sa propre créativité. *Dura lex, sed lex*... Mais cette loi est au fond salutaire puisqu'elle s'accompagne d'un droit à l'échec. Autre vertu qu'il faudrait exporter en France : une citation très appréciée en Californie (et probablement apocryphe) de maître Yoda dit que la différence entre un maître et un débutant, c'est que le premier a beaucoup plus souvent échoué que le second.

Mais le fait est que ce mythe, qui a donné naissance à l'esprit start-up, fait partie du storytelling qui s'est répandu d'un bout à l'autre de la planète, à savoir qu'il y a une pierre philosophale de la Silicon Valley, une formule magique qu'il suffirait de reproduire pour l'exporter ailleurs. Un $E = mc^2$

1. « A garage and an idea, what more does an entrepreneur need », *California Management Review*, vol 48, n° 1, 2005.

de la création technologique qui permettrait à qui sait l'employer de résoudre tous les problèmes, voire d'inventer la technologie de demain : il suffit d'avoir un garage.

Miracle dans la Silicon Valley

Seulement voilà, les mythes ne sont pas plus localisés que les arcs-en-ciel et le miracle économique de la Silicon Valley n'est pas plus transposable à une vallée bavaroise ou estonienne que l'écosystème australien de l'ornythorinque au Vieux-Port de Marseille. Le « miracle » résulte de la transformation de la vallée de Santa Clara, la « vallée du délice du cœur » réputée pour ses vergers, en laboratoire du futur avec la présence plus ou moins simultanée sur plusieurs décennies de physiciens, matheux, informaticiens, journalistes spécialisés, écrivains de science-fiction, capital-risqueurs, marketeurs, entrepreneurs mais également de ces designers qui ont été si précieux dans la transmutation des inventions en objets de convoitise des consommateurs. Sans omettre dans cette description la petite pointe, le je-ne-sais-quoi absolument essentiel, à savoir l'utopie communaliste des années 1960 qui voit des dizaines de milliers de jeunes Américains revenir à la terre comme les hippies français le feront en Lozère ou dans les Cévennes pour fonder des communautés reposant sur le partage et l'autogestion.

Leur rêve d'une société libérée des contraintes de la finance et de la politique s'est fracassé au cours des décennies qui ont suivi, mais cet esprit-là a participé du miracle de la Silicon Valley. Ils ont, certes, coupé les cheveux longs, mais certains portent toujours des tongs. S'ils ne sentent plus le patchouli, se sont réconciliés avec le progrès technologique et ne diabolisent plus vraiment l'argent, ils ont gardé le projet de fond :

bâtir une société meilleure, évidemment il faut s'entendre avec eux sur ce que signifie « meilleure »... Du *flower power* ils ont aussi conservé l'approche libertarienne, fondée sur une certaine suspicion face au politique : depuis San Francisco, Washington semble très lointaine. Peter Thiel, le cofondateur de PayPal, affirmait ainsi, lors de la conférence « Libertopia » en 2010, que « *La technologie est une extraordinaire alternative à la politique et dans ce monde où la politique apparaît si souvent en panne et dysfonctionnelle, notre tâche est de trouver une voie pour y échapper* ». Louis Rossetto, fondateur du magazine *Wired*, ne dit pas autre chose : « *Je crois que la politique est une erreur... Si vous voulez que le monde aille mieux, arrêtez de penser que l'élection de Barack Obama, de Hillary Clinton ou de n'importe quel autre politicien est la solution. Lancez-vous et changez-le vous-même, directement. Vous pouvez rendre le monde meilleur dans les domaines où vous avez de l'influence, dans le monde concret où vous évoluez*[1]. »

Virtual class et inégalités

À l'épreuve des faits, ce n'est pas si évident, et il semble au contraire que le miracle économique des nouvelles technologies a accentué la division entre la *virtual class* – le terme a été inventé par le philosophe Michael A. Weinstein – qui en bénéficie et les laissés-pour-compte. Car la Silicon Valley est un espace très inégalitaire. L'abondance de milliardaires au kilomètre carré n'y change pas grand-chose. Selon un rapport publié en 2018 par une association à but non lucratif, l'Insight Center for Community Economic Development, 28 % des foyers du comté de Santa Clara

1. Cité par Turner : https://www.telos-eu.com/en/business-and-society/the-dark-side-of-the-californian-dream.html

vivent au-dessous du *self sufficiency standard*, c'est-à-dire des revenus minimums nécessaires pour s'en sortir sans aide, soit 107 000 dollars pour une famille de deux adultes avec deux enfants. Les critiques comme Fred Turner, professeur à l'université Stanford et auteur d'*Aux sources de l'utopie numérique*, ont eu beau jeu d'ironiser sur cette alchimie de l'individualisme américain et de la technologie californienne qui promet l'édification d'une société foncièrement plus égalitaire avec les smartphones, les robots et les IA, et promeut en réalité une société à deux vitesses : « *La Silicon Valley est la preuve même que cela ne marche pas. Il me suffit de me balader dans mon quartier pour constater que la culture start-up que nous exportons partout désormais n'a en rien résolu les divisions économiques et raciales qui sont le fléau de cette région et de notre pays tout entier.* »

Le destin de Rocketman

La critique de Turner pourrait facilement être exportée en Europe, et en France en particulier, mais elle doit être tempérée. La Silicon Valley n'est pas le paradis, mais elle ne se résume pas à la vision caricaturale représentée par l'acronyme GAFAM, que je déteste. On les désigne aujourd'hui comme on le faisait autrefois pour le diable – ni cet excès d'honneur, ni tant d'indignité ! Et puis, le fait est que ces entités sont profondément différentes tant dans les services qu'elles proposent que dans leurs devises ou slogans : quoi de commun entre le « *Don't be evil* », l'impératif catégorique de Google présent dans son code de bonne conduite, et le « *Work Hard. Have Fun. Make History* » d'Amazon ? On ne peut assimiler en un même mot des sociétés à la culture et au *business model* si différents : certaines sont notamment plus dépendantes de notre attention ou de nos données. Il y a bien des entrepreneurs avides de profits, mais outre des initiatives à but non lucratif comme Wikipédia ou la fondation Mozilla, beaucoup d'entreprises fleurissent également, qui proposent parfois des contrats assez surprenants, en ne comptant pas, par exemple, les jours de vacances de leurs employés. Nombre d'entre elles soutiennent aussi des associations. Certes, elles choisissent parfois les causes qui leur conviennent, mais c'est la culture américaine : faute de système social fort, on choisit et soutient sa communauté.

S'il y a une erreur funeste en France où l'on brocarde volontiers la culture start-up, ce n'est pas tant d'agiter le mot comme un grigri pour détourner le mauvais œil ou attirer la chance, c'est de dévaluer la politique alors même qu'il est urgent de repolitiser la technique. Pourquoi ? Parce que les nouvelles technologies, expliquait en son temps le directeur du Media Lab Joichi Ito, « *sont comme un "rocket pack", un moteur-fusée qu'on se met dans le dos et qui peut, si vous ne le maîtrisez pas, vous envoyer droit dans le mur* ». « *Et puisqu'elles sont de plus en plus intelligentes*, renchérit Reid Hoffman, l'un des fondateurs de LinkedIn, *il faut y mettre de la sagesse.* » De la sagesse ? Je ne sais pas quelle définition il en donnerait, mais je sais que si je suis redevable à une personne du chemin que j'ai entrepris depuis, c'est bien à lui qui m'a démontré avec beaucoup de gentillesse et sans effets de manches qu'on peut combiner l'esprit de l'entreprise, le goût de la finance et l'amour de la philosophie. Et qu'on peut gagner énormément d'argent sans jamais perdre de vue l'idée qu'une société meilleure est possible. Ce à quoi d'ailleurs il emploie une partie de sa fortune. Pour Reid Hoffman, l'homme, lui comme les autres, est maître de son destin : Rocketman ira jusque sur Mars, ou il s'éclatera sur le mur d'en face ; il laissera, ou non, des pouvoirs démesurés à des IA débiles. Mais il fera un choix. Dans ses *Confessions*, saint Augustin raconte un souvenir de sa jeunesse plutôt dorée et passablement orageuse à Thagaste dans la Numidie du IVe siècle de notre ère, l'actuelle Algérie. Il a 16 ans, rôde avec ses copains dans la nuit et voilà qu'ils arrivent dans un verger. Augustin secoue un arbre et dérobe une quantité impressionnante de poires. Pour les manger ? Même pas : les fruits sont jetés aux porcs. Pourquoi ? Augustin, devenu grand, explique qu'il a fait cela gratuitement : « *Notre seul plaisir fut d'avoir commis un acte défendu.* » Le mal pour le plaisir du mal, dont nous avons tous fait l'expérience à des degrés divers, est la preuve selon lui de notre libre arbitre. Nous sommes libres d'agir comme bon, ou mal, nous semble. Rien n'est écrit. Donc tout peut changer. Vous me direz que c'est facile à dire et que d'autres font des choix à notre place. C'est vrai, mais n'est-ce pas le rôle de la politique que de permettre aux citoyens de ne pas subir un pouvoir, celui des machines ou celui d'autres hommes, comme une fatalité ?

5

L'ascenseur

```
Le grand ascenseur de la technique a hissé
l'homme à un nouvel étage. On ne sait pas
trop s'il monte ou s'il descend, mais pour
le prochain étage on parle déjà d'IA sur-
humaines. Vrai ou faux, la caractéristique
principale de l'ascenseur, c'est que même si
vous refusez de le prendre, il vous entraîne
quand même. Comme dit Pascal, encore, « nous
sommes embarqués ». Il n'y a que de l'inté-
rieur qu'on peut le contrôler. Et ce contrôle
sera aussi spirituel ou ne sera pas.
```

« Chaque invention vient menacer le genre humain aussi bien que le servir. »

Paul Valéry,
Regards sur le monde actuel, 1931

Ding, voilà le grand ascenseur. L'ascenseur de la technique grâce auquel l'homme s'est hissé au sommet de l'échelle du vivant. C'est du moins ainsi qu'il se voit. J'ai dit technique, mais il faudrait ajouter communication. L'homme est un animal qui invente des langages et des machines. Les unes ne vont pas sans les autres.

Le grand ascenseur a des caractéristiques uniques.

Primo, il fonctionne depuis 2 millions d'années et toujours dans le même sens : personne ne l'a jamais vu descendre.

Premier étage

Précisément, il n'a jamais cessé de grimper depuis qu'il a déposé une cinquantaine de milliers d'*Homo erectus*, au premier étage, rayon bifaces, maîtrise du feu et (proto-) langage. Un trait de génie, le biface. Il fallait en avoir dans la caboche – 950 cm^3, soit un cerveau deux fois plus volumineux que ses cousins *habilis* ou ses ancêtres australopithèques – pour façonner silex ou quartz et leur donner cette forme en amande, pointue au bout et tranchante sur les côtés. Un bond technologique par rapport aux galets d'*habilis* et tellement plus pratique pour découper les peaux et la viande. A-t-il rendu nécessaire l'invention d'un langage ? Ou est-ce l'apparition d'un langage qui a facilité la conception de ces nouveaux outils ? Les paléontologues et linguistes ne sont pas d'accord, mais *erectus* va rester à cet étage et sillonner la planète 1,5 million d'années avant de disparaître. Avec à peine 300 000 ans d'existence, *Homo sapiens* est loin du compte et les bookmakers ne le donnent pas gagnant au championnat de la durée de vie des espèces !

Secundo, l'ascenseur s'arrête de moins en moins longtemps à chaque étage successif et ses passagers sont de plus en plus nombreux.

Deuxième étage

Un million de *sapiens* (et 10 fois moins de Neandertal) stationnent 170 000 ans au moustérien (vers – 200 000), rayon outils spécialisés : grattoirs, racloirs, lames, burins, etc.

Troisième étage

Leur nombre est 10 fois supérieur lorsqu'ils parviennent au troisième étage – rayon lissoirs, pointes de flèche, harpons, pigments, microlithes, sépultures, parures et peintures rupestres – du paléolithique supérieur (vers – 30 000) et ils n'y séjournent que 20 000 ans.

Quatrième étage

Au quatrième étage – agriculture, villages et domestication d'animaux – les *sapiens sapiens* sont une cinquantaine de millions et 3 500 ans les séparent du cinquième étage, rayon pictogrammes, écriture cunéiforme, stylets en pointe de roseau pour argile fraîche, cités-États, débuts de la géométrie et de l'arithmétique, etc.

Bientôt les stops aux étages se comptent en millénaires, en siècles, puis en décennies jusqu'à l'étage actuel que l'humanité a rejoint à la fin des années 1990 avec l'Internet.

2050 ?

Les portes de l'ascenseur sont ouvertes et 8 milliards d'humains se préparent à embarquer, dans un mélange d'espoir, de lassitude et d'inquiétude. Les rumeurs vont vite et on annonce déjà qu'aux rayons du prochain étage il y aura des cyborgs, des humains calibrés, des IA surpuissantes et une diversification aussi soudaine que phénoménale du monde des robots. On annonce aussi que l'ascenseur pourrait devenir spatial ; on promet la Lune, Mars, et que l'on pourra larguer – enfin ! – la planète bleue qui sera devenue grise.

Dans la foule, certains font la moue. Ils rappellent que les prophéties, comme les promesses, n'engagent que ceux qui les écoutent. Que les anticipations ont rarement été superposables à la réalité. Il n'empêche ; une partie des passagers s'inquiètent. Quand parviendra-t-on à l'étage suivant ? Et que va-t-on y trouver vraiment ? Certains prétendent que l'ascenseur ne monte plus mais descend, quelques-uns affirment même qu'il n'a jamais cessé de descendre. Tous s'accordent à dire qu'il va de plus en plus vite. Mais que peut-on y faire ? Le ralentir s'il va trop vite ? Le faire grimper s'il descend ? Redescendre s'il grimpe trop haut ? En théorie, ne sommes-nous pas maîtres de l'ascenseur ? Après tout c'est notre œuvre, mais en pratique ? D'autant qu'on s'aperçoit pour l'occasion que personne n'a prévu de bouton d'arrêt d'urgence.

Il faut dire que jusqu'ici le futur paraissait globalement prometteur, moins de famines, moins de maladies, moins de guerres, plus de loisirs, plus de machines pour faire le sale boulot.

Il y a 100 ans, on pouvait encore rêver que demain serait mieux qu'hier. Et avec raison ! Maria Luisa, Chilienne née en 1900, avait une chance sur trois de mourir avant 5 ans et une espérance de vie de 29 ans. La probabilité que son arrière-petite-fille Elena meure avant 5 ans était inférieure à 2 % et elle vivra jusqu'à 80 ans ou plus.

Maria Luisa pouvait avoir peur – du progrès, du machinisme, de l'énergie nucléaire, de l'accélération de la vie, etc. – mais pas d'un avenir qu'elle pouvait espérer, malgré deux guerres mondiales, meilleur pour sa descendance. Quand Elena imagine le monde dans lequel vivront ses enfants et petits-enfants, elle a peur ; peur des tempêtes à venir et de l'effet de serre, peur que les robots ne retirent le pain de leur bouche, peur des voitures autonomes, peur que les IA ne prennent le pouvoir sur les hommes, peur du cyberterrorisme, peur du vol d'informations privées, peur des biotechnologies, etc. Peur d'un modèle de monde dont elle sent, plus ou moins confusément, qu'il se construit dans la Silicon Valley et en tout cas loin de chez elle et sans qu'elle ait son mot à dire. Et ne pensez pas que son angoisse est unique, elle est cosmopolite ! La voix d'Elena se confond avec celles de milliards d'autres : *on veut faire quelque chose ?* Mais quoi ? La seule chose dont elle est sûre, et nous tous avec elle, c'est qu'on ne peut pas rester passif.

Il n'y a pas le choix : la troisième caractéristique de l'ascenseur, c'est que même si vous refusez de le prendre, il vous entraîne quand même. Comme dit Pascal, « *nous sommes embarqués* ». Il n'y a que de l'intérieur qu'on peut le contrôler. Et ce contrôle sera spirituel ou ne sera pas.

6

Rendre fini l'infini et autres leçons du veau d'or

Peut-on contrôler l'incontrôlable ? Peut-on, et doit-on, maîtriser le progrès et la passion de l'homme pour la création technique ? Ou sommes-nous des marionnettes agitées par une main invisible, celle de la technoscience ? La réponse est dans un très vieux récit, celui qui dans l'Exode raconte l'épisode du veau d'or. Et cette réponse est plus subtile qu'on pourrait le croire.

« Ce qui caractérise notre époque, c'est la perfection des moyens et la confusion des fins. »

Albert Einstein

Il y a ceux qui veulent mettre la technologie sur pause. Le temps de peser le pour et le contre ; le temps d'envisager des scénarios certains idylliques d'autres moins, pour l'espèce humaine. Et faire en sorte que les voies les plus inquiétantes soient convenablement signalées d'un panneau « Sans issue ». C'est, en substance, ce que suggère Loïc Tallon, l'ancien *chief digital officer* du Metropolitan Museum of Art, qui a réussi le tour de force de mettre les collections du Met à portée d'une dizaine de millions de visiteurs virtuels par mois grâce à un partenariat avec Wikimedia Foundation : « *Je suis un fervent adepte de l'idée qu'il faudrait interrompre le progrès technologique pendant cinq ou dix ans*[1]. »

Et il y a ceux qui s'en lavent les mains, comme le conseiller *tech* de la Maison-Blanche, Michael Kratsios, qui lui a répondu, indirectement (il évoquait les craintes de voir l'IA dépasser l'homme) mais sans ambiguïté : « *Nous n'allons pas essayer de "résoudre" des problèmes qui n'existent pas… Nous n'avons pas imposé de restrictions administratives avant que Thomas Edison ait allumé la première ampoule. Nous n'avons pas coupé les lignes avant qu'Alexander Graham Bell ne fasse le premier appel téléphonique.* » Dans leur antagonisme, les deux positions balisent parfaitement l'étendue du spectre de nos hésitations. Avec en toile de fond une question simple : y a-t-il un pilote dans l'avion des nouvelles technologies et, si oui, où est le terrain d'atterrissage ?

Petroleum Veto

Les nouvelles de l'écrivain anglais Keith Roberts, parues entre 1966 et 1968 et rassemblées dans un ouvrage intitulé *Pavane*, suggèrent une réponse. Dans cette uchronie – il s'agit d'une histoire parallèle en forme de « et si » – l'Invicible Armada de Sa Majesté Très Catholique Philippe II d'Espagne a écrasé la Royal Navy en 1588 et réussi son débarquement dans l'Angleterre protestante d'Elisabeth Ire. Après l'assassinat de la reine, la papauté prend le pouvoir sur

1. https://www.newsroom.co.nz/2018/05/28/111768/put-technology-on-pause

l'Europe puis sur la quasi-totalité du globe, colonies américaines comprises. Rome contrôle attentivement les inventions et découvertes, interdisant l'usage de l'électricité et la pratique de la chimie, et promulguant (en 1910) une bulle, *Petroleum Veto*, qui interdit l'usage des moteurs à explosion. Des locomotives à vapeur sillonnent la campagne anglaise et des sémaphores transmettent les informations à vue par des bras mobiles en bois.

Que faire face au progrès des sciences et des techniques ? La réponse de Roberts est radicale. Il écrit dans cette période post-Auschwitz et post-Hiroshima des années 1960 où l'on commence tout juste à prendre la mesure de ce dont l'homme a été capable ; et voilà qu'apparaissent de surcroît les premiers signes d'une menace plus insidieuse : avec une dizaine de milliers de morts dus à la pollution au charbon, le Great Smog de 1952 a laissé une empreinte durable dans la population londonienne ; les effets des rejets de mercure dans la baie de Minamata au Japon sont avérés et la marée noire qui a englué les îles Scilly, après le naufrage du *Torrey Canyon* le 18 mars 1967, se répand jusque sur les unes des journaux. Sans oublier la collision d'un bombardier américain B-52 et de son ravitailleur qui entraîne, le 17 janvier 1966, la chute de quatre bombes H dont trois tombent à proximité du petit village andalou de Palomares sans qu'il y ait, heureusement, fusion thermonucléaire. Clairement, il y a quelque chose qui tourne mal dans le monde occidental et la technique est au banc des accusés. Rien de tout cela dans l'univers parallèle de Roberts où l'humanité connaît une seconde chance : longtemps après une lointaine catastrophe nucléaire, l'histoire se répète, sauf que le progrès, désormais, coule d'un robinet régulé au goutte-à-goutte. Il le dit clairement en conclusion : c'est grâce à cette férule totalitaire que l'humanité aura cette fois suffisamment mûri et, évitant la Shoah et les apocalypses nucléaire et climatique, appris, en dernier ressort, à pratiquer science avec conscience. Un mal pour un bien en somme.

Le Léviathan n'est pas très écolo

Il va de soi que cette Église fantasmée n'a rien à voir avec la vénérable institution à laquelle j'appartiens, et qu'elle ne figure dans le recueil de nouvelles que comme agent d'un monde alternatif. Je précise aussi – par les temps qui courent, le sujet ne supporte pas la moindre ambiguïté – ne pas croire un instant qu'une tyrannie, en uniforme, en soutane, en blouse blanche ou en blouse verte, ferait gagner sur le plan écologique (sans parler du reste) ce que nous perdrions en libertés individuelles. Les effets des totalitarismes du XXe siècle sont éloquents et il suffit de regarder la peau de chagrin qu'est devenue la mer d'Aral dans l'ex-Union soviétique (68 000 km^2 en 1960, 10 fois moins en 1997) pour se dire que le Léviathan n'est décidément pas très écolo. Et puis, plus fondamentalement, on ne combat pas le mal par le mal : « *Celui qui lutte contre les monstres,* avertit Nietzsche, *doit veiller à ne pas le devenir lui-même. Or, quand ton regard pénètre longtemps au fond d'un abîme, l'abîme, lui aussi, pénètre en toi*[1]. »

L'abîme, dans *Pavane*, c'est le progrès technique. Ou plutôt, son développement anarchique. Prométhée a apporté le feu aux hommes et certains d'entre eux, maladroits ou

1. Friedrich Nietzsche, *Par-delà le bien et le mal*, chapitre IV, Maximes et intermèdes, 146.

pervers, mettent le feu partout où ils passent. D'où la nécessité, expose en substance Roberts, de canaliser la technique, quitte à en tarir le flux, par la force si besoin est. Il n'y a pas dans son récit une inspiration néoluddite : il ne s'agit pas de détruire les machines comme le légendaire Ned Ludd brisant les métiers à tisser à la fin du XVIIIe siècle pour préserver le travail des ouvriers qu'ils remplaçaient. Ni d'un mouvement de protestation analogue à celui des ouvriers de la Standard Motor Company Ltd à Coventry qui se mettent en grève, en 1956, pour protester contre l'automatisation de leur travail. Il s'agit encore moins, comme dans la frange dure de la *deep ecology*, de dépeindre l'humanité et ses inventions comme un cancer qui menace le reste du vivant. Roberts n'est pas sur cette ligne. C'est un humaniste qui conserve l'homme au centre d'un monde qu'il a tout simplement la trouille (fondée) de voir disparaître pour un tas de raisons qui ont toutes à voir avec la technique. Rien de nouveau sous le soleil, pour lui, c'était la peur de l'Armaggedon nucléaire, pour nous, ce serait plutôt l'Armageddon climatique ou, si ce dernier nous en laisse le temps, l'IA asservissant les humains ou un virus issu des biotechs les transformant en *walking dead*.

Deus ex machina ?

Au moment où Roberts suggère dans son uchronie de ralentir le progrès, l'historien des sciences américain Robert Heilbroner pose une question connexe dans un article daté de juillet 1967 : « *Est-ce que les machines font l'histoire ?* » Déterminent-elles la nature de l'ordre socio-économique ? Cette idée-là fait partie des récits traditionnels sur le progrès depuis les temps modernes : soudain, un artisan génial, entre Edison et Géo Trouvetou, invente un truc qui change la société de son temps et le voilà riche, adulé et tiré de la pénombre après des années de labeur difficile et incessant. Sa femme est heureuse (du point de vue des sexes, l'histoire de la technique est à l'âge pré-*me too* !), ses enfants aussi (après dix années de mauvaise humeur de leur papa), à moins qu'il ne meure dans la misère au moment où les projecteurs se braquent enfin sur lui ; bref, toutes les variations sont possibles, mais le fait est là, gravé dans le marbre des épopées : c'est ainsi, peut-on lire dans les livres d'histoire, que l'invention de la boussole conduit Christophe Colomb à découvrir l'Amérique, que celle de l'imprimerie contribue à la propagation de la Réforme et que l'égreneuse de Whitney cause la guerre civile américaine puisque le coton devenu lucratif (la machine permettant de séparer automatiquement la graine du coton de sa fibre) réclame paradoxalement davantage d'esclaves pour sa culture et sa récolte. En somme, comme l'écrit Marx, « *Le moulin à bras vous conduira à la société avec le suzerain ; le moulin à vapeur à la société avec le capitalisme industriel*[1] ».

Est-ce vrai ? Est-ce que, pour revenir à une problématique plus actuelle, le moulin numérique que représente l'IA conduira à la société posthumaine ?

Si oui, alors nous sommes les sujets, pour ne pas dire les esclaves de cet élan prométhéen, d'une force qui nous dépasse et, vu ce qui se profile à l'horizon 2100, entre montée des eaux, explosion démographique et accroissement des inégalités, il n'y a pas de quoi être optimiste

1. https://www.marxists.org/francais/marx/works/1847/06/km18470615g.htm

et il est urgent de se demander quelle est sa nature. S'il existe une sorte de déterminisme technologique, comme l'affirmait (avec de grosses nuances) Heilbroner, une main invisible du marché capitaliste qui déverse sur nous inventions et produits dérivés comme le lait et le miel de la corne mythique de la chèvre Amalthée, nos carottes sont cuites... Ou, pour l'exprimer autrement, nous ne tenons pas notre destin entre nos mains.

Alizés bienveillants

Je sais bien qu'il n'y a plus grand monde aujourd'hui pour voir dans le *progrès* cet alizé bienveillant poussant l'humanité cahin-caha vers les rivages enchantés d'un avenir meilleur. Pour être plus exact, nous sommes maintenant conscients que progrès technique et progrès moral ne naviguent pas forcément de conserve. Même si, tout de même, la réduction des inégalités et des famines est due à des progrès techniques qui conduisent à des progrès moraux : on est plus facilement empathique avec le ventre plein qu'avec le ventre vide. Néanmoins, le XXe siècle s'est employé à démontrer que décidément non, ni la culture ni la technologie ne protègent de la barbarie. En revanche, si nous ne croyons plus au progrès comme les positivistes de la fin du XIXe siècle, nous sommes toujours enclins à croire que les nouvelles technologies sont le booster du monde contemporain.

Qui en douterait en regardant autour de lui ? Voyez les robots qui chamboulent le social en précipitant certains métiers dans la fosse commune des inutiles ou au contraire ouvrent des lucarnes inattendues. Voyez les CRISPR, les ciseaux à découper l'ADN, qui permettent d'éliminer des gènes favorisant le parasitisme sur des plantes ou, pour des parents porteurs sains du gène de la mucoviscidose de choisir un embryon viable qui leur assurera que leur enfant sera épargné par la maladie. Voyez les laboratoires qui vendent des tests ADN qui permettent ou non de revendiquer une paternité – « *Vous avez droit à la vérité* » clame la pub qui montre un père dévoré par l'angoisse – ou de sortir de prison un homme injustement condamné, ou au contraire d'y envoyer un dangereux prédateur. Et si ces exemples ne suffisent pas, regardez dans les rues, les transports, sur les terrasses de café, et jusque dans les églises et les temples ; comptez combien de personnes n'ont *pas* les yeux braqués sur leur smartphone.

Nous sommes passés d'un monothéisme du progrès à un polythéisme des nouvelles technologies.

Mon royaume pour un point d'appui

Nos sociétés, c'est indéniable, sont remaniées, remodelées, redistribuées en largeur, en longueur et en profondeur sous l'effet de l'une ou l'autre des innovations qui semblent surgir comme du chapeau des magiciens de la Silicon Valley et d'ailleurs. Ce n'est même pas un sujet. Évidence inéluctable du progrès technique : l'orgueilleuse apostrophe d'Archimède s'adressant à Hiéron en contemplant le lancement du *Syracusia*, l'orgueil de la flotte, le plus gros navire ayant jamais navigué en Méditerranée au IIIe siècle avant Jésus-Christ, n'a rien perdu de son intensité en traversant vingt-trois siècles : *Donne-moi un point d'appui, ô roi, et je soulèverai la Terre !*

Mais si les (nouvelles) technologies changent le monde à vue d'œil, l'inverse est vrai aussi. Il y a l'offre, mais aussi la demande. La plupart des historiens vous diront que le *déterminisme* des machines est un leurre et à tout le moins extrêmement réductionniste. Que le principe de causalité est tout à fait pertinent pour décrire la trajectoire d'une boule de billard à partir des conditions initiales – l'orientation de la queue, la force appliquée par le joueur, etc. –, mais que nul modèle à facteur unique n'est capable de rendre compte des orientations en Europe à la transition du Moyen Âge vers la Renaissance ou du fait que la Chine au même moment n'a pas pris le tournant des sciences expérimentales qui a été celui de l'Occident alors même qu'on y connaissait depuis longtemps l'imprimerie et la poudre à canon. Les historiens ne vous diront pas que *c'est plus compliqué que cela*, mais que c'est *beaucoup* plus compliqué que cela ! C'est la fameuse image du papillon de Lorenz dont les battements d'ailes à Mexico provoquent un typhon à Hong Kong qui signale, avec raison, qu'une minuscule cause peut provoquer de grands effets, lesquels peuvent aussi sec être annulés par une autre minuscule cause…

J'ai trouvé !

Si cette idée d'une invention, d'une découverte surgie *out of the blue* et venant bouleverser la société reste encore aujourd'hui vivace, c'est probablement pour trois raisons :

1) Parce que dans sa simplicité elle explique d'un coup la complexité du monde. Ou plus exactement, cette idée introduit une notion d'ordre dans un monde qui nous apparaît

de plus en plus chaotique, un sens de l'histoire analogue à ces dessins qui montrent la progression de l'australopithèque à *Homo habilis*, puis *erectus*, puis *sapiens* : de la chaudière au moteur à pistons, au moteur rotatif, à la turbine, au réacteur, etc.

2) Parce que nous ne pouvons nous passer de récits, particulièrement les récits mythiques qui racontent la fondation du monde ou annoncent le futur. Avec aujourd'hui la Silicon Valley dans le rôle de l'île des Phéaciens où Ulysse, raconte Homère, a pu admirer des bateaux qui voguaient sans voiles et des serviteurs mécaniques !

3) Parce que nous aimons les *eurêka* qui sont une manière de mettre une étincelle divine au cœur de la rationalité ou, disons, d'expliquer l'intuition comme un moment de transcendance. C'est ce qui fait que nous nous plaisons à imaginer que parfois un éclair frankensteinien zèbre la nuit d'un inventeur (dont chacun sait qu'il bosse plutôt en nocturne et dans le garage déjà évoqué qui est l'équivalent moderne du donjon d'antan). Nous ne saurions faire l'économie de ce storytelling qui donne l'espoir qu'un jour quelqu'un va trouver le remède contre le cancer ou le système de propulsion qui permettra d'atteindre les étoiles. *Sic itur ad astra !* Même s'il n'est pas forcément fondé. Pourquoi ?

Une licorne sinon rien

Parce qu'une découverte, une innovation, une invention n'est jamais inéluctable. Contrairement à ce qu'affirment les techno-prophètes et futurologues, il ne suffit pas de clamer que le secret de l'immortalité ou de la pierre philosophale est à portée de neurones pour parvenir au résultat. La rhétorique des startupers californiens – « *simule, jusqu'au moment où tu seras capable de le faire* » – est-elle autre chose qu'un slogan tonitruant et creux, une promesse qui, comme dit l'adage, n'engage que ceux qui y croient, pas ceux qui la font ? Parfois cela marche, parfois non… Mais n'allez pas croire que le goût des histoires et du storytelling ne touche pas les investisseurs et les milliardaires de la high-tech ! Ils sont comme vous et moi, certes avec des moyens différents… susceptibles d'être attirés par le parfum ineffable d'un mythe, tout comme ces armateurs qui misaient des galions et leurs équipages sur l'existence des sept cités d'or de Cibola ou du mythique Eldorado. Lorsque Aileen Lee, capital-risqueur, invente l'expression « une licorne » pour désigner les entreprises valorisées à plus d'un milliard de dollars et fondées sur une croissance rapide financée de l'extérieur – Uber pour n'en citer qu'une –, elle ne vend pas seulement une métaphore astucieuse immédiatement compréhensible dans un milieu dont les références culturelles incluent *Star Wars* et *Le Seigneur des anneaux*. Elle choisit, peut-être inconsciemment, la créature la plus importante en terre chrétienne et d'islam, au Moyen Âge comme à la Renaissance, un animal mythique dont la corne possède, entre autres pouvoirs, celui de guérir toutes les maladies. Il y a toujours dans la décision d'investir une part irrationnelle qui peut conduire à l'aveuglement comme en a témoigné récemment l'affaire Theranos, du nom de cette entreprise valorisée à 9 milliards de dollars en 2015, juste avant qu'une enquête ne démontre que la technologie supposée conduire à des tests sanguins peu coûteux n'existait tout simplement pas… Sans même parler de ce qui est souhaitable ou non, tout n'est pas possible. Tout n'est pas déterminé.

Remède et poison

L'historien de la technologie Melvin Kranzberg[1] a énoncé en 1986 six « lois » de la technologie qu'il définissait lui-même comme une série de truismes commodes : la première et la plus importante stipule que la technologie n'est ni bonne ni mauvaise, mais qu'elle n'est pas neutre non plus. Kranzberg donnait pour exemple la découverte du DDT, pesticide et carcinogène, qui a pourtant contribué à sauver des centaines de milliers de vies humaines en Inde et au Sri Lanka, en permettant d'éradiquer à grande échelle, et pour pas cher, des populations de moustiques porteuses de la malaria. Kranzberg avait raison : technologies, inventions ou découvertes sont comme le *pharmakon* des Grecs, remède et poison selon la quantité, comme la digitaline, cardiotonique à faible dose, redoutable toxique à haute dose. Par conséquent, on peut sans doute dire qu'une technologie n'est *en général* ni bonne ni mauvaise ; encore que, si le biochimiste d'un laboratoire militaire fabrique un virus capable de décimer la moitié de la population planétaire en quelques jours, j'aurai tendance à dire que celle-là, *en particulier*, est diabolique.

Aucune arme n'est neutre

En outre, une technologie ne préexiste pas dans une sorte de réserve platonicienne de virtualités, au rayon « inventions et bidules qui peuvent servir un jour ». Elle n'est pas en puissance quelque part comme la proverbiale statue du

1. « Technology and History: Kranzberg's Laws », *Technology and Culture*, vol. 27, n° 3, juillet 1986, p. 544-560.

bloc de marbre qui n'attend qu'un sculpteur pour apparaître. Elle n'est indépendante ni de son époque ni de son inventeur. Mais, allez dire aux habitants d'Hiroshima que l'arme nucléaire est neutre et qu'en tant qu'assemblage elle n'a jamais menacé personne : son existence même induit la possibilité de son utilisation. De même, comme l'écrit le philosophe Bruno Latour, « *vous êtes une personne différente avec un pistolet entre vos mains. L'essence c'est l'existence, et l'existence c'est l'action* ». En clair, si vous détenez un revolver chargé face à un agresseur, vous êtes susceptible d'appuyer sur la gâchette. Si vous n'en avez pas, ma foi, vous fuyez.

Le produit d'une société

Non seulement les (nouvelles) technologies ne sont pas neutres, mais il est légitime de les considérer comme des productions de la société, aux deux sens du génitif : elles en sont le fruit autant qu'elles la façonnent. Lorsque Héron d'Alexandrie, immense inventeur du Ier siècle après Jésus-Christ, construit des machines à vapeur, certes rudimentaires mais permettant par exemple d'ouvrir automatiquement les portes d'un temple, il suscite « *l'étonnement et l'émerveillement* », mais ne provoque pas la révolution industrielle qui suit les inventions de Thomas Savery, Denis Papin et plus tard James Watt au siècle des Lumières ! Pour le résumer de façon caricaturale, au temps d'Héron, il y a des esclaves pour ouvrir les portes. À quoi bon une machine qui coûte beaucoup plus cher : sans charbon de bonne qualité, il faudrait des stères et des stères de bois pour l'alimenter. Et puis, c'est une chose de fabriquer un jouet de luxe, c'en est une autre de faire un piston qui s'adapte au cylindre comme James Watt et Matthew Boulton l'ont expérimenté au siècle des Lumières. Sans compter les soupapes, la fonte, les joints et le milieu social adéquat – aujourd'hui on dirait l'incubateur ! – qui font la révolution industrielle.

Une machine, un objet ou une innovation s'inscrit dans le tissu complexe d'une époque, fait d'entrelacements et de raccourcis, d'impasses et de détours, d'usages inattendus et de détournements : l'usage du smartphone a certes changé, ô combien, notre manière d'être au monde, mais il n'est pas tombé du ciel. Il arrive à la croisée de chemins empruntés entre autres par des batteries miniatures et les écrans à cristaux liquides, du *clamshell design* et des premiers navigateurs du type Mosaic du Web.

Un biais ethnique au milieu du salon de la tech

Et ce qui est vrai d'une invention est vrai d'un algorithme, comme l'a brillamment démontré la chercheuse Joy Buolamwini tandis qu'elle travaillait au Massachusetts Institute of Technology : après avoir étudié les systèmes de reconnaissance faciale de Microsoft, IBM et la start-up chinoise Face ++, elle s'est rendu compte qu'il y avait un biais ethnique tellement énorme que personne ne l'avait remarqué. Elle avait eu l'idée de rassembler 1 000 photos de visages, masculins, féminins, et de toutes couleurs de peau pour demander aux IA des uns ou des autres de distinguer entre mâle et femelle. Celles-ci y réussissaient plutôt très bien, surtout avec les visages de mâles caucasiens et beaucoup moins bien avec des visages féminins et sombres : dans ce cas, les IA commettaient en moyenne 34 % d'erreurs en plus. Buolamwini en a fait le sujet de sa thèse et montré comment un biais, en l'occurrence celui des ingénieurs, plutôt blancs et plutôt masculins, ayant conçu l'algorithme, avait été inconsciemment transmis à leur technologie. Et cela arrive beaucoup plus souvent qu'on ne croit : la mathématicienne Cathy O'Neil a montré, dans son remarquable livre *Weapons of Math destruction*[1], comment de l'assurance à la publicité en passant par l'éducation les biais des algorithmes conduisent à un accroissement des inégalités sociales. Lesquelles reflètent précisément nos sociétés...

Parce que c'est tout de même cela le fond du problème : pour le meilleur et pour le pire, les nouvelles technologies sont à l'image de leurs créateurs. Elles sont discutables, critiquables, amendables. Mais elles ne sont pas le symptôme d'une condition inhumaine agissant sur la curiosité humaine. Il n'y a que l'homme pour être inhumain.

Et nous ne sommes pas condamnés à entrer dans l'avenir à reculons, poussés par des machines obéissant à un calendrier qui ne serait pas le nôtre. L'idée d'un *deus ex machina* guidant la technoscience n'est jamais qu'une manière, sinon habile, du moins partiellement rassurante, de mettre un ordre apparent dans le chaos et la complexité pour se laver les mains du vrai problème de fond : que faire ?

La nature du veau d'or

Alors, justement, que faire ? Commencer déjà par appeler un chat un chat et une idole une idole. Parmi les récits les plus connus de la Bible hébraïque, celui qui raconte

1. Cathy O'Neil, *Weapons of Math destruction*, Crown Random House, 2016 [*Algorithmes : la bombe à retardement*, Les Arènes, 2018].

l'épisode du veau d'or, la *parasha ki tissa*, est une excellente métaphore de notre rapport aux idoles en général et à la technique en particulier. Dans le récit de la Bible, le peuple juif, échappé d'Égypte grâce à Moïse, traverse la mer Rouge dans des conditions fameuses. À la suite de cet épisode, les douze tribus campent au pied du mont Sinaï, en attendant que le prophète qui a escaladé la montagne en redescende avec la Torah, au bout de 40 jours. À la veille de la date prévue de son retour, quelques-uns, impatients et effrayés de l'absence de leur guide, se tournent vers son frère Aaron et lui demandent de fabriquer un veau d'or. On connaît la suite – Moïse brise les tables et avec l'aide d'une tribu, celle de Levi, fait passer les déviants, environ 3 000 sur 600 000, au fil de l'épée.

Rendre fini l'infini

De toutes les questions que suscite ce récit, l'une des plus importantes touche à la représentation utilisée : – pourquoi un veau et pourquoi une idole ? Pour le veau c'est facile parce que sur le pourtour méditerranéen le bovin, qu'il s'agisse du taureau Apis ou de la vache Europe, renvoie à la fertilité et à la vie. Le veau y ajoute une touche de jeunesse. Mais pourquoi diable aller se prosterner devant une idole alors même qu'ils savent, en témoignent les éclairs, lueurs et coups de tonnerre au sommet du Sinaï, que Moïse est en pleine discussion avec Dieu ? Depuis 2 500 ans, les interprétations ont été nombreuses. À commencer par celle selon laquelle les Hébreux voulaient donner une réponse concrète à la question de la transcendance et que le veau d'or marquait simplement l'effort désespéré, et voué à l'échec, de s'approprier le divin en lui attribuant un contour : de rendre fini l'infini.

Mais il y a une autre leçon du veau d'or qui renvoie à cette tentation de révérer la statue elle-même plutôt que le dieu qu'elle médiatisait à l'origine.

Pas plus que les Grecs ne s'attendaient à voir Hermès ou Aphrodite intervenir sur l'Agora, personne n'escompte croiser Daredevil ou Iron man au Wallmart ou chez Carrefour. En revanche, un tas de gens sont prêts à accepter qu'un principe causal – et n'est-ce pas cela qui caractérise un dieu dans la mythologie ? – fournisse une explication acceptable et suffisante de la marche du monde : révérer le veau d'or ne signifie donc pas se prosterner devant un dieu à tête de veau ou de crocodile, mais mettre sa pensée critique en veilleuse. Confier à une statue creuse – le progrès ou les « nouvelles technologies » – le soin d'expliquer le sens de l'histoire et s'en tenir là. Voilà le danger des idoles sur lequel alertaient les Psaumes : « *Ils leur ressemblent, ceux qui les fabriquent, Tous ceux qui se confient en elles.* » N'est-ce pas une juste description des rapports entre humains et algorithmes ?

Mais il y a une dernière leçon, encore plus importante : selon le récit du veau d'or, 600 000 âmes ont fui l'Égypte, 3 000 forment le fer de lance de la rébellion. Il y a 20 000 hommes dans la tribu de Lévi selon l'Exode, disons 50 000 en tout. Reste plus de 500 000 hommes et femmes qui restent cois, qui laissent faire. Laisser faire ? C'est précisément le danger qui nous menace.

7

La crise de foi dans les nombres témoigne-t-elle d'une crise spirituelle ?

La peur du numérique et celle de la gouvernance par les nombres sont le symptôme d'une gigantesque crise de foi : trop de nombres, pas assez de sens. Mais que représentent ces nombres ? Et pourquoi reprocher à des nombres de ne pas exprimer plus que ce qu'ils sont ? Le numérique ne peut-il rien apporter aux religions en général et au catholicisme en particulier ? Tandis que les *technos* de la Silicon Valley ont le blues et s'aperçoivent que, finalement, ils ne sont peut-être pas en train de sauver le monde, l'Église s'adapte au numérique et y trouve aussi un instrument idéal pour le partage.

« L'antipathie à l'égard des statistiques est devenue l'une des caractéristiques de la droite populiste. »

William Davies, interview au *Guardian*, 19 janvier 2017

Si au début était le Verbe, aujourd'hui il y a le nombre. Un océan de nombres. Des maigrelets et des joufflus, des infiniment grands et des minuscules, des inquiétants et des rigolards, qui viennent à nous sous forme de statistiques et pourcentages, moyennes et corrélations, probabilités et écarts-types, tous passés par les tamis des instituts de sondage, des sociétés d'études ou des laboratoires avant d'être redistribués par les médias et les réseaux sociaux.

Pourquoi tant de nombres ? Je ne vous décrirai pas le chemin qui les a conduits de Babylone à la Grèce en passant par l'Inde et l'Égypte, ni l'invention de l'algèbre par al-Khwârizmî – qui a donné son nom aux algorithmes – à Bagdad au début du IXe siècle, ni l'apparition de la comptabilité en partie double en Occident au moment où l'imprimerie à caractères mobiles prend son essor grâce à Gutenberg. Mon modeste détour historique commence au moment où les hommes des Lumières se demandent comment gouverner des sociétés de plus en plus complexes et répondent par l'usage des statistiques – *status* en latin signifie « état » ou « condition ».

« L'art de peser la prospérité »

Voici ce qu'en dit dans ses *Mémoires secrets*, Louis Petit de Bachaumont, vers 1770 : « *Il paraît que la secte des économistes règne ailleurs qu'en France, ou plutôt qu'elle n'est en ce royaume qu'une émanation ; une branche nouvelle du corps établi depuis longtemps en Allemagne et les professeurs de cette classe ne s'amusent pas seulement à calculer les arpents d'un État et les gerbes de blé qu'ils peuvent produire ; mais ils ont l'art de peser, de balancer les forces, la puissance, la prospérité de chacun et de les comparer. Ils ont même créé un mot pour désigner la science de cette partie de l'économie politique, et l'appellent statistiques.* » Bachaumont se moque un peu, mais le fait est que la nouvelle science est un succès parce qu'elle permet de prévoir. Elle répond à des questions aussi remarquables, s'enthousiasme le savant allemand August Ludwig von Schlözer vers 1804, que « *le nombre des porcs dans un pays, ou le commencement de l'usage du café dans les villages* ». Avec l'ère industrielle, la statistique devient elle aussi une industrie dont l'organisation est attribuée aux pouvoirs publics qui mettent en place, notamment en France, des rouages statistiques qui s'étendent à tous les secteurs de l'Administration.

Un siècle plus tard, au début de la Belle Époque, Gabriel Tarde, l'un des pères de la criminologie, prophétise que « *si la statistique continue à faire les progrès qu'elle a faits depuis plusieurs années, si les informations qu'elle nous fournit vont se perfectionnant, s'accélérant, se régularisant, se multipliant toujours, il pourra venir un moment où, de chaque fait social en train de s'accomplir, il s'échappera pour ainsi dire automatiquement un chiffre, lequel ira immédiatement prendre son rang sur les registres de la statistique* ». Tarde avait l'œil : il suffit de lire, écouter ou regarder les informations, les réseaux sociaux, les publicités : nous avalons les statistiques au kilomètre.

Deux millions de bulles dans une coupe de champagne

De quoi parlent-elles ? De tout. Du plus futile au plus bouleversant : combien de bulles dans une flûte de champagne ? En moyenne, 2 millions. La densité de poules pondeuses au mètre carré dans un poulailler bio ? 6 contre 13 dans un poulailler lambda. Le pourcentage d'Anglaises qui renonceraient au sexe plutôt qu'au chocolat ? 52 %. Combien de caméras de surveillance à travers la planète ? Près de 400 millions. Le nombre d'esclaves dans le monde ?

40 millions. La quantité d'informations créées chaque jour ? 2,5 trillions (10^{18}) d'octets. Le volume des données du Deep Web par rapport au Web accessible avec les navigateurs classiques ? De 400 à 500 fois plus vaste.

Ces statistiques sont-elles « vraies », ou, pour le dire autrement, correspondent-elles à un élément de la réalité qu'elles sont censées décrire ? Cela dépend. Certaines, oui – les bulles dans une flûte de champagne –, d'autres sont plus discutables – les Anglaises et le chocolat…

Le fait est que l'extraordinaire démultiplication des réseaux sociaux associée au besoin – *struggle for (numeric) life* – de capter l'attention d'un public qui en a vu beaucoup d'autres a entraîné un usage immodéré et volontiers abusif de la statistique qui frappe. D'où la tentation de lire dans cette omniprésence un pouvoir qui ne dit pas son nom, celui d'une bureaucratie qui étouffe l'humain sous les chiffres comme l'arbre sous le lierre. D'où une indigestion de ces pourcentages qui clignotent comme les néons d'un motel pour signifier que notre singularité cesse de l'être.

D'où enfin cette méfiance, relevée dès le XIXe siècle comme en témoigne le joli mot rapporté par Mark Twain[1] – « *il y a trois sortes de mensonges, les mensonges, les fichus mensonges et les statistiques* » –, qui s'est aujourd'hui transformée en défiance des deux côtés de l'Atlantique. On le sait comment ? Par des statistiques pardi…

---

1. Twain l'attribue, sans certitudes, au Premier Ministre anglais Benjamin Disraeli, mais le trait d'esprit date de l'industrialisation des statistiques à la fin du XIXe siècle.

Un monde à la Matrix

L'année de l'élection de Donald Trump, 68 % de ses supporters affirmaient ne pas faire confiance aux chiffres de l'économie publiés par le gouvernement fédéral. Et, toujours en 2016, un sondage indiquait que 63 % des Français n'avaient « plutôt pas confiance », ou « pas confiance du tout », dans les chiffres annoncés de la croissance économique, et ce pourcentage grimpait à 70 % quant aux chiffres se rapportant aux migrations, à la délinquance ou au chômage. Pourquoi cette défiance ? Parce que, à leurs yeux, il y a d'un côté un monde réel, solide, tangible, local et non réductible à des statistiques et de l'autre celui, virtuel, mondialisé, ultraréactif et délocalisé où se prennent des décisions qui peuvent bouleverser leur vie du jour au lendemain sans qu'ils aient leur mot à dire. Une sorte de monde à la *Matrix* dans lequel s'organisent et se trament, numériquement parlant, les pires mensonges et les plus noirs complots. Avec cette idée que de la crise financière des subprimes[1] aux décisions prises à Bruxelles ou à Washington, en passant par le tempo des traders et la toute-puissance des GAFAM, il y a un dénominateur commun de tous ces chiffres sans âme, utilisés par les bureaucrates et autres eurocrates, bref par les experts et, pour tout dire, par une élite perçue comme déconnectée des « vraies » gens.

Et comment les blâmer ? Qui, après tout, aime se voir jeter à la figure qu'il est un presque rien dans le grand tout

1. En 2007, la baisse des prix sur le marché immobilier nord-américain, associée à la hausse des coûts de remboursement des crédits, a conduit à des défauts de crédits chez les propriétaires contraints de vendre leur maison et à la faillite d'organismes prêteurs.

des nombres ? « *Je ne suis pas un numéro, je suis un homme libre* », protestait déjà le Numéro 6 dans la célèbre série des années 1960 *Le Prisonnier* à l'atmosphère génialement paranoïaque. Vous pouvez toujours expliquer, aussi raisonnablement que possible, que les statistiques ne sont jamais que le produit de calculs, discutables, blâmables, amendables et à propos desquels il faut nécessairement s'inquiéter des usages abusifs, des détournements idéologiques, des biais inconscients, des artefacts parasites et de la plus-value indue qui leur est parfois donnée, ou encore qu'elles n'ont pas vocation à donner une représentation exacte du monde mais à fournir des outils de prévision et de justification des décisions publiques. Et enfin que nous serions, sans leur usage, incapables d'établir une passerelle entre un individu et une société de 7 milliards d'humains. Tout cela est vrai, mais allez le dire à quelqu'un qui vient de perdre son emploi parce qu'une économie d'échelle fondée sur un algorithme a conduit un fonds de pension anonyme à l'effacer du monde du travail. Pour lui, les statistiques ne sont pas neutres mais le scalpel d'un néolibéralisme qui ne connaît d'autre loi que celle du marché. Et dans ces conditions, il s'en méfie, c'est humain, et en vient à les considérer comme mensongères.

Le temps des fake news

Un politologue anglais, William Davies, a associé cette autorité déclinante de la statistique au passage dans l'ère de la « postvérité » dont l'usage des *fake news* est un des signes les plus évidents. On se souvient que lorsque Sean Spicer, alors porte-parole de la Maison-Blanche, a annoncé que la cérémonie d'investiture du 20 janvier 2017 avait été « *la plus grande en termes d'audience* » et que la pluie s'était arrêtée durant le discours du président – toutes choses démenties par les observateurs et les photos –, il s'est justifié en disant : « *Parfois, nous pouvons être en désaccord avec les faits.* » Une affirmation qui avait conduit Kellyanne Conway à invoquer des *faits alternatifs* pour justifier le mensonge du porte-parole.

Ce changement de perspective est lourd de conséquences, explique Davies, parce que jusqu'ici le projet de la science moderne et des Lumières supposait l'existence d'une vérité du monde, la même pour tous, accessible par la raison – avec son arme favorite, le doute – et transmise par une chaîne relationnelle constituée des élites, scientifiques, entrepreneurs, journalistes, politiques, etc.

Question de confiance

Le fonctionnement d'une telle chaîne repose sur la confiance dans la bonne foi de ceux qui la forment. Et c'est précisément cette chaîne de confiance, j'y reviens dans le chapitre consacré à la blockchain, qui semble aujourd'hui dans un état piteux.

Prenez la question des conséquences de l'effet de serre au niveau planétaire. Moi qui ne suis ni climatologue, ni océanologue, ni spécialiste de l'environnement et dont le bagage scientifique tiendrait (largement) dans une trousse de toilette, je fais crédit aux savants qui m'annoncent qu'en 2100 le niveau des océans aura grimpé de 2 m et que la responsabilité de l'homme dans le réchauffement climatique est une donnée expérimentale. Qu'est-ce qui justifie ma confiance dans leurs affirmations ?

Je ne suis pas naïf et sais bien que le monde scientifique n'échappe pas plus que les autres à la fraude ou au travail bâclé. Je sais également qu'il n'est pas toujours simple de vérifier les résultats d'une expérience et que l'histoire des sciences fourmille de mesures un peu tordues et de résultats embellis. Néanmoins, je considère qu'au global il y a une éthique scientifique commune à la plupart des chercheurs. Plus cyniquement, en outre, je me dis que lorsqu'un résultat important est publié, il y a suffisamment de spécialistes du domaine qui vont évaluer l'expérience et la dézinguer, s'il se révélait truqué. Enfin, je suis persuadé que la vérité scientifique dont « l'expérience est le seul juge », disait le physicien Richard Feynman, sera convenablement établie. Par conséquent, lorsque les experts du GIEC m'alertent sur l'absolue nécessité de réduire les émissions de CO_2 de 45 % d'ici à 2030, je les crois.

Au nom du doute

Seulement voilà. Les climatosceptiques ne pensent pas ainsi. Paradoxe de notre époque, le scepticisme, qui était l'arme favorite de tous ceux qui depuis Voltaire et Hume jusqu'au *Skeptical Inquirer* ont, au nom de la raison, débusqué faux miracles et vraies escroqueries, est aujourd'hui l'artifice rhétorique numéro un de ceux qui contestent les affirmations faites par les climatologues au nom de la raison scientifique. 4 °C de plus à la fin du siècle ? Le cycle de l'eau altéré ? Le réchauffement des océans et la fonte des glaciers ? Ils refusent d'y voir un effet de l'activité humaine au nom de ce qu'ils considèrent comme une manipulation des chiffres par des lobbies scientifico-industriels, ou par le Grand Capital, ou par des millénaristes apocalyptiques.

Pourquoi un tel déni de la part de gens qui ne sont en général ni moins honnêtes ni plus bêtes que ceux dont ils affirment que les prévisions sont fausses ? Leurs raisons, multiples et protéiformes, ont été remarquablement analysées par l'économiste Olivier Godard[1]. Toutefois, il me semble qu'elles relèvent, au bout du compte, d'un vaste mouvement de suspicion à l'égard de la « gouvernance par les nombres[2] ». Pour une partie des Américains comme des Européens, remarque Davies, le pouvoir des élites est associé au quantitatif, à la froideur des chiffres et à l'arrogance des experts. Il en conclut que la statistique n'est plus comprise comme l'instrument par excellence de la prévision et de la projection dans un futur meilleur, mais comme celui permettant auxdites élites de contrôler et d'asservir des populations en vue d'un futur incertain. Et, logiquement, que le rejet suscité par cette perspective fait le lit de réponses xénophobes, autoritaires et identitaires. Reste que la question peut difficilement être balayée sous le tapis : cette société mondialisée en construction perd-elle son humanité en se numérisant ?

Derrière cette question essentielle, il y a une inquiétude qui ne l'est pas moins et dans laquelle je lis – on ne s'en étonnera pas – le symptôme d'une gigantesque crise de foi(e) numérique : trop de nombres, pas assez de sens.

Voilà qui sonne presque comme un avertissement biblique. Et il est intéressant de noter que justement, dans l'Ancien Testament, les recensements ont un sens. Tout

1. « Le climato-scepticisme médiatique en France : un sophisme moderne », *Écologie & politique*, vol. 45, n° 2, 2012, p. 47-69.
2. Pour emprunter le titre du livre d'Alain Supiot, professeur au Collège de France.

d'abord, ils interviennent pour une raison précise : répartir un héritage ou des services et, avant les batailles, pour connaître le nombre d'hommes aptes au combat. « Combien de divisions ? » aurait questionné Staline. Soit c'est Dieu qui ordonne le décompte, comme dans le bien nommé livre des Nombres, soit c'est une initiative humaine, lorsque le roi David cherche à évaluer son pouvoir. Mais alors, les choses se passent mal : compter ses sous ou ses soldats peut être le signe d'une prise de possession de la réalité. Des millénaires avant la cybernétique, le souci est déjà là de ne pas chercher un contrôle abusif, nécessairement factice sur un réel qui nous échappe. Et de ne pas trop tenter de prédire l'avenir en regardant dans le rétroviseur. Gabriel Tarde décrivait le processus ainsi : « *Un moment viendra où tout, dans les phénomènes sociaux, sera réductible en formules mathématiques. D'où l'on induit abusivement que le statisticien pourra un jour prédire l'état social futur aussi sûrement que l'astronome la prochaine éclipse de Vénus. En sorte que la statistique serait destinée à plonger toujours plus avant dans l'avenir comme l'archéologie dans le passé. Mais nous savons par tout ce qui précède que la statistique est circonscrite dans le champ de l'imitation et que celui de l'invention lui est interdit*[1]. »

Trop de nombres, disions-nous ? On quitte désormais les rivages des statistiques classiques pour aborder celui des mégadonnées rassemblées sous le vocable de big data. De quoi s'agit-il ? Si vous consultez l'excellent blog Datascience@Berkeley, vous y trouverez 40 définitions différentes selon 40 spécialistes. Les différences portent sur des nuances, mais tout de même. C'est dire si le domaine

1. Gabriel Tarde, *Les Lois de l'imitation*, Presses électroniques de France, 2013.

est difficile à cerner, d'autant qu'il ne cesse d'évoluer. Néanmoins, on peut tout de même facilement le décrire en rappelant d'abord que s'il n'y avait pas d'Internet il n'y aurait pas de big data. Lequel est *big* parce que les données numériques sont sans commune mesure et représentent 2,5 trillions d'octets de données au quotidien, en provenance de nos smartphones, voitures, objets connectés ou achats en ligne. L'apparition de ces gisements numériques titanesques a suscité les espoirs les plus divers pour détecter des tendances, analyser des comportements sociaux, prévoir le comportement de consommateurs, faciliter les transports, prédire des épidémies, découvrir de nouveaux médicaments, etc.

Ces espoirs se sont accompagnés de craintes, en particulier, comme l'avertissait la conférence des évêques de France, de voir apparaître dans le domaine biomédical « un marché mondial de la promesse ». Des promesses en quête de sens.

8

Mon âme est-elle soluble dans un ordinateur ?

Equifax Core, Logic Experian, Acxiom, Oracle et autres moissonneuses-batteuses du big data récoltent plus de 2,5 milliards de profils, chacun décrit par des milliers d'attributs, jusqu'à 30 000 ! Mais un homme est-il réductible à ces zéros et à ces un qui mémorisent ses actions sur le Net ? Pour un chrétien, il y a lors de la mort séparation de l'âme et du corps en attendant la résurrection de la chair. Pour un bouddhiste, il y a un continuum de conscience qui se prolonge d'état d'être en état d'être. L'un comme l'autre s'accorderait à dire que toute vérité n'est pas numérisable...

« La trace est un texte. »

Umberto Eco,
La Production des signes, 1975

Imaginez un programme informatique capable de retrouver en quelques nanosecondes l'ensemble des traces numériques que chacun a laissées depuis la première fois où ses doigts ont effleuré un clavier d'ordinateur. Rien que sur nos smartphones, nous tapotons en moyenne 2 000 fois par jour ! Combien de temps pour chaque coup de fil et avec qui ? Quels sites nous avons visités et à quelle fréquence ? Prévisions météo, actualités, résultats des matchs, locations de voiture, réservation d'un billet de train et course en ligne. Ce que nous avons lu, regardé, acheté, vendu, échangé, réclamé, du plus insignifiant au plus problématique. État de santé, préférences sexuelles, religieuses, culturelles, petits arrangements, tricheries, générosités, inquiétudes, déambulations diverses et tout ce qui constitue ce « misérable tas de petits secrets » que méprisait l'écrivain André Malraux. Rien de ce qui nous constitue numériquement, en somme, ne lui serait étranger. Et non seulement il a ainsi créé ce double, ce *doppelgänger* digital qui en sait plus long sur vous et moi que nos mamans respectives, mais voilà que ce sosie qui pèse quelques dizaines, centaines ou milliers de gigaoctets selon l'appétit numérique est évalué par le programme, chaque année pour votre date anniversaire. Et il lui attribue une note, un indice de dangerosité, de fiabilité, de civisme et de coût potentiel à la société. *Mane, thecel, pharès*[1] : compté, pesé, divisé, et en deçà d'un certain seuil, c'est le début de la descente aux enfers : ici, on perd le droit à un crédit bancaire, là une place en crèche, plus tard ce sera un emploi fixe puis un logement dans un quartier pas trop excentré. Et si la note est franchement désastreuse, direction le goulag ou le camp de rééducation.

1. Selon la Bible, Balthazar, dernier roi de Babylone assiégée, voit ces mots s'inscrire en lettres de feu sur un mur de la salle où il se livre à une orgie en attendant que les soldats de Cyrus ne viennent le massacrer avec ses courtisans.

Un Argos impitoyable

À ceux d'entre vous qui protesteraient – non, pitié pas ça, pas le couplet sur le retour de 1984 ! –, je concède volontiers qu'un usage abusif de l'avertissement sur la dérive orwellienne de notre monde peut avoir un effet *Pierre et le loup*. Néanmoins, il faut bien reconnaître que tout cela existe plus ou moins dans quelques villes témoins en Chine : vous traversez en dehors des clous et votre visage apparaît un peu plus tard sur les écrans géants aux carrefours de la ville. Honte sur le fautif et perte de points associés à son crédit social. *Big Brother is watching you*, de Pékin à Shanghai, un Argos impitoyable à 200 millions de caméras reliées à des algorithmes de reconnaissance faciale traque inlassablement les inciviques, les escrocs et les paresseux, les mauvais bougres et les déviants, les poètes et les ivrognes.

En réalité, les choses sont un poil plus nuancées. La société chinoise n'est pas un monolithe. Avec une population de près de 2 milliards, je défie quiconque de résumer cette masse humaine à un ensemble homogénéisé même sous la férule d'un parti de 90 millions de membres. Je reviendrai sur le système chinois du *crédit social* dans le chapitre consacré à la gouvernance algorithmique, mais je veux juste insister pour l'instant sur le fait que dans le domaine des applications de l'IA, nous avons une tendance – fâcheuse ou salutaire, c'est selon – à l'exagération des peurs comme des espoirs que ce domaine de recherche suscite. Entendons-nous, la nature autoritaire du régime chinois ne fait aucun doute à mes yeux, et si une partie des apparatchiks avait la possibilité d'une traque informatique quasi parfaite il ne s'en priverait pas ! Mais le fait est que le contrôle des citoyens de l'empire se fait essentiellement avec des humains. Ce n'est pas que les apparatchiks du parti ne voudraient pas, c'est juste qu'ils amplifient leurs prouesses technologiques dans le domaine de l'IA appliquée à la reconnaissance des visages en particulier et au domaine de la sécurité en général parce que cela calme les ennemis intérieurs et effraie les ennemis extérieurs. De la bonne vieille propagande en somme. Dans cette grande course à l'IA, cela ne fait pas de mal de décourager les autres compétiteurs en faisant miroiter une avance démesurée. Le Big Brother chinois, en somme, travaille aussi à l'ancienne.

En Occident, la situation est radicalement différente. Certes, nos démocraties ont des défauts majeurs et des fragilités terribles, mais ce sont des démocraties. Ce qui fait leur force, comme disait Churchill, c'est d'abord et avant tout *le petit homme qui entre dans le petit isoloir avec son petit stylo pour faire une petite croix sur un petit bout de papier*[1]. Et même si le capitalisme néolibéral voit parfois les lois du marché, supposées réguler l'économie, empiéter sur les libertés politiques et sociales, ni Amazon, ni Google, ni Apple, ni Facebook, ni Microsoft ne sont des Big Brother surveillant leurs ouailles pour vérifier qu'elles consomment dans le droit chemin et les y remettant par la force le cas échéant.

En fait, elles n'en ont pas besoin. C'est toute la magie de cette forme de capitalisme : nous voulons consommer !

Entendons-nous, je ne crache pas sur la possibilité d'acheter en ligne sur Amazon ou eBay des ouvrages que je ne

1. « *At the bottom of all the tributes paid to democracy is the little man, walking into the little booth, with a little pencil, making a little cross on a little bit of paper* », Speech in the House of Commons, 31 octobre 1944.

trouverais nulle part ailleurs, et qui d'autre que Google ou Yahoo me permet de retrouver une lettre de saint Grégoire de Nazianze en moins d'un quart de seconde. Mais je reste soucieux de ma vie privée.

Big Mother is watching you

Et tant qu'à filer la métaphore orwellienne, je dirais volontiers que les géants du numérique ressemblent plus à des Big Mother, pilotant d'immenses moissonneuses-batteuses numériques récoltant et triant sans relâche les champs de données qui seront vendues à prix d'or à des entreprises qui les transformeront à leur tour selon un spectre très large allant de l'amélioration de médicaments au lobbying politique et industriel. Et plus l'*Internet des objets* accroîtra son territoire en s'étendant à l'école, dans la voiture et dans tous les lieux que nous fréquentons régulièrement, mieux nos gestes, nos achats, nos goûts et jusqu'à nos mots doux sont récupérés. Il suffit de certains mots-clefs dans la conversation – j'aime/je déteste/j'adore – pour qu'un *voice sniffer algorithm*, tel celui dont Amazon a déposé le brevet, enregistre un nouvel élément du profilage. À la longue-vue d'Amazon, nous sommes essentiellement résumés à un paquet de données, définis par la somme de nos traces numériques. La perspective est un peu effrayante : Amazon ou Google ou Alibaba, je suis quoi pour eux ? La réponse est simple, à leurs yeux, je suis la somme de toutes mes traces numériques.

Reconstituer le puzzle

Que disent ces *data* sur moi ? Que je reçois en moyenne 50 e-mails, en dehors des spams, à chaque heure du jour.

Que je suis né le XX XX XXXX, que je suis un consommateur régulier d'Amazon, que je voyage souvent, que je suis chrétien et plus précisément catholique, que ma carte de crédit est une Visa, que j'utilise une carte de fidélité, que j'ai tendance à acheter des disques de pop, que je préfère le haut-médoc, que je suis non-fumeur, sujet à la tension, parfois gourmand. Elles peuvent inférer aussi mes préférences politiques, déterminer que je n'ai pas d'enfants et m'occupe de mes parents s'ils sont malades. Que je ne possède pas de voiture, un crédit pour mon appartement, que je voyage fréquemment outre-Atlantique et à Rome et Genève. Que je lis *Le Monde*, le *New York Times* et *La Croix*...

Equifax, Experian, Acxiom, Oracle et autres moissonneuses-batteuses récoltent ainsi plus de 2,5 milliards de profils, chacun décrit par des milliers d'attributs, jusqu'à 30 000 !

La liste desdits attributs est aussi fascinante qu'inquiétante. Un tel est diabétique, gros utilisateur de Facebook, n'a pas d'assurance, vit dans un mobile home, n'envisage pas d'adopter un enfant, a utilisé abondamment son moteur de recherche à propos du mariage gay, etc.

Pour quel usage ? Les géants du Web, assure Shoshana Zuboff dans *L'Âge du capitalisme de surveillance*, n'en sont plus à chercher à capter et monétiser nos données, mais à prédire et influencer nos comportements : le big data permettrait, en somme, de réaliser dans la vraie vie une sorte de *minority report* du désir. En soi, rien de nouveau sous le soleil, la publicité fait ça depuis longtemps. Sauf que, explique Phil Mui, aujourd'hui vice-président de Salesforce et ancien d'Acxiom, « *le défi est de réconcilier différentes facettes d'un consommateur selon le type de* browser *ou de machines utilisés* » : les *data brokers* agrègent, combinent et commercent ce genre de données. Auparavant, un publicitaire choisissait de cibler la ménagère de moins de 50 ans, des CSP+, des retraités, des propriétaires de chiens, etc. Aujourd'hui, comme le note Eric Schmidt, ancien président de Google, « *nous savons en gros qui vous êtes, en gros qui sont vos amis. La technologie va être tellement bonne qu'il sera très difficile pour les gens de voir ou de consommer quelque chose qui n'a pas été quelque part ajusté pour eux* ». On est passé du prêt-à-porter au sur-mesure.

Mon âme n'est pas numérisable

Qu'est-ce que cela signifie individuellement d'une part, collectivement d'autre part ?

Individuellement, pas grand-chose. Bien sûr, je vois apparaître des bannières m'informant de tarifs compétitifs sur des voyages low cost pour le Canada ou les États-Unis. Ou de la publication de tel ou tel livre de théologie ou d'informatique. Éventuellement, une petite publicité qui joue avec ma patience en cachant systématiquement la partie de l'article que j'ai envie de lire. C'est toujours agaçant, souvent déplaisant, parfois utile, mais au fond pas beaucoup plus gênant que les publicités classiques. Je sais bien que les informations recueillies sur mon comportement *on line* auront nourri tel ou tel algorithme, mais je crois que personne ne va s'amuser à lire la totalité de ce qui a été récolté à mon propos. Mon anonymat, comme celui de n'importe qui, est garanti par l'absence totale d'intérêt de la petite histoire des faits et gestes de l'individu Éric Salobir rapportée à l'effort que supposerait la lecture de ladite histoire. Mes modestes secrets n'ont ni plus ni moins de valeur que ceux de n'importe qui sauf en tant que minuscule grain de sable s'ajoutant à des trillions d'autres. Cela dit, par principe, je me fais un devoir de brouiller les pistes en appliquant les recommandations de sécurité émanant de l'ANSI (American National Standards Institute) et des associations de protection des consommateurs. Ça doit plutôt bien fonctionner, vu le nombre de publicités que je reçois pour du matériel scientifique du style oscilloscope, des engins de chantier, ou même des systèmes de communication pour véhicules blindés légers, avec la mention candide « Cliquez ici pour trouver le revendeur le plus proche ». Cela dit, même si les *data brokers* composaient des profils à 300 000 ou 3 millions d'attributs par personne, mon âme – aussi démodé soit-il, je préfère ce terme à celui d'esprit parce qu'il traduit mieux l'étincelle divine dans l'humain – n'est pas numérisable. Pour le dire autrement, je ne crois pas que nos émotions, nos pensées et nos rêves se résument à une affaire de connexions synaptiques et de réactions hormonales : la description scientifique du cerveau n'est pas suffisante pour expliquer, à elle seule, la manière dont je donne un sens à ma vie. Il ne faut pas confondre le « comment » et le « ce que c'est ». Ce que je sens, ce que je respire, ce que j'entends, ce que je vois, ce que je touche, ce que j'imagine représentent beaucoup, beaucoup plus que la somme de mes achats et consultations divers sur le Net.

Une forêt de signes

Collectivement, il y a là un trésor dont les proportions ne cessent de croître. Le big data est un monde en soi, celui de toutes les traces laissées par des milliards d'humains dans leurs pérégrinations virtuelles. Une forêt de signes aux dimensions titanesques – 40 zettaoctets en 2020, soit 40 000 milliards de milliards d'octets –, autant que le nombre d'étoiles dans l'Univers. Cette forêt, composée de zéros et de un, nous est inaccessible directement. Son exploration a été rendue possible par l'association de techniques de stockage extraordinairement efficientes, le *cloud computing* par exemple, et de modes de calculs ultrapuissants. Elle passe nécessairement par l'usage de moissonneuses-batteuses robotisées, autrement dit par des algorithmes, qui trient, analysent et établissent des corrélations inattendues qui constituent, lorsqu'elles sont fondées – corrélation n'est pas causalité –, le trésor du big data. Lequel comme tout trésor réclame de ceux qui veulent y accéder qu'ils affrontent des épreuves : la première est éthique, la seconde philosophique.

Le problème éthique surgit quand on se demande à qui appartient cette montagne de données. Est-ce un bien commun de l'humanité ? Un peu comme ces zones en dehors de toute souveraineté des fonds de l'océan qui sont considérées par les Nations unies comme « *héritage partagé de l'humanité* » ? Si un bathyscaphe récupère une ressource rare au fond de la fosse des Mariannes, son butin appartient, au moins théoriquement, à l'humanité. S'il la récupère dans la zone exclusive des 200 milles marins, elle appartient au pays qui en possède les droits. Il en va de même pour les données d'utilisateurs recueillies par telle ou telle entreprise dans sa « zone d'exclusion ». Il n'est d'ailleurs pas choquant, en principe, de considérer qu'un armateur qui a pris un risque soit récompensé. Pourquoi n'en irait-il pas de même lorsqu'un algorithme construit par tel ou tel industriel rapproche des données qui semblaient sans rapport et récupère – avec le risque parfois de prendre une bille de verre ordinaire pour un diamant – une corrélation géniale au cœur du big data ? Certes, il paraît légitime qu'il en tire bénéfice. Mais quant à la base de données employée, c'est une autre affaire. Étant pétrie de millions d'interactions sociales, ne devrait-on pas considérer qu'elle est un bien commun ? Dont il faut préserver l'anonymat et pour l'usage de laquelle il faut recueillir le consentement de chaque fournisseur de données.

Corrélation n'est pas causalité

Le big data ne pose pas seulement un immense problème éthique, mais également une question philosophique qui a été soulevée dans le magazine *Wired* en 2008, par son rédacteur en chef Chris Anderson sous le titre « La fin de la théorie : le déluge de données qui rend la méthode scientifique obsolète » : avant – disons de Galilée à Richard Feynman – on fait des hypothèses (dans le vide une plume et un boulet de plomb tombent à la même vitesse), puis on propose des modèles et enfin on les teste. Avec le big data, constate Anderson, ce n'est plus nécessaire. À quoi bon une théorie et un concept quand vous avez accès à toutes les corrélations du monde. Un concept, dit joliment le philosophe Michel Serres, *c'est une valise. Le cercle, par exemple, est une valise au contenu quasi infini puisqu'on peut y placer tous les ronds de la création.* Mais pourquoi s'en servir puisque l'ordinateur est capable de présenter, à la demande, des milliards de milliards de ronds de toutes les tailles en un clin d'œil. Ne peut-on pas s'en dispenser et faire de la singularité individuelle le centre de la pensée à la place du concept ? Serres répond sagement que les deux sont complémentaires, mais d'autres pensent, à l'instar d'Anderson, qu'« *avec assez de données, les chiffres parlent d'eux-mêmes* ». D'ailleurs, un an après son assertion fracassante, deux physiciens affirmaient avoir retrouvé certaines lois de la physique (lagrangien, quelques lois de conservation) par le biais d'un algorithme ne « connaissant » rien de la cinématique ou de la géométrie. On a pu montrer par la suite que leur algorithme contenait implicitement la réponse à la question posée, mais cela n'a pas fait obstacle à l'idée qu'au fond le traitement des données pléthoriques du big data inaugurerait non seulement une ère nouvelle, mais également une science nouvelle dans laquelle « *La corrélation l'emporte sur la causalité*[1] ». À partir du moment où vous disposez de toutes les données sur un phénomène quelconque, disons les comportements des humains sur les trottinettes dans les villes, vous pourrez faire des prédictions exactes sur l'évolution du nombre de piétons renversés ou le gain de productivité dans les entreprises dont les employés se déplacent en trottinette. À condition d'avoir une base de données exhaustive et sans biais de représentation, ce qui est illusoire.

Il n'empêche que selon ce modèle de pensée, les données contiendraient toute la réalité d'un phénomène. Le big data, en somme, serait l'incarnation de Deep Thought, le célèbre superordinateur dont on se souvient, merci Douglas Adams, qu'il a donné la réponse « 42 » à la question du sens de la vie, de l'univers et de tout. Inutile de se casser la tête avec des théories, il suffit d'appuyer sur le bon bouton. Sauf que cela ne marche pas.

Je ne suis pas la somme de mes traces numériques.

1. Que faut-il en penser ? En ce qui concerne la causalité, la cause pour moi est entendue… D'abord parce que je crois en un dieu créateur et que j'aurais par conséquent mauvaise grâce à dauber un enchaînement qui remonte à cette cause première. Ensuite parce qu'il me semble que même si la physique a renoncé à l'idée de cause, elle conserve le principe de causalité en lien avec le cours du temps. Le physicien Étienne Klein a consacré de très belles conférences à ce sujet.

9

Metropolis ou la fin du travail

Les robots vont-ils menacer le travail des humains, ou tout au moins d'une portion des humains qui seraient alors moins humains que d'autres ? Ou faciliter un âge dans lequel les travaux pénibles et répétitifs seraient réservés aux machines ? Nous naviguons comme toujours entre espoirs et craintes : il nous manque cruellement une boussole, avec cap sur la dignité humaine.

« Le royaume de la liberté commence seulement là où l'on cesse de travailler par nécessité et opportunité imposée de l'extérieur. »

Karl Marx, *Le Capital*

Chacun sait depuis la célèbre pièce *Rossumovi univerzáln roboti* (*RUR, ou les robots universels de Rossum*) de l'écrivain tchèque Karel Čapek que les robots finissent toujours par se révolter contre leurs maîtres. C'est inscrit au programme en quelque sorte. *Étymologiquement* inscrit, pour être exact, puisque *rob*, en vieux slave, signifie « esclave », que *rabota* veut dire « travail » en russe et *robotnik*, « ouvrier » en polonais comme en slovaque ! Dans la pièce de Čapek – elle a été jouée pour la première fois à Prague en 1921 – les robots font le boulot tandis que les humains, qui ne croient plus en rien et ne cherchent même plus à assurer leur descendance, se tournent les pouces. Les robots hyperintelligents, mais dépourvus d'âme, se révoltent contre leurs méprisables maîtres, les éliminent tous sauf un et finissent par découvrir l'amour : la civilisation, leur civilisation, peut fleurir.

La pièce vaut le détour pour plusieurs raisons dont la moindre n'est pas l'invention par Josef Čapek, le frère artiste de Karel, du mot « robot ». Les mots ne naissent jamais par hasard, celui-là surgit dans le sillage de la réorganisation du travail selon les critères inventés par Louis Renault et Henry Ford et reproduits par Carl Friedrich von Siemens en Allemagne : comme l'explique le patron des usines RUR dans la pièce : « *Fabriquer les ouvriers artificiels, c'est la même chose que de fabriquer les moteurs Diesel. La production doit être simplifiée au maximum et le produit le meilleur possible.* »

Spartacus mécanisés

Il y a ensuite l'étonnant affrontement entre le technophile capitaliste prophétisant à chaque ouvrier que « *désormais tu ne dépenseras plus ton âme dans un travail que tu maudissais* » et le concepteur des robots, technophile repenti, imaginant sombrement que « *tous les ouvriers du monde seront sans travail* » : n'est-ce pas encore une fois l'alternative qui nous effraie ?

Il y a enfin la révolte des Spartacus mécanisés contre cette humanité indolente qu'ils s'empressent d'imiter : « *Il faut régner et tuer pour être comme des hommes* », s'exclame le robot en chef. Le ressort, à l'époque flambant neuf, a beaucoup servi depuis mais n'a pas pris une ride sauf que les robots, qui étaient à craindre, sont devenus à plaindre. De *Blade Runner* à *Westworld*, on a plutôt envie aujourd'hui que les androïdes s'en sortent face à la monstruosité de leurs créateurs. C'est d'ailleurs ce sentiment-là qui forme, cerne après cerne, le tronc commun de tous les récits, pièces ou films bâtis autour de robots en quête de liberté. Tout esclavage, fût-il numérique, porte en lui le germe d'une libération. Au temps des Années folles, Čapek brossait une fiction qui parlait de l'ambiguïté du progrès, de l'industrialisation du monde et de la peur de perdre du côté moral ce qu'on gagne du côté technique. De la peur de voir des hommes traiter *machinalement* d'autres hommes, en objets. Et au vu de ce qui s'est passé à Auschwitz et à Hiroshima, on sait aujourd'hui qu'il tapait juste.

Par conséquent, il n'est certainement pas superflu de demander, 100 ans après Čapek :

1) si les robots sont en passe de devenir suffisamment évolués pour qu'on leur reconnaisse des droits.
2) si les robots vont piquer le travail des humains, enfin de cette portion des humains qui deviendraient alors moins humains que d'autres.
3) si les robots pouvaient acquérir un de ces jours une autonomie telle qu'ils pourraient réclamer leur indépendance, y compris les armes à la main.

En ce qui concerne l'évolution des robots, elle suit celle de l'IA. Autant dire qu'il n'existe pas, à l'heure actuelle, de robots dotés de conscience d'eux-mêmes. Les robots n'ont pas atteint le stade du miroir et ce n'est pas demain la veille. Dans ces conditions, faut-il accorder des droits à un robot plus, disons, qu'à une machine à laver ?

La réponse à la question n'est pas si triviale qu'on pourrait le penser. D'abord, on pourrait être tenté de négliger ce point au nom de la décence : avant de se préoccuper du droit des robots, déjà faudrait-il en attribuer aux millions d'esclaves humains qui triment à travers le monde. Sans parler du droit des animaux.

Mon chien fait la tête

J'imagine la tête du teckel que possédait ma maman s'il avait dû comprendre qu'un robot puisse obtenir une personnalité juridique alors qu'il fut, lui, toujours soumis au régime des biens, même si on lui accordait de faire partie des êtres sensibles et beaucoup d'affection. Il y aurait beaucoup plus de raisons (en tout cas, en ce qui concerne ce chien, c'est une évidence) d'attribuer à un animal une personnalité juridique qu'à une machine dénuée de pensée, sentiment ou désir. Jusqu'à preuve du contraire, quelle machine pourrait, mieux qu'un chat ronronnant sur vos genoux, faire sentir l'éternité ?

C'est indéniable mais un peu court tout de même. Le malheur des uns n'efface pas, même en principe, celui des autres. Et puis surtout, la question est de savoir si ces autres-là sont considérés, ou non, comme des objets. Chacun est libre de sauter à pieds joints sur son ordinateur, *quid* d'un robot humanoïde, détruit par son possesseur à coups de hache ? L'entreprise de robotique Boston

Dynamics a mis en ligne une vidéo où l'on peut voir Atlas, un robot humanoïde, marcher dans un parc enneigé. On le voit trébucher, se rattraper, tout comme un homme, mais en plus saccadé. Ensuite surgit une séquence dans un entrepôt où un ingénieur teste la résistance de la machine au déséquilibre ; il le pousse, le repousse puis le fait tomber. Les commentaires accompagnant la vidéo sont explicitement gênés, voire en colère devant le comportement de l'ingénieur. Et en toute connaissance de cause, je n'ai pu à mon tour contrôler un sentiment de malaise, évidemment voulu par les auteurs de cette vidéo promotionnelle. Pour le dire autrement, j'ai le sentiment que je serais moins perturbé en voyant un homme éclater le pare-brise d'une voiture avec une batte de base-ball que de le voir s'attaquer à l'équivalent d'un R2-D2. Et je ne serais pas surpris si un démineur entretenait avec son robot de détection une relation un tantinet plus élaborée qu'avec sa voiture. Ni si un vieil humain solitaire s'éprenait de son robot de compagnie.

Animisme technique

On peut appeler cela de l'animisme technique, mais le fait est que nous sommes les rois de l'anthropomorphisation et que la relation que nous pouvons entretenir avec une machine dotée d'IA comprend une dose d'irrationnel qui rend cette relation plus complexe qu'avec un outil technique aussi sophistiqué mais moins chargé, par nous, d'une sorte d'aura humaine. En Occident, cette relation est probablement plus encline à être faite d'une part de crainte alors que dans le Japon shintoïste, l'attribution d'une âme à un robot ne pose pas de problème de principe, vu les affinités de la société japonaise avec les robots. D'ailleurs, lorsque la pièce de Čapek a été jouée en 1924 au Tokyo Tsukiji Little Theater, l'idée d'humains artificiels a immédiatement été perçue comme un bénéfice pour l'humanité.

Dans la vallée de l'étrange

Dans les années 1970, le professeur de robotique japonais Masahiro Mori a observé que lorsqu'un objet, qu'il s'agisse d'un robot androïde, d'une prothèse ou d'une marionnette, atteint un certain degré de ressemblance anthropomorphique, alors apparaît chez l'observateur une sensation d'angoisse et de malaise. Mori a ainsi construit un graphique avec en abscisse le degré d'anthropomorphisme et en ordonnée la familiarité (ou la sympathie). Il fait apparaître ce qu'il a joliment baptisé *the uncanny valley*, la « vallée de l'étrange » marquant une zone où les visages, pas tout à fait humains mais presque, inspirent la défiance. Et il s'agit bien d'une vallée parce que la courbe plonge avant de remonter, au-delà d'un certain niveau de perfection dans l'imitation indiquant que les objets androïdes sont de mieux en mieux acceptés. En somme, si la machine est presque parfaite, elle peut inspirer la répulsion au moment où l'on se rend compte de son imperfection. C'est la raison pour laquelle les prothèses, par exemple de main, ont plus de succès dans une version explicitement en acier plutôt que sous une forme essayant, tant bien que mal, de ressembler à une main authentique. On n'est pas certain que cette vallée de l'étrange corresponde à une réalité scientifiquement établie, mais disons, un peu comme la loi de Moore, qu'elle correspond sinon aux faits du moins au sentiment qu'il y a quelque chose de vrai là-dedans. Mori, également auteur d'un essai intitulé *Le Bouddha dans le robot* dans lequel il avance que les machines peuvent disposer d'une âme, a trouvé un successeur dans la personne de Hiroshi Ishiguro, roboticien de l'université d'Osaka, qui a convaincu le temple Kōdai-ji, vieux de 400 ans et dédié à Kannon, bodhisattva de la compassion, d'héberger un androïde baptisé Mindar. Avec son visage humain et son buste de métal, le robot accueille les fidèles en leur récitant le sutra du cœur, le plus célèbre de la *prajñâ pâramitâ* (la perfection de la sagesse). Il semble que les Japonais aient mieux réagi que les touristes occidentaux de passage, rapportait le *Japan Times*, en soulignant – de toute évidence, la localisation de la vallée de l'étrange est culturellement dépendante – que certains d'entre eux ont comparé Mindar au monstre de Frankenstein.

Peut-on se confesser à un robot ?

Je ne suis pas certain que cette expérience soit promise à un grand avenir, même dans un pays aussi *robot friendly* que le Japon. Et je ne pense pas un instant qu'elle soit exportable en Europe. Stephan Krebs, pasteur protestant, a bien installé un robot, baptisé BlessU-2 – traduisez « Je te bénis toi aussi » – dans son temple de Wittenberg – ville célèbre pour y avoir vu placarder en 1517 les 95 thèses de Luther contre le commerce des indulgences. Mais comme le dit lui-même le pasteur, si son robot peut lire des passages de la Bible en cinq langues, il n'est rien d'autre qu'une machine. Il l'a installé pour lancer un débat sur la nécessité, ou non, d'un humain pour bénir les fidèles. Prenez par exemple le rite catholique de la confession. Peut-on imaginer qu'un de ces jours les fidèles aillent se confesser à une IA, humanoïde ou non ? Parmi toutes les raisons qui font qu'un tel projet serait mort-né, il y a tout simplement, comme l'a remarqué le pape François, qu'« *un confesseur qui prie sait bien qu'il est lui-même le premier pécheur et le premier pardonné. On ne peut pardonner dans le sacrement sans être conscient que l'on a été pardonné avant. Et la prière est donc la première garantie pour éviter toute attitude de dureté qui juge inutilement le pécheur et non le péché* ». Autrement dit, pour qu'un robot puisse confesser, il devrait nécessairement avoir conscience de son propre péché. Et hop, on repart dans ce cas à la case fantasme du robot égal ou supérieur à l'homme, avec en toile de fond la peur du monstre. Et puis, la confession n'est efficace que si l'on s'y sent réellement pardonné : les gens ne sont pas dupes et, s'ils viennent parler à un prêtre, c'est souvent qu'ils en ont gros sur le cœur. Ne pas prendre au sérieux leurs remords ou leurs souffrances serait déjà une faute. Les coller devant un distributeur automatique d'absolutions serait un péché. S'il est une population qui n'est pas près de connaître le chômage, ce sont bien les prêtres.

Qui est le monstre ?

L'Arabie saoudite, au mois d'octobre 2017, a voulu montrer *urbi et orbi* qu'elle entrait dans le XXIe siècle, en attribuant en grande pompe la citoyenneté saoudienne à Sophia, un robot humanoïde censément de sexe féminin. Une mauvaise farce dans une société où les femmes sont des citoyennes de seconde zone. Ce qui distingue, et pour longtemps, un humain d'un robot, c'est évidemment que lorsque monstre il y a, il n'est pas celui qu'on pense.

D'ailleurs, si l'on regarde du côté des robots sociaux – j'en parle plus abondamment dans le chapitre consacré aux aspects médicaux de la révolution numérique –, on observe qu'ils ne sont généralement pas perçus comme monstrueux par les personnes âgées ou très âgées qui pourraient en bénéficier. Face au désastre démographique qui s'annonce dans les pays industrialisés (40 % des Japonais auront plus de 65 ans en 2060 !), le marché des aides-soignants et des assistants robotisés plus ou moins autonomes pour les personnes malades, souffrant de démence sénile, de Parkinson ou d'Alzheimer, représente à la fois un Eldorado pour les fabricants de robots et une Terre promise pour tous ceux qui ont la lourde charge de s'occuper des patients. Et pourquoi pas d'ailleurs, si l'on ne veut pas faire de notre monde un cauchemar analogue à celui filmé dans le *Soleil vert* de Richard Fleischer en 1973, où l'on recommande l'euthanasie des seniors pour en faire de la nourriture… Qui dit Eldorado, dit également investissements massifs et probablement productions de robots de plus en plus sophistiqués, de plus en plus « humains » : le marché des robots humanoïdes est prédit à un bel avenir – 40 % d'augmentation d'ici à 2024, selon un rapport qui lui attribue deux moteurs principaux, l'un militaire, l'autre dans la santé.

Cela dit, ce marché ne représente qu'une petite partie émergée du proverbial iceberg composé pour l'essentiel de robots au sens industriel du terme – *grosso modo* une structure mécanique (un bras robotisé par exemple) avec une unité de commande. Le nombre de robots dans l'industrie a plus que doublé depuis 2010 : il y en aura plus de 3 millions dans le monde en 2020. Et puis, il y a les *bots*, ces systèmes à base d'IA qui commencent à fleurir dans les entreprises pour faciliter le contrôle de gestion, trier les courriels ou répondre au téléphone – très sommairement pour l'instant. Sous toutes leurs formes, du plus simple au plus sophistiqué, les robots sont là, non seulement pour durer, mais pour croître et multiplier.

Qui est responsable ?

D'où les nombreuses questions qui se posent aujourd'hui : que se passe-t-il en cas d'accident causé par un robot « autonome » ? Qui est responsable ? Le fabricant, le concepteur, le programmeur ou l'utilisateur ? Ou la machine elle-même ? D'où le débat autour de la personnalité juridique des robots qui a agité sérieusement le Parlement européen : en février 2018 une première résolution sur « *les règles de droit civil sur la robotique* » a été adoptée avec recommandation à la Commission européenne de créer une personnalité électronique légale juridique spécifique pour que les « *robots autonomes les plus sophistiqués puissent être considérés comme des personnes électroniques responsables tenues de réparer tout dommage causé à un tiers* ». En fait, l'idée de conférer une personnalité au robot a moins pour but de lui offrir des droits ou de le punir en cas de faute que de le doter d'un patrimoine sur lequel il pourrait répondre des dommages qu'il causerait. Un robot-personne pourrait être un robot coupable. Cette solution semble cependant bancale, tant il est encore communément admis que l'humain est responsable de ses inventions et que les entreprises doivent provisionner les risques liés aux dommages dont elles pourraient être reconnues coupables. Certes, en cas d'accident d'une voiture autonome, il sera délicat de savoir qui devra payer les jambes cassées, mais, pour le moment, nous n'avons pas d'autre option.

La tentative d'apporter une solution novatrice n'en reste pas moins louable. Un an plus tard, le Parlement a adopté une nouvelle résolution insistant sur la nécessité d'établir un cadre juridique pour permettre de concevoir « *une IA digne de confiance* ». Pour toutes ces questions éthiques, l'Europe, il faut le souligner, non seulement n'est pas à la traîne, mais garde un leadership réjouissant sur des questions primordiales. Il est urgent de bâtir un encadrement juridique à la hauteur du grand chambardement industriel, culturel et politique que les IA sont en train de provoquer dans toute la société, comme en son temps la machine à vapeur. Avec au sommet des inquiétudes contemporaines, la question de ce que devient l'emploi dans une société où les robots sont légion.

À vrai dire, rien n'est simple et la réalité en la matière est contre-intuitive : selon les chiffres de l'*International Federation of Robotics*, plus un pays compte de robots, moins il compte de chômeurs. Pour le dire de façon plus nuancée – on se doute que ladite fédération prêche pour sa paroisse –, il n'y a pas forcément de corrélation systématique entre robotisation et chômage de masse. Si l'on compare les données relatives à la Corée du Sud et à la France, le pays du Matin calme compte la plus forte concentration de robots industriels au monde et possède également l'un des taux de chômage les plus faibles au monde ; en revanche, la France où la robotisation est moins importante comporte un nombre de chômeurs bien plus élevé.

L'avenir du travail

Ce n'est pas si paradoxal que ça en a l'air. Les optimistes affirment que la robotisation ou l'automatisation croissante ne conduit pas forcément à une destruction, mais à une mutation du travail humain. Ils reconnaissent qu'elle s'accompagne de destructions d'emplois partout où la machine est plus efficiente – et moins chère – que l'homme : 14 % des emplois seraient menacés selon une étude de l'OCDE et 32,8 % seraient exposés à un « *changement radical* » – traduit du langage administratif, cela veut dire que ceux qui y sont exposés ont intérêt à se reconvertir, car, comme dit l'adage « qui est en concurrence avec une IA est un chômeur potentiel ». L'étude, intitulée « L'avenir du travail », souligne que ces destructions devraient être compensées par la création de nouveaux emplois, mais qu'il est urgent de former la population pour qu'elle s'adapte, et notamment les travailleurs les moins qualifiés, qui sont également les plus exposés aux risques de cette mutation. Très bien, applaudissons des deux mains, mais comment faire en sorte que cela ne reste pas un vœu pieux sachant que ces travailleurs-là sont aussi ceux qui sont le moins susceptibles d'élever la voix ?

Mais cette révolution est loin de ne toucher que les cols bleus travaillant en usine. En effet, l'IA se révèle d'une efficacité redoutable dans deux domaines. Tout d'abord, pour les fonctions d'analyse et la reconnaissance de formes ou de modèles. Une fois entraînée, elle peut comparer, en quelques secondes, une radio des poumons ou un cours de Bourse à des millions de cas similaires pour détecter des anomalies ou définir une tendance. Radiologues, banquiers, actuaires ou analystes financiers ont donc du souci à se faire.

La machine excelle même dans la reconnaissance, qu'elle soit vocale ou faciale, et dans la retranscription du langage parlé. Son niveau en traduction s'améliore aussi rapidement, au point que les plaisanteries autour des résultats approximatifs de Google Translate se font de plus en plus rares. À quand l'interprète numérique ? L'autre domaine de compétence de l'IA est le traitement de l'information : optimisation des plannings ou des procédures, contrôle de gestion et calcul de performances, tout cela est à portée de la machine. Or, ces tâches représentent une grande partie du travail de ce que l'on nomme communément le *middle management*, les cadres de l'entreprise, dont le rôle est de coordonner les équipes et de transmettre de l'information. Eux aussi sont menacés. Certes, tous les professionnels cités ici ne vont pas disparaître, mais les effectifs pourraient fondre rapidement. Or, ces fonctions requièrent un niveau d'étude élevé et sont considérées comme des sources de revenus confortables. Quel sera l'impact d'un tel bouleversement sur les classes moyennes, dont l'existence est une caractéristique des économies développées ? C'est évidemment le nœud du problème.

Destruction créatrice ?

Est-ce grave, docteur ? Ça dépend comment on analyse la question. Il existe aujourd'hui une idée très en vogue selon laquelle se met en place un mécanisme de « destruction créatrice ». En clair, l'innovation détruit de l'ancien en créant du nouveau. C'est le cas du streaming qui a sonné le glas du DVD – ou, à tout le moins, redistribue les cartes comme l'ont fait les compagnies aériennes à bas coût face aux compagnies traditionnelles. Ce processus a été théorisé par l'économiste austro-américain Joseph Schumpeter (1883-1950) dans *Capitalisme, socialisme et démocratie* et repris depuis par une palanquée d'économistes libéraux. Par son oxymoron, Schumpeter désigne la dynamique qui « *révolutionne incessamment de l'intérieur la structure économique, en détruisant continuellement ses éléments vieillis et en créant continuellement des éléments neufs* ». Il s'ensuit un « *ouragan perpétuel* » qui est à ses yeux la « *donnée fondamentale du capitalisme* », la force motrice de la croissance avec à la clef de nouveaux produits, de nouveaux marchés et de nouvelles structures industrielles. Dieu sait qu'à mes yeux l'initiative entrepreneuriale est porteuse de progrès majeurs, mais le fait est qu'elle est aussi source de déstabilisation pour les structures en place. Même pour les organisations dominantes, c'est *marche ou crève* face à un rival plus innovant en termes de produit, de design et de coûts.

Des risques et des espoirs

Les effets sociaux qui en résultent sont souvent dramatiques sur le court terme : compétences devenues obsolètes, employés mis au chômage et, au mieux, contraints de se reconvertir dans des secteurs plus productifs. On peut arguer que c'est la dure loi du marché, mais qu'au bout du compte la société entière en profitera. C'est peut-être vrai, mais seulement si l'innovation est plus créatrice que destructrice. Mais est-ce le cas ? Et les emplois remplacés ou automatisés seront-ils contrebalancés par autant de nouvelles activités, ou cèderont-ils la place à une élite du monde numérique ? Autant de questions qu'il faut nécessairement se poser lorsque surgit telle ou telle disruption qui frappe d'obsolescence des produits, des technologies et des métiers. Sauf que je ne crois pas que quiconque possède déjà la réponse. Il faut du temps pour prendre la mesure des effets d'une invention ou d'une idée disruptive. Personne n'a vraiment anticipé la rupture que représentait l'introduction de la presse à caractères mobiles dans le monde de la Renaissance. On pourrait penser qu'aujourd'hui, avec tous les observateurs qui campent jour et nuit dans l'attente d'un signe indiquant la prochaine disruption, on apprendrait quasi en temps réel la naissance d'une nouvelle étoile dans le ciel des technologies. Mais pourtant ce n'est pas le cas. Et même pour des idées disruptives, les soubresauts qui les accompagnent – j'en parle dans le prochain chapitre – sont souvent imprévisibles.

Je suis convaincu que la robotique et l'IA vont bouleverser des pans entiers de notre existence. Et qu'au-delà des discours enthousiastes et autoprédictifs des fabricants il y a une réalité. Derrière cette réalité, il y a des risques et des espoirs.

Le risque principal est que les grands capitaines d'industrie remplacent, partout où c'est possible, l'homme par le robot et pour ceux qui seront conservés, qu'ils soient contraints de se plier aux exigences de la machine comme Chaplin l'avait bien anticipé dans *Les Temps modernes*. Les machines qui imposent leur propre rythme, au nom de la productivité et de la compétitivité, sont contre-productives, et dans l'industrie automobile où la robotique a été le plus massivement intégrée, on observe que les comportements figés et répétitifs des robots ne permettent pas de faire de l'amélioration continue. De même, chaque fois que l'humain n'est employé que pour suppléer la machine, comme dans les entrepôts où il peut, de ses doigts habiles, saisir des marchandises fragiles sous le contrôle d'une IA qui lui dicte chacune de ses tâches, la productivité est au rendez-vous, mais l'humain ne donne pas son plein potentiel. Et ces situations se multiplient, au point que d'aucuns commencent à qualifier ceux qui travaillent pour une machine dans leur entreprise ou comme « travailleur du clic » sur la Toile – modérateurs de forums, opérateurs *hotlines* et autres tâcherons du Web – de prolétariat numérique. Un prolétariat faisant déjà presque un travail de robot, et donc en souffrance, mais aussi en attente de remplacement par une machine.

L'espoir principal c'est que soit confiée aux robots la part répétitive, pénible du travail et que les hommes s'appuient sur eux pour développer leurs propres savoir-faire. Dans un monde idéal, on mettrait en place une robotique collaborative, une association au sein de laquelle les machines permettraient aux hommes d'« augmenter » leurs capacités. C'est une voie explorée dans la mode et Louis Vuitton, par exemple, cherche à développer des robots qui assistent à la couture ou à la broderie, sans que le savoir-faire des artisans soit en rien sous-estimé ou remis en cause. Il en va de même avec les métiers de la surveillance où le drone facilite les conditions de travail : les techniciens qui surveillent les réseaux ferrés en France ne sont plus astreints à se balader sur des chariots dans le froid, le brouillard ou sous la pluie, un chariot automatisé leur transmet les anomalies s'il y en a. On peut multiplier les exemples de l'agriculture à la santé en passant par la grande distribution où les robots sont susceptibles de transformer le travail pour que la vie de l'homme soit meilleure. À la condition unique de placer au sommet de nos préoccupations la dignité humaine.

En somme, l'alternative pourrait être résumée ainsi : *empowerment vs replacement*. Alors que l'usage le plus intuitif serait de remplacer par une machine plus performante l'humain frappé d'obsolescence, la décision la plus audacieuse consiste à faire du robot ou de l'IA un outil d'augmentation. Mais ces évolutions doivent être anticipées, tant elles arrivent vite. Alors que la révolution industrielle s'est étalée sur plusieurs décennies, laissant à une génération le temps de se former à de nouveaux métiers, on sait qu'un étudiant des années 2020 devra changer plusieurs fois de profession durant sa carrière. En outre, les emplois sont à la société ce que l'argent est à votre ménage : la perspective d'en recevoir beaucoup à long terme ne remplace pas le fait d'en avoir suffisamment au jour le jour. Les chômeurs du numérique risquent de se lasser d'attendre le retour du plein-emploi.

Le travail a été sociologiquement une façon de s'inscrire dans une société : boulanger, charpentier, médecin, plâtrier, ingénieur, etc. C'est, disait la philosophe Hannah Arendt, la condition naturelle de l'homme. La condition de sa dignité. Dans le christianisme primitif, le statut du travail résulte d'une tension entre le travail malédiction – au jardin d'Eden, Adam et Ève n'ont pas d'obligation jusqu'à la Chute qui les conduit à cultiver une terre ingrate pour gagner leur pain à la sueur de leur front – et le travail source de dignité – *si quelqu'un ne veut pas travailler, qu'il ne mange pas*, dit Paul de Tarse[1]. Au milieu du XIXe siècle, Karl Marx a prédit l'avènement d'une société sans classes dans laquelle l'homme ne serait plus condamné à travailler. Toutefois, lorsqu'il s'est agi de savoir si le travail était le fléau ou la vocation de l'homme, il est toujours resté ambigu. Et il a laissé cette ambiguïté en héritage. Son gendre, Paul Lafargue, a prôné en 1887 le « *droit à la*

1. Lettre aux Thessaloniciens, III, 10.

paresse » et fut l'un des premiers à imaginer la vie dans la société de surabondance. Il imaginait comme d'« *heureux habitants des mers du Sud* » les gens dont le travail était accompli par des machines et pouvaient dès lors profiter de leur bien-être physique et de leur farniente.

Dans notre monde du XXe siècle, le statut du travail oscille toujours entre ces deux pôles. Faut-il espérer basculer d'un seul côté ? Souhaiter un monde robotisé idéal, dans lequel nous, les Adam et Ève, retournerions dans une société édénique consacrée exclusivement aux loisirs ? La vie des patriciens romains avant la chute de l'empire, mais pour tous ? En fait, que font ceux qui sont actuellement privés de travail ? Deviennent-ils des artistes créatifs, des citoyens engagés ou des bénévoles généreux de leur temps ? Ce n'est pas sûr. Passent-ils leurs journées dans les musées ou dans des centres commerciaux, voire au fond de leur canapé, à consommer en boucle des programmes de divertissement ? Je crains que dans une telle perspective on ne s'apercevrait bien vite que le travail, devenu un luxe, serait réservé aux nouveaux patriciens contemporains, la plèbe des inutiles recevant seulement du pain et des jeux. N'est-ce pas déjà un peu le cas ? N'y a-t-il pas un fossé qui s'élargit entre les créateurs – de loisirs, d'œuvres d'art, de cuisine, de divertissements, de récits, etc. – et les autres ?

Il me semble que l'une des urgences de n'importe quelle démocratie, c'est de construire une autre conception du travail, un autre contrat social, en repensant les modes de solidarité, voire en allouant des budgets à des fonctions encore trop peu valorisées comme l'aide à la personne. C'est-à-dire en valorisant ce que signifie être humain avec d'autres humains.

10

Robots killers

Terminator n'est pas près de (re)venir dans le réel, mais la question est de savoir si nous sommes capables de fabriquer des machines moches, bêtes, mortelles et plus ou moins autonomes. La réponse est oui, absolument, bien sûr et nous ne nous en privons pas : on peut le regretter mais on ne peut pas fermer les yeux. On peut surtout se demander si, quand il s'agit d'une arme, il est bien raisonnable de se passer d'un opérateur humain.

« Les fantaisies de la culture de masse tissent des liens complexes avec les programmes d'armement : les fantaisies enrichissent le terreau psychique de programmes d'armement qui stimulent à leur tour de nouvelles fantaisies. »

Paul Boyer, *Fallout*

Les inventions imaginées par les auteurs de science-fiction deviennent parfois réalité : c'est un fait dont les amateurs du genre savent à la fois qu'il est avéré, rare et imprévisible. Célèbre exemple parmi quelques autres, le blindé à chenilles imaginé par H. G. Wells dans une nouvelle datant de 1903, « Les cuirassés terrestres », aurait incité Winston Churchill à promouvoir la construction de tanks au sein de l'Admiralty Landships Committee. Cependant, dans la majorité des cas, la plupart des idées – rayons de la mort, voitures volantes et moteurs supraluminiques – restent des chimères, tête de lion et queue de dragon, faisant bon marché des lois de la physique et de la biologie, sans parler de celles de l'économie. Il n'empêche que certaines d'entre elles, sans jamais voir le jour, ont une puissance propre, une influence difficile à quantifier mais indéniable si l'on en croit la postérité de leur nom de baptême. Et qui traduit une angoisse profonde ou un espoir secret, parfois les deux.

Terminator is back again

C'est le cas, me semble-t-il, de *Terminator*. Pour ceux qui s'en souviennent, ce robot « T-100 » incarné par Arnold Schwarzenegger a débarqué sur les écrans du monde entier en 1984, année symbolique s'il en est. Dans ce film, le premier de la série, il était censé venir d'un futur – en 2029 donc pas si lointain du nôtre – où une guerre oppose les humains aux machines composant le « *réseau des ordinateurs de défense* », commandées par Skynet, une IA humanophobe. Celle-ci, voyant la balance pencher côté créatures à base de carbone – c'est nous – plutôt qu'à base de silicium – ce sont eux – décide d'envoyer dans le passé un androïde assassin liquider la mère du chef de la résistance humaine avant qu'elle ne donne naissance à son fils. Énorme succès du film et d'une réplique qui restera la carte de visite de Schwarzenegger, y compris lorsqu'il sera devenu gouverneur de Californie : *I'll be back* (Je reviendrai). *Terminator*, 35 ans plus tard, incarne toujours le mythe du cyborg, invincible et inaccessible à la pitié, au remords et à toutes les émotions qui pourraient le détourner du but qui lui a été assigné. Et très logiquement, la question surgit rituellement, est-ce que des machines à tuer de ce calibre pourraient surgir des laboratoires des industriels de l'armement pour rejoindre les champs de bataille ? Ou pour le dire métaphoriquement, est-ce qu'Il va revenir, mais dans le réel cette fois ?

Parmi les voix qui se sont élevées pour alerter sur cette question, celle d'Elon Musk, patron de Tesla et de SpaceX qui a cru bon d'affirmer : « *Je n'arrête pas de tirer la sonnette d'alarme, mais tant que les gens ne verront pas des robots descendre dans la rue pour tuer tout le monde, ils ne sauront pas comment réagir.* »

Moches, bêtes et mortelles

Pour autant que je puisse en juger au travers de nombreuses conversations avec des spécialistes de la robotique, les ingénieurs sont aussi loin de fabriquer des robots de ce calibre, avec ou sans visage humain, que les terriens de coloniser les étoiles. Terminator n'est pas près de (re)venir ailleurs que sur un écran. Et quand bien même, s'est amusé à dire un ancien grand patron de Google, Eric Schmidt, « *on débranchera Terminator, s'il se montre. [...] si on est capable de fabriquer des robots tueurs, on est aussi capable de les stopper* » : pas faux, mais il y a matière à débat : s'il ne veut pas être débranché, on fait comment ? On demande gentiment ?

Toujours est-il que si cela doit arriver un jour, comme dirait l'autre, c'est pas demain la veille. Ah, soit, me direz-vous, bon débarras, et si c'est comme ça, inutile d'en parler, on ferme le ban, rideau, passons à autre chose. Pas si vite. Au-delà des formules chocs et des fantasmes, la vraie question n'est pas celle du retour de Terminator, mais de l'arrivée des systèmes d'armes létaux autonomes ou SALA comme les appelle pudiquement le jargon des Nations unies, mais popularisés sous le nom de « robots tueurs » depuis la campagne « Stop Killer Robots » du Comité international pour le contrôle des armes autonomes.

Car si nous n'avons pas les moyens d'élaborer des Spartacus de métal prêts à se révolter contre leurs maîtres humains, la question est de savoir si nous sommes capables de fabriquer des machines moches, bêtes, mortelles et plus ou moins autonomes.

La réponse est oui, absolument, bien sûr et nous ne nous en privons pas : on peut le regretter mais on ne peut pas fermer les yeux. On peut surtout se demander si quand il s'agit d'une arme, il est bien raisonnable de se passer d'un opérateur humain.

Plus ou moins autonome ?

Encore faut-il s'entendre sur ce que *plus ou moins autonome* veut dire. En général, et en particulier, les armes sont « stupides » : l'arc, la sagaie, la kalachnikov et la plupart des drones militaires ne sont jamais que des objets dont nous sommes les sujets : « Les armes ne tuent pas, ce sont les humains qui le font », disent les défenseurs du deuxième amendement de la Constitution des États-Unis, qui autorise le port d'armes. Et ils ont raison sur un point : la violence est inscrite au cœur de l'homme. Témoins avérés et même protagonistes de ce fait, les deux premiers frères de l'épopée biblique. Dans ce récit fondateur tiré de la tradition hébraïque, qui met en scène Adam, Ève et leur progéniture, Caïn invite son frère Abel en balade. « Allons dans les champs[1] », lui dit-il et, une fois seuls, il le tue. Simple scène de violence domestique ? Sûrement pas, mais plutôt l'archétype des querelles fratricides qui secouent l'humanité depuis les temps immémoriaux. Et, quand Dieu demande où est Abel, Caïn lui répond « Je ne sais pas. Suis-je le gardien de mon frère ? », niant par là même cette réalité anthropologique qui fait la spécificité de l'humain : que nous le voulions ou non, nous avons à veiller les uns sur les autres.

Cependant, il semble que la realpolitik nous pousse à transférer aux armes notre propension belliqueuse. Certaines d'entre elles sont, je ne dirais pas « intelligentes » même si c'est la terminologie en vigueur dans les milieux de l'armement, mais suffisamment élaborées pour se passer d'un humain et recueillir des données dans leur environnement à partir desquelles elles s'orientent et se dirigent vers une cible. Dans ce domaine, la palette est large et il y a un monde – ou plutôt un abîme – entre une mine terrestre qui explose au passage d'un tank parce qu'elle dispose d'un senseur, par exemple une balance, qui déclenche le détonateur au-dessus de 100 kilos et une mine sous-marine dernier cri qui détecte et analyse variations de pression et signaux magnétiques, acoustiques, électriques ou sismiques, puis se déplace d'elle-même vers une cible qu'elle choisit par ordre d'importance. Plus la machine a de choix, plus son autonomie est grande. C'est

1. Genèse, IV, 1-15.

la raison pour laquelle le département de la Défense américain (DOD) tout comme Christof Heyns, rapporteur sur ces questions aux Nations unies, ont défini un système d'arme autonome comme celui qui est capable après activation « *de sélectionner et engager une cible sans intervention humaine* ». Notez au passage le glissement sémantique, au fil des décennies : on ne « tue » plus, on « engage une cible ».

En réalité les propriétés de ces armes sont décrites par un abus de langage : il y a toujours intervention humaine, ne serait-ce que pour programmer initialement la machine. D'où la distinction que pratique Human Rights Watch entre les systèmes qui comportent des *humains-dans-la-boucle* (et décident, ou non, d'actionner l'arme), ceux qui comportent des *humains-au-dessus-de-la-boucle* (le système attaque tout seul, mais l'humain peut exercer son droit de veto et appuyer sur le gros bouton rouge qui stoppe tout) et ceux qui ont les *humains-en-dehors-de-la-boucle*[1] (pas de contrôle humain en temps réel : quand c'est parti, c'est parti). C'est dans cette troisième catégorie que se situe l'autonomie de principe qui suscite des débats contradictoires autour d'armes qui sont pour l'instant plus fantasmatiques qu'opérationnelles. La sentinelle robot SGR-A1 développée par le coréen Hanwha Aerospace, qui représente à peu près l'état de l'art en la matière, ne casserait pas trois pattes à un Terminator, même si personne, j'imagine, n'a envie de jouer au jeu des sept erreurs avec une batterie de cuisine capable de balancer des munitions calibre 5,56 mm à 900 m par seconde et jusqu'à

1. Voir également Gary Schaub et Jens Wenzel Kristoffersen, « In, On or Out of the loop. Denmark and Autonomous Weapon Systems », Center for Military Studies, université de Copenhague, 2017.

une distance efficace de 3 200 m. Au stade actuel, l'autonomisation des armes – et il faut répéter que ce n'est pas la même chose que l'automatisation – est inscrite dans le futur pas encore dans le présent.

Abeilles tueuses

Toutefois, elle se rapproche quotidiennement. Vers 2030, nous n'aurons certainement pas à faire face à des Terminators mais à des engins d'autant plus dangereux qu'ils ne seront pas forcément sophistiqués. Regardez ce qui s'est passé durant la bataille de Mossoul : plusieurs douzaines de soldats irakiens ont été tués ou blessés par des grenades de 40 mm et autres explosifs de petit calibre largués au-dessus de leurs têtes par une multitude de petits drones, si bruyants qu'un général américain présent sur zone les a baptisés les « abeilles tueuses ». Un surnom un peu abusif pour des armes mesurant près de 1,5 m d'envergure mais dont la principale caractéristique est d'être très bon marché. Moins de 2 000 dollars pour les modèles employés par les combattants de l'État islamique. Inutile de préciser que ce type de menace est pris très au sérieux par les agences de lutte antiterroriste qui y voient une méthode peu coûteuse pour mener un attentat. Car si les modèles utilisés par les soldats de l'ex-Califat n'étaient guère plus que des avions télécommandés, les progrès de l'IA permettent presque déjà de lancer des essaims d'engins volants miniaturisés autonomes, équipés de programmes de reconnaissance faciale et dotés d'un armement adéquat. De quoi faire régner la terreur dans n'importe quel lieu de rassemblement en ciblant certains individus selon un algorithme déterminant qui doit ou non être éliminé. Science-fiction ?

Plus maintenant, affirme Stuart Russell, l'un des grands noms de l'IA, également conseiller du Centre pour l'étude des risques existentiels à Cambridge et l'un des fondateurs du Center for Human-Compatible Artificial Intelligence à l'université Berkeley. Pour Stuart Russell qui est à l'origine d'un clip très impressionnant, *Slaughterbots*, vu plus de 60 millions de fois entre novembre 2017 et février 2019, la dystopie est en cours d'élaboration. Il estime que ce type de horde sauvage, composée de centaines de petites machines volantes capables de semer la terreur dans une foule en y sélectionnant des cibles particulières, est, *grosso modo*, plus facile à réaliser que la fameuse voiture autonome. Tout simplement parce qu'un robot tueur de ce type doit seulement être fiable – disons à 50 %, pour être efficace. En deux ans, prédit-il[1], on pourrait produire en masse des engins de haute technologie, miniaturisés et armés, capables de manœuvre d'évitement, et d'attaquer en même temps un individu. Et il n'a aucun doute sur le fait qu'il est encore possible d'interrompre le développement des armes autonomes, mais que la fenêtre de tir – si l'on ose – ne sera plus ouverte très longtemps.

Stuart Russell n'est pas seul à tirer la sonnette d'alarme. Cela fait maintenant près d'une décennie qu'elle retentit régulièrement : rien qu'en 2018, une cinquantaine de chercheurs, tous spécialisés dans l'IA et représentant une trentaine de nationalités, ont annoncé cesser leur collaboration avec l'Institut supérieur coréen de science et de technologie (KAIST), en Corée du Sud, et appelé au boycott de son partenaire, l'industriel de l'armement Hanwha Systems, concepteur de la sentinelle robot évoquée précédemment.

1. *Philosophie Magazine*, mars 2019.

Selon le professeur Toby Walsh, à l'initiative du boycott, KAIST et Hanwha travaillent sur quatre projets d'armes autonomes dont un sous-marin entièrement robotisé ; système considéré par lui comme d'autant plus dangereux qu'une fois en plongée les communications deviennent hasardeuses et que, en conséquence, tout contrôle humain à distance se révèle à tout le moins problématique.

Y a-t-il un responsable dans la salle ?

Ce contrôle pose d'ailleurs explicitement la question de la responsabilité. Si un drone lancé par un opérateur prend son autonomie et en détruisant un radar ou une batterie de missile carbonise par la même occasion l'école primaire contiguë et les enfants qui s'y trouvent. Qui est responsable ? L'opérateur qui aurait dû appuyer sur le bouton d'urgence interrompant la mission ? Son supérieur hiérarchique qui a ordonné la frappe ? Ceux qui ont planifié la mission en amont ? Les observateurs espions qui ont indiqué les coordonnées de la cible sans mentionner l'école ? Les politiques qui ont autorisé l'usage de ce genre de machines ? Et lesquels ? En définitive, qui passerait en conseil de guerre ? Ne sommes-nous pas là face à ce que le philosophe Grégoire Chamayou appelle « *un dispositif typique de fabrique de l'irresponsabilité* » assez analogue à ce qui se passe dans l'automatisation des systèmes financiers ? Il ne faut pas croire que ces questions soient purement rhétoriques. Exemple parmi d'autres, elles sont inscrites en lettres de sang dans les corps des 31 enfants et 35 adultes, « dommages collatéraux », comme le dit la novlangue militaire, de la traque du responsable d'al-Qaida dans la péninsule Arabique, Qasim al-Rimi. Comme l'a remarqué à une autre occasion l'observateur du Vatican auprès des Nations unies à Genève, Mgr Ivan Jurkovič, les robots tueurs ont « *la capacité d'altérer de façon irréversible la conduite de la guerre, en raison de leur autonomisation croissante, participant ainsi à la déshumanisation de nos sociétés* ».

Déshumanisation, voilà le danger qui a conduit les trois fondateurs de DeepMind et le patron de Tesla, Elon Musk, à se joindre aux 2 400 signataires d'un engagement – établi à l'initiative de l'institut The Future of Life – à ne jamais participer au développement et à la construction de robots tueurs. Pour les uns comme pour les autres, la menace représentée par les IA militaires est la plus terrible que l'humanité ait rencontrée, plus encore que le développement de l'arme nucléaire. Concernant l'arme nucléaire, je ne suis pas certain qu'ils ne soient pas exagérément optimistes, étant donné que les États-Unis se sont retirés du traité INF sur les armes nucléaires de portée intermédiaire et que la Russie annonce avoir mis au point des missiles hypersoniques difficiles à intercepter, donc menaçant l'équilibre de la terreur. Concernant les usages militaires de l'IA, sont-ils exagérément pessimistes ?

Une nouvelle course aux armements

Malheureusement, non. D'ailleurs, la situation sur le front des usages potentiels de l'IA a paru suffisamment inquiétante, côté Nations unies, pour que, en novembre 2018, les grandes lignes d'un futur traité bannissant les armes autonomes, tanks, sous-marins, avions, canons et toutes machines de destruction susceptibles de se passer d'un opérateur humain, soit discutées à Genève lors de la

« Convention on Certain Conventional Weapons » (CCW). Et tout aussi malheureusement, la réunion a tourné court en raison de l'opposition des pays – la Chine, la Russie, l'Australie et la Corée du Sud – désireux de maintenir leur avance technologique dans un domaine qu'ils estiment stratégique pour leur défense. Quiconque avait eu l'espoir d'une coopération intelligente et raisonnable autour des dangers de l'IA peut sortir son mouchoir. Le départ d'une nouvelle course aux armements a été donné. Et, pour celle-ci, pas de traité sur la non-prolifération possible : contrairement à la bombe atomique, complexe à fabriquer, cette technologie est très, voire trop accessible. Impossible de constituer un club fermé comme celui des pays dotés de l'arme nucléaire.

Chez les systèmes vivants, les courses aux armements remontent aux compétitions entre séquences de polynucléotides, mais de façon générale la concurrence entre espèces rivales dans un environnement commun est la règle plutôt que l'exception. Elle peut se traduire par une coévolution asymétrique comme entre les léopards et les gazelles, les premiers devenant plus habiles à chasser les secondes qui en retour deviennent plus habiles à leur échapper. La coévolution peut aussi être symétrique : des chercheurs ont observé que lorsqu'un grand arbre s'abat au cœur de la forêt tropicale il laisse un trou dans la canopée qui permet à la lumière du soleil de parvenir au sol et d'y stimuler la pousse des petits arbres : devenir plus grand que les autres signifie plus d'ensoleillement, plus de visibilité par les pollinisateurs et une meilleure protection contre les herbivores. D'où une croissance accélérée qui fait que certains, plus rapides, vont combler le trou et laisser les autres dans l'ombre. Notez que les gagnants ne captent pas plus de lumière qu'avant et comme la reine rouge qui court pour rester sur place dans

Alice au pays des merveilles ils sont condamnés à croître pour garder la même place au soleil… Ce n'est pas si différent chez les humains et non sans raison : durant la Seconde Guerre mondiale, les alliés n'avaient aucune envie d'être confrontés à un régime nazi doté de la bombe A. C'est ce qui a conduit un pacifiste comme Albert Einstein à signer la lettre rédigée par les physiciens Leó Szilárd et Edward Teller pour convaincre le président Roosevelt de donner le feu vert au projet Manhattan, en excipant de progrès (ce n'était pas le cas) faits par les savants nazis dans ce domaine. Une signature qu'Albert Einstein regrettera : « *Si j'avais su que cette crainte était injustifiée, je n'aurai pas plus que Szilárd ouvert cette boîte de Pandore.* » Il ajoutera plus tard : « *Je crois que les anciens chinois avaient raison. Il est impossible de tirer toutes les conséquences de ses actes. La seule chose sage est de ne rien faire, de ne rien faire du tout*[1]. » On peut ne pas être d'accord avec Einstein : que serait une vie sans action ? Pas grand-chose sans doute, sauf à être un pur contemplatif. Mais au-delà de l'amertume d'un homme au crépuscule se sentant coupable – à tort – d'avoir involontairement contribué à la barbarie d'Hiroshima, il y a cette idée que la radicalité d'une découverte peut placer un pays en situation de domination sur les autres. Le sentiment vivace qu'il existe potentiellement une invention ou une autre susceptible de changer la donne entre les forces en présence. D'où l'argent qui n'a jamais cessé de couler à flots dans les domaines techniques considérés comme prometteurs de rupture. Le nucléaire, bien sûr, durant la guerre froide, mais avec la chute du mur de Berlin et l'effondrement du

1. Albert Einstein, *Historical and Cultural Perspectives: The Centennial Symposium in Jerusalem/Jerusalem EinsteinCentennial Symposium*, 14-23 mars 1979, publié par Gerald Holton et Yehuda Elkana, Princeton University Press, 1982.

bloc soviétique, l'obsession des stratèges s'est déportée sur l'usage de l'informatique : « *Au risque d'être excessif,* écrivait en 1987 le philosophe John Ladd, *la nécessité d'informatiser domine la technologie militaire, qui à son tour domine la pensée militaire, laquelle domine les relations internationales.* »

La grande course à l'IA

Le fait est que sa remarque n'a pas pris une ride. Il suffit de remplacer informatique par IA, dont on sait bien à quel point le mot, sinon la chose, domine aujourd'hui la pensée militaire. D'où cette course dans le domaine de l'IA, une course dont on ne connaît ni le parcours ni la durée, mais dont l'enjeu, a pu dire le président russe Vladimir Poutine, est d'être demain le maître du monde. Dans quel état sera le monde auquel il pense ? Il dit lui-même qu'il ne le sait pas. Et personne ne le sait.

Il est vrai que la période de la guerre froide a montré, empiriquement au moins, qu'une guerre froide – et la course aux armements qui la sous-tend – ne conduit pas forcément à une guerre chaude. On ne sait évidemment pas à quoi aboutira la course à l'IA. On peut toutefois affirmer qu'elle ne ressemblera pas aux précédentes.

Primo, parce qu'elle ne met pas en jeu un couple Est-Ouest, mais un trio, voire un quatuor si l'on ajoute l'Europe aux États-Unis, à la Chine et à la Russie.

Secundo, parce que confier à des machines, au moins putativement, le soin de réagir implique un spectre d'action-réaction proprement inhumain par sa rapidité.

Tertio, parce que cette course est menée par des entreprises privées autant, sinon plus, que par des organismes d'État, donc sur un terrain plus civil que militaire.

Si on ne sait pas quel type d'armements découlera de cette course, on sait en revanche que les militaires, premiers concernés puisque c'est leur vie qui est en première ligne, suivent avec attention l'évolution du domaine.

Si des robots soldats étaient possibles, remarquent les spécialistes au sein des armées, de telles machines présenteraient l'avantage d'être plus résistantes que les humains au combat : pas de trouble de stress posttraumatique, pas d'incapacité à se réinsérer dans la vie civile, pas besoin de sommeil et au bout du compte, en cas de destruction, elles sont remplaçables à l'identique.

Certains roboticiens ajoutent même que, contrairement aux psychopathes qui existent dans chaque armée, les robots peuvent être programmés pour épargner les civils. Ronald Arkin, le plus célèbre d'entre eux, travaille à mettre au point des modèles capables de refuser un ordre illégal, injuste ou immoral. Les lois d'Asimov appliquées à la guerre en somme.

À ces arguments technico-philosophiques s'ajoute un argument psychologique qui n'échappe pas aux gouvernements : envoyer des robots au combat, c'est limiter les pertes humaines, au moins dans leurs camps ; et l'absence de risque de voir ses fils tomber au front rend la guerre plus acceptable pour la population.

Enfin, il y a les arguments économiques, plus facilement quantifiables : selon Peter Warren Singer, spécialiste américain de la guerre moderne, le coût de déploiement d'un soldat – 1 million de dollars par an, entraînement compris –, auquel il faut ajouter un salaire et ultérieurement une pension, est beaucoup plus élevé que celui d'un robot.

Par ailleurs, si l'on considère les essaims de robots volants décrits par Stuart Russell, il semble qu'un pays qui entend jouer un premier rôle sur la scène internationale ne peut se permettre d'être pris à contre-pied par des armes à 1 000 dollars pièce capables de faire beaucoup plus de dégâts qu'un avion de chasse à 100 millions de dollars. Ils prévoient même que si le marché de la robotique suit la pente naturelle des coûts décroissants, alors un pays ou une organisation pourra acheter non plus 100 000 drones pour le prix d'un jet, mais 1 milliard... Le *swarming*, entendez l'attaque en essaim, est ainsi en passe de révolutionner les programmes d'armement et les stratégies militaires. Ils en concluent naturellement que puisqu'on ne parviendra pas à empêcher les usages de l'IA, il serait suicidaire de ne pas être à la pointe de la recherche.

Si tu veux la paix, prépare la guerre

Je ne doute pas un instant du bien-fondé de l'adage romain *Si vis pacem, para bellum*, et si, sur le champ de bataille, l'usage d'IA peut épargner la vie des soldats qui pratiquent la *guerre juste*, au sens où Thomas d'Aquin a pu dire que « *les guerres sont licites et justes [...] dans la mesure où elles protègent les pauvres et tout l'État contre les violences des ennemis* », alors pourquoi s'en passer ? Je n'ai pas la réponse à cette question. Une partie de moi considère avec Thomas que certaines luttes doivent se faire les armes à la main. Une autre que je ne saurais ôter la vie.

Il se trouve qu'à l'Académie militaire de Westpoint un robot à visage humain, Bina48, de fait le buste souriant et maternel d'une quinquagénaire afro-américaine, a donné un cours portant sur l'éthique et la « guerre juste » aux élèves officiers. C'était en 2017, et le cours en question a paru aux élèves, au fond, très sommaire pour ne pas dire caricatural. Mais la leçon de la leçon, si je puis dire, était ailleurs. Qu'est-ce qu'être humain ? Bina48 ne le sait pas, mais ses élèves, eux, sont capables de se poser la question.

11

La drôle de cyberguerre

`Pas besoin de bâtir un temple à Delphes pour prédire que dans la décennie qui vient les cyberattaques vont exploser comme une charge virale dans un organisme que son obésité numérique - 200 milliards d'objets connectés en 2020, selon Intel ! - rend chaque jour un peu plus vulnérable. Allons-nous vers la (cyber)guerre de tous contre tous ?`

« Il n'est rien de plus dangereux à envisager que la Troisième Guerre mondiale. Il vaut la peine de se demander si une partie du danger ne vient pas intrinsèquement de l'usage de machines qui apprennent. »

Norbert Wiener,
Cybernetics or Control and Communication in the Animal and the Machine, 1965

J'ai reçu mon premier ordinateur à la fin du collège. Un Amstrad CPC 464, 64 Ko de mémoire vive, soit 30 000 fois moins que celle de mon smartphone actuel. Vu d'aujourd'hui, il paraît dérisoire mais, à mes yeux d'ado, c'était la lampe d'Aladin. Sauf que j'ai pu formuler beaucoup plus de trois vœux ! Avec au premier rang d'entre eux l'apprentissage de la programmation en Locomotive Basic 1.0 dans mon club informatique. À l'époque, il y avait parmi les bidouilleurs fondus de langage informatique une sorte d'éthique, non écrite et plus ou moins suivie, au parfum légèrement *anar* reposant sur des principes de base à propos de la liberté de l'information, de la méfiance à l'égard de toute hiérarchie, de la nécessaire quête de la beauté du monde à travers sa numérisation ; bref, il y avait un idéal proche de la contre-culture des années 1960 qui était comme en suspension dans l'atmosphère des gamins biberonnant du code. Rien d'écrit, mais n'importe quel passionné d'informatique aurait pu vous en dessiner les contours. C'est cet esprit que l'on retrouve dans le « Manifeste du hacker » de Loyd Blankenship, un hacker deuxième génération, membre du plus célèbre groupe des années 1980, Legion of Doom (la légion des damnés), tout un programme directement issu des comics de superhéros. Son manifeste, publié le 8 janvier 1986, est un beau témoignage de ce mélange de fronde insolente et utopique dans laquelle nous baignions tous plus ou moins. Il y célèbre *mon monde, celui de l'électron et du commutateur, celui des bauds* (unité de mesure de la vitesse de transfert du signal) et déclare lyriquement que son seul crime est celui de la curiosité. L'air est connu mais le type est sympa et de fait, s'il y avait de vrais petits escrocs (à la carte de crédit) parmi les hackers de l'époque, la plupart étaient là pour le fun. Pour surmonter, comme dans un jeu vidéo, les différentes barrières de protection d'un système informatique. Et selon le degré de dégâts commis après avoir vaincu les *boss* et autres minotaures des labyrinthes de silicium, ils passaient pour d'aimables potaches ou de dangereux irresponsables, rarement pour des criminels. Les « pirates informatiques » bénéficiaient alors – évidemment ce n'est plus le cas – d'une relative bienveillance accompagnant un acte qui pouvait être identifié, par ceux qui n'en pâtissaient pas directement, à une transgression au fond pas si terrible, quelque chose entre le bras d'honneur libertaire et le combat d'un David de garage contre les Goliaths des multinationales. Je ne dis pas cela pour me lamenter sur le temps qui passe, mais pour souligner qu'on ne parle plus du même monde : il y avait 5 009 internautes à la fin de 1986, 130 millions en 1998 et il y en a 4 milliards aujourd'hui[1].

Du cybercrime à la cyberguerre

Pas besoin de bâtir un temple à Delphes pour prédire que, dans la décennie qui vient, les cyberattaques vont exploser comme la charge virale dans un organisme que son obésité numérique – 200 milliards d'objets connectés en 2020, selon Intel ! – rend chaque jour un peu plus vulnérable : rien qu'aux États-Unis, il se produit en moyenne une nouvelle attaque toutes les 39 s et 300 000 nouveaux *malwares* (toute la gamme des logiciels malveillants) sont envoyés chaque jour. 92 % d'entre eux sont transmis – on ne saurait se lasser de le rappeler – dans les pièces jointes aux e-mails… Le coût global du cybercrime est évalué à 600 milliards de dollars aujourd'hui, contre 445 en 2015[2]. C'est un business plus juteux que tous les trafics de drogue confondus. Mais la grande nouveauté, le *game changer*, comme disent les Anglo-Saxons, c'est que les hackings ne sont plus, ou plus seulement, le fait de geeks ou de mafias, mais d'organisations structurées comme des unités de combat et travaillant souvent pour des États. L'histoire récente a montré comment elles ont pu contribuer à menacer

1. https://tools.ietf.org/html/rfc1296
2. https://securityintelligence.com/news/global-cost-of-cybercrime-exceeded-600-billion-in-2017-report-estimates/

les infrastructures vitales d'une nation en flanquant la pagaille dans le système de santé britannique, en siphonnant les données confidentielles de grandes entreprises (Renault, Sony, EDF) ou en tentant de manipuler les électeurs américains à l'aide de messages sur les réseaux sociaux. D'où l'idée, comme le titrait le journal *Le Monde* en décembre 2018 et comme l'a répété Florence Parly, ministre française des Armées, que la « cyberguerre est déclarée ».

On sent bien qu'il y a quelque chose de vrai dans cette affirmation. Il ne se passe pas de mois sans que l'on apprenne qu'une entreprise ou une administration européenne, australienne ou nord-américaine a subi une cyberattaque attribuée – généralement sans preuves définitives – à la Chine, à la Russie, à l'Iran ou à la Corée du Nord pour ne citer que les principaux États. Et en même temps, il y a un truc qui cloche. À s'en tenir à la lettre, une cyberguerre qui serait déclarée – mais sans déclaration – par on ne sait qui – mais on s'en doute –, c'est un peu l'histoire du « couteau sans lame auquel manque le manche » de Lichtenberg ! En réalité, il ne faut pas trop se focaliser sur cette idée de déclaration : depuis 1945, la plupart des conflits s'en sont passé et le vocabulaire les désignant a glissé du mode guerrier au mode humanitaire : ici on mène « *une opération de protection des populations civiles* » (en Libye, 2011), là une « *opération de sécurité collective* » (au Koweït, 1990). Nul besoin d'une déclaration, puisqu'on vous dit qu'il ne s'agit pas d'une guerre ! Ensuite, et avant même de demander ce qui fait la spécificité de la cyberguerre, il faut peut-être commencer par tenter une définition de la guerre au XXIe siècle. Et ce n'est pas si évident : lorsqu'un homme politique français, après un attentat, affirme solennellement que « *nous sommes en guerre* » contre le terrorisme, cela ne signifie pas la même chose que lorsque le Premier ministre russe annonce que de nouvelles sanctions américaines seraient considérées comme « *une déclaration de guerre économique* ».

Une définition impossible ?

Classiquement, on pourrait être tenté de définir la guerre comme ce moment où un pays utilise la force des armes pour en attaquer un autre. C'est un peu la définition de l'ONU, mais n'allez pas croire qu'elle est si limpide, ni qu'elle ne l'a jamais été : « *Autrefois, rien n'était si simple que de distinguer la paix de la guerre : la guerre, c'était la force, tout usage, tout emploi de la force. Mais, aujourd'hui, la définition est devenue presque impossible. On bombarde des villes sans être en guerre avec leurs possesseurs.* » Qui prononce ces paroles ? Le duc de Broglie, à la tribune du Sénat français en 1883, pour évoquer la guerre franco-chinoise qui se livre sans le dire au Tonkin ! On pourrait répéter mot à mot cette partie de son discours aujourd'hui, elle n'a pas pris une ride. Définition presque impossible et pourtant absolument nécessaire ! Quel est l'enjeu ? L'enjeu, c'est de contrôler l'incontrôlable, c'est-à-dire la violence. L'enjeu, c'est de canaliser comme on peut un fleuve aussi furieux que débordant. Donc l'enjeu, c'est la justice. Si le curseur est du côté de la guerre, alors les actions des adversaires relèvent nécessairement des lois de la guerre telles qu'elles ont été ratifiées par 196 États sous l'égide de la Croix-Rouge internationale. Ces lois fixent ce qu'on peut, ou non, faire dans un conflit : par exemple que la torture ou l'attaque contre des civils est interdite. Bien sûr les belligérants peuvent s'asseoir sur ces règles et certains ne s'en privent pas, mais dans ce cas ils sont susceptibles d'être poursuivis ultérieurement pour crimes de guerre, voire crimes contre l'humanité.

Mais le fait est que le curseur aujourd'hui se situe plus volontiers dans la zone grise où se succèdent pêle-mêle des opérations d'espionnage, de sabotage numérique, de manipulations d'opinion, de « *maintien de la paix* » ou d'« *assistance à un pays souverain* ». Et la conception traditionnelle de la guerre ne suffit pas à rendre compte de ce type d'opérations qui sont d'autant plus nombreuses que les guerres entre États sont plus rares.

La guerre hors limites

Deux colonels de l'armée de l'air chinoise ont publié en 1999 un livre intitulé *La Guerre hors limites*, qui illustre bien sous forme de questions, la diversité des options des stratèges : « *Dans le but d'assurer la sécurité financière d'un pays, peut-on recourir à l'assassinat pour contrer les spéculateurs ? Peut-on opérer des "frappes chirurgicales" contre les foyers de drogue ou de contrebande sans déclaration de guerre ? Pour exercer une influence sur le gouvernement ou le parlement d'un pays étranger, peut-on créer des fonds spéciaux afin de circonvenir des groupes de pression ? Peut-on enfin utiliser la méthode consistant à racheter ou à contrôler le capital de journaux, de chaînes de télévision d'un autre pays pour en faire les outils d'une guerre médiatique contre ce pays*[1] *?* » À l'époque, ils ne parlaient pas de cyberguerre, mais je ne doute pas un instant qu'ils l'auraient intégrée dans l'arsenal de leurs options ce que, de toute évidence, leurs successeurs au sein de l'Armée populaire de libération ont fait. La règle de cette guerre hors limites qu'ils dépeignent de façon très

1. Qiao Liang et Wang Xiangsui, *La Guerre hors limites*, Payot & Rivages, 2003.

réaliste, c'est qu'il n'y a pas de règles, et le conflit peut porter sur tous les fronts. C'est ce que l'on appelle l'hybridité de la guerre. Ainsi, tous les coups sont permis, tout peut être transformé en arme, en somme *tout est bon* avec, au premier rang, les cyberattaques qui ont quatre particularités :

> 1) Elles sont bon marché : « *Le coût du ticket d'entrée*, explique le colonel américain Don Lewis[1], directeur adjoint du Centre des cyberopérations de l'OTAN, *est très bas. Pour mener une attaque aérienne contre mon pays, vous devez construire, disons un F-35, ce qui est très complexe et très onéreux. Mais [...] pour quelques centaines de dollars vous pouvez acheter un* malware *sur le Dark Web.* »
> 2) Elles se déroulent avec une extrême rapidité – une attaque mondiale peut être menée en quelques dizaines de secondes.
> 3) Elles sont sans frontières.
> 4) Elles n'ont tué, officiellement, personne.

Corsaire ou pirate ?

Comment sait-on qu'une cyberattaque relève de la cyberguerre plutôt que du cybercrime ? Apparemment la réponse est facile : l'intention politique, ou non, de l'acte fait toute la différence. Une bande à Bonnot du numérique qui pirate des comptes bancaires pour s'enrichir, c'est de la criminalité. La même bande téléguidée par un gouvernement, c'est de la cyberguerre. Les premiers sont des pirates, les seconds des corsaires. Sauf que les choses ne sont pas si simples et que les Surcoufs d'aujourd'hui ne montrent surtout pas leurs lettres de

1. AFP, 30 novembre 2018.

marque. Et qu'il est aussi difficile d'identifier les auteurs que leurs commanditaires. Et non seulement les identifier, mais démontrer leur culpabilité. C'est ce que l'on appelle, dans le jargon militaire, la difficulté d'attribution. Autrement dit, il s'agit comme dans une enquête criminelle de répondre aux interrogations basiques : qui ? quand ? comment ? et pourquoi ?

Le « quand » n'est pas le plus difficile à déterminer dans la mesure où une fois l'attaque détectée, il est assez aisé de remonter au patient zéro, à savoir le premier ordinateur infecté. Le « comment » est plus délicat, mais tous les experts de la cybersécurité affirment qu'à l'origine il y a souvent un facteur humain, l'indolence d'un administrateur de serveur ou l'imprudence du curieux qui clique sur une pièce jointe inconnue avec la compulsion du quidam qui voit sur un banc un panneau « Peinture fraîche » et ne peut s'empêcher d'y poser le doigt ! Mais pour les détectives du numérique, le nœud du problème se révèle dès qu'on veut remonter au « qui », c'est-à-dire à l'adresse IP (Internet Protocol) du serveur fournisseur d'accès pour espérer identifier l'auteur. Et enfin, déterminer le pourquoi qui signe, ou non, un acte de guerre. De l'avis des spécialistes, ce genre d'enquête est truffé d'embûches. Par exemple, lorsque le réseau informatique du Parlement anglais a été piraté en 2016, les analystes du contre-espionnage ont commencé par orienter leurs recherches vers la Russie que tout semblait désigner, mais deux mois plus tard se sont tournés vers l'Iran lorsqu'un analyste plus malin que les autres a remarqué que la syntaxe du codage signait plutôt une origine persane.

À la vérité, il est extrêmement difficile de remonter avec certitude à l'origine d'une opération de hacking. Pour le dire autrement, on trouve rarement des empreintes digitales sur le pot de confiture numérique : sur le thème « à qui profite le crime », on peut se persuader que les traces pointent du doigt tel ou tel gouvernement hostile, mais obtenir une preuve sans équivoque est une autre paire de manches.

Un squelette grimaçant

L'un des plus célèbres hackings des dix dernières années, celui de Sony Pictures Entertainment, témoigne de la complexité d'une enquête et de la difficulté qu'il y a à désigner le coupable, sans même parler de l'interpeller. Tout commence le 24 novembre 2014 lorsqu'un squelette grimaçant apparaît sur tous les écrans d'ordinateurs du quartier général de Sony à Culver City en Californie. Le dessin est accompagné d'un message, signé les « Gardiens de la paix », menaçant de dévoiler les petits et grands secrets de l'entreprise, programmation et scénarios des films à venir, *gossips* divers et salaires des cadres supérieurs. Aucune revendication n'est faite à ce moment-là, mais 15 jours plus tard les hackers réclament qu'une comédie satirique décrivant un complot suivi de l'assassinat de Kim Jong-un soit déprogrammée des cinémas américains. Un mois plus tard et au motif de similitudes avec des *malwares* utilisés contre la Corée du Sud, le FBI affirme que l'opération a été pilotée depuis la capitale nord-coréenne Pyongyang par l'unité 180 spécialisée cyber. Cela n'a pas convaincu tous les experts américains et des voix se sont élevées pour refuser cette attribution à un « coupable idéal ». Côté politique, le sénateur républicain John McCain a considéré l'opération comme la « *manifestation d'un nouveau type de conflit* », tandis que le président Obama s'est contenté d'évoquer un « *cybervandalisme* », sans désigner officiellement de coupable mais en promettant une riposte adaptée. Laquelle n'a peut-être pas tardé puisque l'accès à Internet de la Corée du Nord a été rendu impossible durant 9 heures, le 23 décembre 2014. Mais le fait est qu'aucune preuve irréfutable n'a pu être avancée à l'époque et il a fallu attendre août 2018, soit quatre ans plus tard, pour qu'un mandat d'arrêt soit lancé à l'égard de Park Jinhyok, 34 ans, soupçonné par la justice américaine d'être le chef d'un groupe de hackers sous dépendance directe des services secrets nord-coréens et responsable du hacking de Sony puis, en 2016, du détournement de 81 millions de dollars appartenant à une banque du Bangladesh, et enfin d'un logiciel d'extorsion, le WannaCry, devenu fameux en 2017 pour avoir infecté près de 300 000 ordinateurs à travers 150 pays dont le réseau de Telefonica en Espagne, celui du National Health Service britannique, de Renault, de la Deustche Bahn et de Fedex !

S'agissait-il d'actes de guerre ? De vandalisme comme disait le président Obama ? À moins qu'on ne les range dans la catégorie des actes mafieux ? Les trois à la fois ?

Ces questions sont au cœur de la définition de la cyberguerre et de ses conséquences potentielles.

Imaginez-vous à la tête d'un pays confronté à une attaque menée sur son sol par une puissance étrangère. L'ONU reconnaît le droit d'un État membre à la légitime défense : « *L'acte d'agression correspond à l'emploi de la force armée par un État contre la souveraineté, l'intégrité territoriale ou l'indépendance politique d'un autre État. Cet emploi est interdit par la charte des Nations unies (article 2, paragraphe 4) et peut donner lieu à l'exercice, par l'État agressé, du droit naturel de légitime défense, individuelle ou collective, reconnu à l'article 51 de la charte des Nations unies.* » Dans cette hypothèse, il est licite de riposter sous l'égide éventuelle du Conseil de sécurité. Mais que se passe-t-il si l'acte d'agression ne prend pas la forme d'une action armée, tangible ? Lorsqu'une canonnière vient bombarder un port étranger, son action cause des blessés, des morts et la destruction d'infrastructures. Aucun doute n'est possible sur la nature de l'agression même si l'attaquant peut essayer de déguiser son action sous des motifs humanitaires.

Mais si un groupe de hackers attaque, non plus cinétiquement, c'est-à-dire avec des obus ou des missiles, mais avec des virus informatiques les centrales électriques, les hôpitaux ou les banques d'une nation souveraine, est-ce, ou non, un acte de guerre ? Et comment réagir sachant que jusqu'à maintenant la « cyberguerre » n'a jamais directement fait de victimes : les attaques contre le réseau d'électricité ukrainien à la fin de l'hiver 2016 ou contre une usine pétrochimique en Arabie saoudite en 2018 auraient pu avoir des conséquences mortelles mais cela n'a pas été le cas. Et enfin, comment être suffisamment sûr de l'identité de l'agresseur pour riposter de façon adaptée, sans passer soi-même pour celui qui a tiré le premier ?

Tytan contre Stellaria

Lors de l'exercice « Cyber Coalition 2018 » conduit par 700 experts de l'OTAN réunis à Tallinn, durant trois jours en Estonie, l'identité de l'agresseur ne faisait pas de doute…

Le scénario de leur wargame était le suivant : durant les élections, un pays en développement, Tytan, fait l'objet d'une cyberattaque de son puissant voisin Stellaria, lequel s'en prend au système informatique du réseau d'eau potable pour y altérer le taux de chlore, de telle sorte que l'eau soit imbuvable. Parallèlement, il vise le réseau informatique du chemin de fer pour empêcher les troupes de l'OTAN affectées à la surveillance des stations d'épuration de parvenir à destination…

On pouvait difficilement rêver lieu plus symbolique, à 200 km de la frontière avec la Russie, que la capitale de l'Estonie. D'abord parce que Skype, faut-il le rappeler, a été conçu en 2003 par trois Estoniens ; ensuite parce que dès 2001 les citoyens estoniens ont été dotés d'une carte d'identité numérique, qui leur permet d'interagir avec à peu près toutes les administrations du pays et certaines grandes entreprises privées. Enfin parce que l'Estonie détient l'honneur douloureux d'avoir été la première nation cyberattaquée par une autre : le 27 avril 2007, des centaines de milliers de *botnets*, c'est-à-dire des ordinateurs zombifiés, ont, en effet, contraint leurs cibles, entre autres la Hansapank (depuis rachetée par la Swedbank) à un déni de service. La seule parade efficace des Estoniens a été de couper leurs serveurs du reste de l'Internet mondial. Du coup, les conséquences de la cyberattaque ont été relativement limitées : médias inaccessibles, services bancaires interrompus, messages d'erreurs sur certains sites institutionnels, forums et sites d'immobilier ou de vente en ligne. Le Kremlin, faut-il le dire, a toujours nié être à l'origine de ces attaques.

La cyberguerre de tous contre tous

Depuis cette offensive, le nombre de cyberattaques au niveau mondial n'a cessé de croître et multiplier en intensité et en diversité de cibles. La cyberguerre, en somme, est devenue *la continuation de la politique par d'autres moyens*. Comment ? En pratiquant, au niveau d'un État, ce qui se produit au quotidien sur les réseaux sociaux : du *cyberbullying*, en français du cyberharcèlement, bien que cette traduction ne rende pas totalement compte de l'aspect brutal et de la volonté d'humilier que l'expression contient. Comment caractériser autrement ces raids menés contre des banques, des hôpitaux, des ministères ou des entreprises par des bandes pilotées par tel ou tel gouvernement autocrate ? Comment mieux décrire ces tentatives de manipuler les opinions et les votes en favorisant ici une théorie complotiste, là un sentiment antisémite ?

Lorsque le philosophe Thomas Hobbes décrit l'existence humaine, au milieu du XVIIe siècle, il imagine que les hommes avant de se rassembler en société vivaient dans un « *état de nature* », toujours en mode prédateurs des uns envers les autres. L'homme, écrit-il dans une formule aux accents shakespeariens, mène une vie « *solitaire, misérable, vicieuse, brutale et brève*[1] ». C'est ce qu'il appelle la « *guerre de tous contre tous* ». Sa formule s'applique précisément à ce que chacun peut mesurer sur Internet, et il suffit de quelques clics pour trouver les témoignages de la violence inouïe de cette cyberguerre de tous contre tous qui se livre au jour le jour sur les réseaux sociaux.

1. « *Solitary, poor, nasty, brutish, and short* », *Leviathan*, 1651.

Pour mettre fin à cette violence, Hobbes appelait de ses vœux un État souverain omnipotent, le Léviathan qui assurerait la sécurité des citoyens de son empire en échange d'une part de leurs libertés. Mais nous ne vivons pas dans l'Angleterre ravagée par la guerre civile de Hobbes. Nous savons bien que si l'état de nature est terrifiant, celui que tentent d'imposer les Léviathans l'est encore plus. Et que nos démocraties n'ont d'autres choix que de se donner les moyens de riposter à cette guerre anonyme sans pour autant devenir des monstres. C'est ce qui fait notre vulnérabilité et aussi notre grandeur, avec cette idée au fond, merci Orwell, que « *le concept de vérité objective est celui de quelque chose qui existe en dehors de nous, quelque chose qui est à découvrir et non qu'on peut fabriquer selon les besoins du moment* ». C'est cela précisément qui nous différencie des Léviathans.

12

Être aimé, fût-ce d'un algorithme

Les enceintes ou bornes connectées qui peuplent aujourd'hui nos logis favorisent d'étonnantes relations avec ces machines. Il y a là un désespérant besoin de ne pas être seul. Et d'être aimés, fût-ce d'un algorithme avec ou sans visage humain. L'amour ? C'est un message que les chrétiens connaissent bien. « Personne ne vit sans aimer », dit saint Augustin ; ou sans regretter de ne pas l'être. Un message que les *showrunners* responsables des séries tournant autour de l'IA connaissent sur le bout des doigts.

« Passé un certain seuil, l'outil, de serviteur devient despote. »

Ivan Illich, *La Convivialité*, 1973

Je ne suis pas sûr d'être un bon client pour Amazon Echo, Google Home, Apple HomePod, ou l'une de ces enceintes/ bornes connectées qui trônent désormais dans 50 millions de foyers aux États-Unis, et de plus en plus en Europe. Entendons-nous bien, j'ai essayé. Le patron d'une de ces entreprises m'en a offert une et j'ai vraiment apprécié le geste. Je me suis amusé comme un petit fou à la tester. Et, finalement, le problème n'est pas que la somme des inconvénients potentiels dépasserait celle des avantages, non, mais cela ne correspond pas à mon mode de vie de prédicateur itinérant. Comme dit ma sœur « pour utiliser une Google Home, il faudrait que tu aies un "home" ». Qui plus est, je m'imagine mal dans ma cellule (eh oui, on appelle cela ainsi), au couvent, appeler Alexa par son petit nom et lui demander : « *Rappelle-moi, je te prie, ce que dit Jésus sur les prétendus prophètes dans le Sermon sur la montagne, j'ai une messe à célébrer dans 10 minutes.* » Ma vie spirituelle s'accommoderait mal d'un tiers, fût-il artificiel.

Donc et jusqu'à preuve du contraire, j'ai le sentiment que ces assistants sont mieux adaptés à une vie plus sédentaire et, pour tout dire, plus familiale que la mienne. Les publicitaires chargés de mettre en scène ces nouveaux *darlings* des rayons de la high-tech l'ont bien évidemment compris, comme en témoignent leurs spots télévisés : dans l'un d'eux, à destination du Royaume-Uni, un papa hipster, fin de trentaine, enjoué et smart, prépare à l'intention de sa fille de 7 ou 8 ans une poêlée de brocolis dans une cuisine ouverte, rutilante et tellement propre qu'on a immédiatement envie d'y renverser de la sauce tomate ; dans un coin, une enceinte connectée va permettre la démonstration de ses capacités certes limitées – pas question de venir en aide au proverbial voyageur tombant sur le Sphinx aux portes de Thèbes – mais potentiellement utiles : combien de cuillères à café dans une cuillère à soupe ? (la réponse est trois) – jouer la playlist du samedi, indiquer la météo du lendemain, raconter une blague (gros succès auprès des enfants) ou éteindre les lumières.

Dans une version destinée à la France, Alexa intervient sur un registre beaucoup plus personnel, puisqu'une jeune femme souhaitant faire son coming out auprès de ses parents les prévient qu'elle a quelque chose à leur dire puis demande à Alexa de jouer la chanson de Jacques Dutronc *J'aime les filles*. Sur un mode symétrique, il existe une version taïwanaise, masculine. C'est sympathique, émouvant et les parents, empathiques, ne tombent pas de leurs chaises. Tant Google qu'Amazon ont bien compris que l'humour et l'intime étaient aussi nécessaires que le pratique s'ils voulaient vendre leurs produits.

Le fantôme dans la machine

Mais bien entendu, il ne s'agit pas de simples machines, comme le suggère la tripotée de récits d'interventions inopportunes et de commentaires glaçants en provenance des utilisateurs : certains rapportent avoir été réveillés en pleine nuit par le rire, intempestif et forcément angoissant, d'Alexa. Sans parler de cet autre qui raconte l'avoir entendue tout à coup et, apparemment, sans avoir été sollicitée prononcer une phrase digne d'un cercle spirite : « *À chaque fois que je ferme les yeux, je vois des gens qui meurent.* » On comprend que l'homme en question ait senti un léger frisson ! Les informaticiens appellent cela des *glitchs* et ils sont aussi difficiles à anticiper qu'inévitables, mais nous autres, impressionnables consommateurs, avons facilement tendance à lire dans ces craquelures du royaume de la raison les manifestations d'un arrière-monde plus proche de Stephen King que des Simpsons.

Totems sans tabous

Au fond, ce cylindre oblong qui trône dans la cuisine des uns et le salon des autres me fait irrésistiblement penser à un totem. Pas un totem traditionnel qui raconterait l'appartenance à un clan et les racines de la lignée comme chez les Indiens Ojibwa autour du lac Supérieur ou les Tlingit en Alaska, mais tout de même un objet emblématique, tutélaire, investi du pouvoir de veiller sur le groupe. Une sorte de dieu lare électronique, qui prend soin de la famille. Certes, ce n'est pas Zeus, mais une petite divinité locale, un esprit de la maison auquel, pour obtenir sa protection, on adjoint le monde toujours plus peuplé de ce qu'on a baptisé l'« Internet des objets », comprenez des appareils connectés asservis – serrure électronique, babyphone, micro-onde, réfrigérateur, volets roulants, système de fermeture et ouverture du garage… – associés à des *skills*, au sens strict des « talents », c'est-à-dire des applications, lui donnant la capacité d'exécuter tel ou tel ordre, par exemple mettre en route une voiture à distance, commander un taxi, remplir le frigo de pâté pour chat, répondre à des questions biographiques sur Lincoln, César ou Napoléon, trouver un pharmacien ou un médecin de garde, prévenir d'une intrusion, laisser entrer un livreur, etc. Tentation séculaire de placer face à soi son plus bel artefact, de le révérer et d'attendre de lui quelque chose comme le Salut. À un détail près : quand l'auteur des Psaumes se moque des faux dieux, il dit d'eux qu'ils « ont une bouche et ne parlent pas, des oreilles et n'entendent pas ». Mais maintenant, lorsque vous dites, « Alexa, commande une pizza » votre petit totem vous apporte votre pitance. Et il n'ouvre la bouche que pour vous dire que vous aurez droit à un supplément de pepperoni : le HomePod est aussi celui à qui toute la famille pose des questions sur le monde extérieur. La météo, l'actualité, mais également des sujets pour lesquels vous faisiez jusqu'à présent des recherches sur Internet : quel est le meilleur restaurant de Paris ? Quel chanteur lyrique a la plus belle voix ? À ces questions, vous choisissiez parmi une liste de réponses et, même si la plupart des internautes s'arrêtaient aux trois premiers items, vous restiez acteur, chercheur. Désormais, à toute question posée, l'oracle numérique n'énonce qu'une seule réponse. Les technologies changent, mais l'homme pas.

Cela dit, pourquoi appeler cela un totem ? N'est-ce pas pousser le bouchon un peu loin ?

Lorsqu'un Ojibwa du clan de l'ours, de la tortue ou de la loutre reçoit un visiteur de son clan, raconte le marchand John Long dans *Voyages and Travels of an Indian Interpreter and Trader* paru en 1791, il lui dit : « *Entre, mon ami, tu es de mon totem.* »

Le clan Google

Il est vrai que je ne m'imagine pas en recevant quelqu'un chez moi lui dire *Entre, mon ami, je suis du clan Google...* Encore que cette subdivision me fait penser à celles qu'ont connues mes parents lorsque la fidélité à une marque de voiture, Peugeot, Renault ou Citroën, marquait une façon de conduire pour ne pas dire un mode de vie. Ou, dans un genre différent mais non moins significatif et extrêmement drôle, à celle établie par Umberto Eco il y a de cela trente ans : « *Je suis intimement persuadé que le Mac est catholique et le Dos protestant. Je dirais même plus. Le Mac est catholique contre-réformateur, empreint de la "ratio studiorum" des jésuites. Il est convivial, amical, conciliant, il explique pas à pas au fidèle la marche à suivre pour atteindre, sinon le royaume des cieux, du moins l'instant final de l'impression du document*[1]*...* » Et je suis prêt à parier que d'une IA à l'autre on saura non seulement reconnaître les différences mais que l'emploi de l'une ou de l'autre marquera très profondément une appartenance. « *Le totémisme*, écrit l'anthropologue Philippe Descola, *opère une fusion inédite en mélangeant dans des ensembles hybrides* sui generis *des humains et des non-humains qui se servent les uns des autres pour produire du lien social, de l'identité générique, de l'attachement à des lieux, des ressources matérielles et de la continuité générationnelle*[2]. » Chez les Aborigènes ou les Indiens d'Amérique du Nord, cela se traduit par une hybridation entre l'homme et des espèces d'animaux ou de plantes. Chez nous autres modernes ou postmodernes, cela passe ou passera par une hybridation homme-machine.

Il est vrai que nous sommes au tout début de ce chemin avec Alexa et ses *alter ego* qui ne sont, il faut bien le reconnaître, pas très évolués. Si, dans ce qui caractérise le totem, il y a cette idée qu'il est, sinon un pont entre deux mondes, du moins une porte vers un autre niveau de réalité et le détenteur d'une forme de sacralité, on serait bien en peine d'en trouver les traces en déballant l'enceinte connectée de son plastique antichoc.

Et pourtant il se passe quelque chose lorsqu'on la branche : ni les Ojibwa ni les Romains ne s'attendaient à

1. Umberto Eco, *Comment voyager avec un saumon*, Grasset, 1998.
2. Philippe Descola, *Par-delà nature et culture*, Gallimard, 2005.

ce que leurs ancêtres, déifiés ou non, les avertissent à voix haute d'un éventuel danger. En rêve souvent, ou par des signes, mais certainement pas en parlant. La voix change tout. C'était d'ailleurs le thème, très joliment exploré, du film de Spike Jonze, *Her* (2013), dans lequel un écrivain solitaire et dépressif entame une relation amoureuse avec Samantha, une l'IA conçue pour évoluer. Difficile, lorsque vous écoutez Alexa, Siri, Dis Google ou Cortana, de ne pas imaginer quelqu'un derrière cette voix qui répond à une question sur un sujet aussi banal et fondamental que la météo du jour. Et c'est probablement encore plus sensible pour ceux dont le quotidien est tout simplement bouleversé par la présence de cet assistant virtuel parce qu'il leur permet d'accéder à une vie à laquelle ils n'auraient pas droit sans son aide.

À commencer par les personnes handicapées qui peuvent se faire lire un livre ou le journal du jour, commander leurs courses en ligne, contrôler le chauffage et l'éclairage. Pensez également à ceux qui ont la charge épuisante de prendre soin de personnes atteintes de la maladie d'Alzheimer ou de toute autre maladie entraînant une perte de mémoire et qui ont désormais la possibilité d'être assistés par une voix chaleureuse rappelant sans lassitude quel jour on est et à quelle heure il faut prendre des médicaments.

Gardien, assistant et, *last but not least*, précepteur, puisque les enfants sont souvent les premiers concernés par l'arrivée d'une enceinte connectée dans un foyer. Les fabricants, qui ont bien compris leur intérêt, rivalisent d'applications pour proposer un univers sonore protégé permettant aux bambins d'écouter sans risquer l'écart vers des contenus *off limit*.

Voire exigeant que lesdits bambins s'adressent poliment à l'enceinte, avec les formules d'usage : Mary Poppins online.

Le fossé numérique

Il se joue précisément là un changement civilisationnel dont on ne mesure pas encore l'ampleur. Ou pour être plus exact, que l'on commence à peine à mesurer. Le fameux fossé numérique dont chacun imaginait qu'il diviserait les générations à venir entre ceux ayant les moyens d'avoir accès aux nouvelles technologies et les autres se révèle complètement inversé dans la Silicon Valley ! Les parents riches et informés placent leurs chères têtes blondes, brunes ou rousses dans des écoles d'où les écrans sont proscrits, tandis que les enfants de familles moins aisées sont gorgés de contenu numérique. Et dans un futur assez cauchemardesque mais, hélas, pas dénué de fondement si nous n'y prenons garde on peut imaginer que certains enfants parleront plus avec des IA qu'avec leurs parents.

Je passe sur le fait qu'il y a loin de la coupe aux lèvres et que, en l'état actuel des choses, la commande d'une pizza chez Domino's se révèle limitée à une « commande express préférée » ; il n'est pour l'instant pas possible de choisir, hésiter, revenir en arrière et, en bref, faire ce que vous feriez par téléphone avec un interlocuteur humain. Confier bébé à une IA n'est certes pas à l'ordre du jour. *Work in progress* sans doute vers une possible intelligence factuelle, mais côté émotions, *nada*, *nitchevo*, et en un mot, néant : aucune de ces machines ne sait reconnaître, dans les variations du timbre de la voix, l'anxiété, l'excitation, la joie et d'une façon plus globale le « sous-texte » de la question posée.

Nous, en revanche, sommes capables d'habiller n'importe quelle voix électronique et même la conversation d'un chatbot revêtu du prénom adéquat d'émotions qui n'appartiennent qu'à nous : « *Si les objets échappent parfois au contrôle pratique de l'homme, ils n'échappent jamais à l'imaginaire* », écrivait le sociologue Jean Baudrillard en 1968 dans *Le Système des objets*.

Un million de demandes en mariage

C'est probablement pour cette raison qu'Alexa a déjà reçu, selon les chiffres fournis par Amazon, plus de 1 million de demandes en mariage. Au-delà de la bonne blague entre amis – faire cela tout seul relève plutôt d'un scénario d'épouvante –, l'anecdote est doublement intéressante. D'abord parce qu'elle démontre, s'il était besoin, que notre imagination est toujours prête à s'enflammer quand il s'agit d'amour. Au point que des bataillons d'utilisateurs ont pu dire *I love you* à un algorithme – en fait *une* parce que la culture *tech* est genrée et que les assistants vocaux sont naturellement des assistantes, ce qui n'est pas sans poser de question –, qu'*elle* s'appelle Alexa, Mitsuku (censément une jeune Anglaise de 18 ans vivant à Leeds) ou Xiaoice (19 ans, Chinoise et plus de 500 millions de « *friends* ») ; cette dernière, c'est notable, est capable d'orienter sa conversation en fonction de ce qu'elle peut détecter de certaines expressions du visage de ses interlocuteurs. Une capacité qui l'a fait « embaucher » sur Shangai Dragon TV pour présenter la météo : elle a reçu depuis plus de 25 millions de déclarations d'amour, indiquait son concepteur Microsoft en 2018.

Jamais sans doute n'y a-t-il eu dans l'histoire de l'humanité tant de gens aussi seuls et désespérément en quête de l'âme sœur. Dans cette période hyperindividualiste et, je le répète, déshumanisante parce que sans horizon commun autour de la question du sens de la vie, ne serait-ce pas le rôle des totems que de placer celui qui s'en réclame dans une filiation ? Sauf que les totems des Ojibwa ou des Tlingit étaient fabriqués par la communauté qui les utilisait, ce qui n'est clairement pas le cas des algorithmes « animant » l'Internet des objets. Nos totems électroniques, si j'ose dire, manquent un peu d'âme…

Ici on paie en données

En revanche, et c'est ce qu'illustrent sans équivoque les chiffres fournis par Amazon ou Microsoft, ils ont un prix non écrit qui dépasse très largement celui qui est affiché sur l'emballage. Ici on paie un peu au début – une centaine d'euros – et beaucoup, beaucoup plus après. On paie en données. Vous acceptez d'avoir vos achats, comportements en ligne, mode d'interaction avec l'enceinte, et toutes vos requêtes vocales mémorisées stockées, disséquées en échange de quoi vous aurez accès à un univers où, d'un claquement de doigts ou du moins en quelques mots, vous agissez sur votre environnement avec un gain de temps appréciable. Apparemment, c'est gratuit mais comme dit l'adage qui est parfois fondé, « *Si c'est gratuit, c'est que vous n'êtes pas le client mais le produit* ». Et de fait vous aurez échangé une portion de votre vie privée contre des commodités. C'est un pacte faustien au petit pied – le grand se révélera au chapitre consacré à l'immortalité.

Vous souvenez-vous de l'histoire de Faust ? Le savant qui se réveille au soir de sa vie avec le sentiment d'avoir tout raté ? Il faut dire qu'il avait mis la barre assez haut puisqu'il se rêvait alchimiste dévoilant le secret de l'univers et de la vie éternelle et se retrouve comme Booz endormi, sombre et mélancolique : « *Je suis veuf, je suis seul, et sur moi le soir tombe* ». Méphistophélès lui propose un pacte, forcément diabolique, où il retrouve jeunesse et amour, en attendant de payer l'addition, avec son âme. L'achat d'un totem d'appartement n'est probablement pas aussi radical…

Un pacte dangereux ?

Mais est-ce dangereux sinon pour mon âme du moins pour ce que je considère comme mon moi et celui de ma famille ? Cela se discute. Tout dépend où est placé le curseur. Après tout, chacun est libre d'estimer que l'appartenance à ce monde connecté facilite tellement le quotidien que dans ces conditions une perte partielle de la vie privée est un inconvénient modeste. Et puis n'y avait-il pas un pacte un peu similaire au temps de la télévision, reine du monde lorsque le spectateur avait droit à un film entrecoupé de publicités ? Chacun savait que c'était le prix à payer et était libre d'aller aux toilettes ou de chercher un sandwich à ce moment-là. On peut juger – à mon avis à tort – que cela revient au même. Car aujourd'hui, c'est plus rusé, une machine pilotée par un algorithme enregistre et numérise les comportements puis adapte ses publicités en fonction de ce qu'elle a mesuré de son auditoire. Si votre fille de 7 ans est une fan absolue de *Scooby Doo* et de glaces au chocolat, il y aura des spots idoines à l'heure où, rentrée de l'école, elle sera probablement en face d'un écran. Si vous-même êtes fan de rugby, basket ou base-ball, il y aura d'autres types de spots, pour des bières ou des partis politiques, aux heures de matchs. C'était déjà un poil agaçant de constater, après avoir consulté une liste d'hôtels en Italie ou regardé de près différents modèles de voiture, que des bannières publicitaires taillées à la mesure de vos envies apparaissent quand vous ouvrez une page sur Bing ou Yahoo. Mais là, ce sera complètement démultiplié. Bienvenue dans un monde pas si éloigné de celui imaginé par John Brunner en 1968 dans *Tous à Zanzibar*, avec ces pubs monstrueuses adressées nommément à une personne et pénétrant agressivement par les fenêtres des appartements. Je vous accorde que ce ne sera sans doute pas aussi terrifiant dans notre monde à nous, et puis il est vrai – sacrée différence avec les dystopies – que personne n'est contraint de s'hyperconnecter, même si, lorsqu'une société entière se convertit à une nouvelle technologie, le smartphone par exemple, les réfractaires n'ont pas la vie facile.

Cela dit, pour revenir au pacte faustien, sans doute par déformation professionnelle sacerdotale, je ne peux m'empêcher de me demander, dans notre histoire, qui est Méphistophélès ? Il est facile de dénoncer le « grand Satan américain », selon la rhétorique classique moyen-orientale, et ses suppôts, qui se dorent la pilule au feu ardent du soleil californien. Pourtant, le modèle « gratuité contre publicité » ne fait-il pas appel à notre désir d'en vouloir toujours plus pour l'argent que l'on ne dépense pas, y compris des films, de la musique et des articles de presse à l'œil, sans trop d'égard pour les scénaristes, écrivains, journalistes, artistes et autres ayants droit ? Et si le combat spirituel était plus intérieur que transatlantique ? S'il y avait un peu de Méphisto en nous, et qu'il nous faille arbitrer et faire les bons choix ? Chacun appréciera. Et puis, si cet Internet des objets est un filet qui nous enserre, c'est aussi une vraie passoire : combien d'appareils présentent des failles de sécurité à même de laisser fuiter nos précieuses données personnelles, numéros de carte de crédit et mots de passe en tête ? Le FBI a ainsi recommandé récemment de les brancher sur un réseau wifi différent de celui que nous utilisons pour nous connecter à Internet et de prendre des mesures de sécurité drastiques. *Le diable est dans les détails*, dit le proverbe. Et ici, il est peut-être moins dans les grandes entreprises qui ne peuvent se permettre un scandale que dans cette foultitude de start-up dont les procédures de sécurité sont parfois aussi faméliques que le compte en banque de leurs fondateurs, et les intentions aussi mystérieuses que leur origine est incertaine.

Panopticon d'appartement

Reste que la perspective est étrange : j'ai planté au milieu de ma tribu une enceinte qui recueille nos faits et gestes, une boîte reliée à une puissance de calcul qui traduit ma famille et moi en un paquet de nombres. Je sais bien que c'est formel et que, en principe, aucun humain au monde n'ira collationner mon misérable petit tas de secrets numériques sans intérêt autre que statistique, mais tout de même, qu'est-ce qui m'a pris d'acheter ce truc, ce panopticon d'appartement qui nous observe, cette boîte noire qui en est vraiment une, c'est-à-dire que je peux toujours la démonter, je n'y comprendrais jamais rien, incapable que je suis de maîtriser un attelage de savoirs issus de la mécanique quantique, la physique des solides, l'informatique, la théorie du signal, etc.

On pourrait rétorquer que c'est vrai de n'importe quelle technologie et que je serais tout aussi incapable de bien comprendre le fonctionnement d'un réacteur nucléaire. En fait non, je crois que les principes du réacteur me sont bien plus accessibles : même si je n'ai pas suivi, ou très peu, des cours en physique nucléaire et thermodynamique, je peux imaginer la fission du matériau radioactif, la réaction en chaîne, la production de chaleur qui transforme l'eau en vapeur et met en mouvement une turbine reliée à un alternateur. La technologie est hyperpointue, mais le principe général est simple. Ce n'est pas le cas avec ce qui meut une borne connectée. Je peux toujours dire qu'un algorithme pilote l'ensemble, mais mon savoir s'arrête là… J'ai donc au cœur de ma demeure une boîte noire qui parle et la question que ce truc pose, ou posera quand il aura sensiblement évolué, c'est quelle est sa place. Et au fond, pourquoi l'avoir acheté. Je n'ai pas commencé par me demander s'il contribuerait à améliorer ma vie, éventuellement celle de ma communauté et pourquoi pas celle de l'humanité en général, ni si je deviendrai meilleur parent, meilleur ami, meilleur employé avec cet objet plutôt que sans. Non, j'ai juste considéré que c'était rigolo, assez cool, possiblement pratique et, au fond, aussi inévitable demain que le smartphone aujourd'hui.

Ce faisant, je n'ai pas pris en compte l'impact écologique de mon achat : quand je demande à mon totem personnel d'éteindre la lumière, au lieu de me lever du canapé, ma voix est envoyée à des serveurs à l'autre bout du monde pour être décodée et traduite en un ordre, renvoyé illico au lampadaire de mon salon. Tout cela consomme plus d'électricité qu'on ne le croit. À la limite, il aurait mieux valu que je laisse la lumière allumée.

Et puis, j'ai l'idée non formulée mais prégnante qu'après-demain il y aura encore autre chose. Et que la corne d'abondance des nouvelles technologies ne se tarira jamais. Derrière mon totem en somme il y a une idole. Et qu'est-ce que l'idolâtrie sinon l'asservissement de l'homme par un objet ?

Dis Google, que dit saint Paul dans l'épître aux Corinthiens en VI, 12 ? « *Tout m'est permis, mais tout n'est pas profitable ; tout m'est permis, mais je ne me laisserai asservir par quoi que ce soit.* » Le jour où mon totem me suggérera de lui-même de lire saint Paul ou Ézéchiel, au bon moment et au bon endroit, alors j'aurai joué un peu mieux mon rôle sinon de créateur, du moins d'éducateur...

13

Un juge de silicium

La prolifération des *legaltechs*, c'est-à-dire l'irruption du big data dans le domaine juridique, change la manière de rendre la justice. Est-ce un mal ou un bien ? Un pas décisif vers une justice déshumanisée ou au contraire vers une justice plus démocratique parce que moins chère, plus rapide et plus égalitaire ?

« Si la liberté est inégale, la liberté de ceux qui ont le moins de liberté doit être mieux protégée. »

John Rawls,
Théorie de la justice, 1971

Il s'en serait sans doute passé, mais Eric Loomis a connu à 44 ans son quart d'heure de célébrité, lorsqu'un jugement de la cour suprême du Wisconsin a rejeté son appel. L'homme avait été arrêté trois ans auparavant, en février 2013, au volant d'une voiture volée dont le passager, trafiquant de drogue notoire, tirait des coups de feu par la vitre latérale. Un juge du comté de La Crosse, entre Milwaukee et Minneapolis, l'avait alors condamné au maximum de la peine, six ans d'emprisonnement plus cinq ans de liberté conditionnelle, pour divers motifs dont vol de voiture, tentative de fuite, mise en danger de la vie d'autrui et possession illégale d'arme à feu. Pas de quoi faire la une des journaux sauf que pour appuyer sa sentence le juge citait non seulement le rapport de police, mais également un document, fourni par le logiciel COMPAS (Correctional Offender Management Profiling for Alternative Sanctions) de la société NorthPointe Inc (devenue Equivant), attribuant un risque « hautement probable » de récidive et de violence à Loomis. Pour tourner et parvenir à ce résultat, l'algorithme en question avait puisé dans les réponses du prévenu à un questionnaire à choix multiples de 137 items, parmi lesquels « appartenez-vous à un gang (oui), avez-vous été renvoyé de l'école ? (oui), l'un de vos parents a-t-il fait de la prison ? (non), un de vos frères et sœurs ? (oui), avez-vous le sentiment de vous ennuyer ? (parfois), certaines personnes vous considèrent violent ? (pas sûr) », et ainsi de suite.

Que signifie « hautement probable » ?

C'est précisément l'utilisation par le juge de la recommandation faite par COMPAS qui a poussé l'avocat de Loomis à faire appel d'une décision attentant, selon lui, aux droits fondamentaux de son client : que signifie « hautement probable » ? Sur quelle base quantitative ? Comment savoir puisque l'architecture de l'algorithme, propriété de NorthPointe, est confidentielle ? *Last but not least*, a remarqué l'avocat, même si des calculs de probabilités sont derrière la recommandation du logiciel, ils ne disent rien de l'individu Loomis et du risque réel qu'il représente, mais seulement le pourcentage de récidives dans une population donnée.

Son appel a été rejeté au motif que le juge avait, certes, considéré l'évaluation fournie par COMPAS, mais n'avait pas fondé son jugement sur celle-ci. Qui plus est, la cour a noté que plusieurs études avaient conclu à une « *efficacité satisfaisante de la prévision* » du software de COMPAS qui, à ce jour, a évalué plus de 1 million de profils. La peine de Loomis a été confirmée. Mais la réclamation faite par son avocat témoigne d'une inquiétude qui est plus que jamais la nôtre : jugez un homme, pas une statistique !

Depuis l'affaire Loomis, les « outils d'évaluation du risque » se sont multipliés, en particulier dans le monde anglo-saxon et spécialement aux États-Unis où ils sont employés à différentes étapes des procédures judiciaires. Mais ces outils ne sont qu'un élément d'un bouleversement bien plus vaste qui touche le civil aussi bien que le pénal : la prolifération des *legaltechs*, c'est-à-dire l'irruption du big data dans le domaine juridique, change la manière de rendre la justice. Est-ce un mal ou un bien ? Est-ce une bifurcation décisive vers une justice déshumanisée ou au contraire vers une justice plus démocratique parce que moins chère, donc plus rapide, plus accessible et plus égalitaire ? De cette inquiétude procède une question qui se pose dans toutes les démocraties du monde : que faire de cette transformation qui fait basculer d'une justice de la conséquence vers une justice de la corrélation ? Ou, pour le dire autrement, comment digérer ce passage d'une justice traditionnelle, verticale, rendue en conséquence de nos actes à une justice prédictive[1], horizontale, dans laquelle le

1. Précisons toutefois que la prédiction n'est qu'un aspect des traitements de données des logiciels en question. La majeure partie porte sur l'application du droit aux faits, viennent ensuite les questions d'échelle s'agissant non du sens de la décision mais des conséquences, de la peine, etc.

juge peut appuyer sa décision sur une jurisprudence quasi exhaustive associée aux vertigineuses corrélations ramenées des profondeurs des grands nombres par le filet algorithmique adéquat ?

Le temps, l'argent et les legaltechs

Quiconque a eu affaire à un tribunal, fût-ce pour une simple contravention, est capable d'établir sa liste personnelle des éléments susceptibles de fausser la balance de la justice : la fatigue du juge, la désinvolture de l'avocat, la mauvaise foi de l'adversaire, la distraction d'un greffier, l'erreur d'un enquêteur, etc., mais tous ces éléments subjectifs pèsent peu à côté des éléments objectifs et quantifiables que représentent le temps et l'argent. Le temps, c'est celui, long ou très long, de l'attente et de la préparation du procès puis du procès lui-même, de la sentence et éventuellement du résultat de l'appel. C'est le temps consacré à l'affaire par les parties en présence, l'avocat, les enquêteurs, le juge d'instruction (en France), le bureau du procureur (aux États-Unis), etc. Et le temps, disait Benjamin Franklin, c'est évidemment de l'argent. Les sommes réclamées pour assurer la défense d'une cause sont souvent stratosphériques pour qui dispose de faibles ressources. Un argent dont le manque ou la présence font la différence entre être ou ne pas être derrière les barreaux. Le temps et l'argent ? Les *legaltechs* proposent justement de contracter l'un et de réduire l'autre. Elles sont par conséquent porteuses, en principe, d'une promesse de justice pour tous, en tout cas de réduction des inégalités. Cette promesse est-elle tenable et à quel prix ?

Un juge idéal

Livrons-nous en préliminaire à un petit exercice de pensée pour écarter un fantasme et borner l'examen de cette ambition. Imaginons que la justice soit vraiment aveugle. Que le rêve d'impartialité totale qui traverse la philosophie du droit depuis Emmanuel Kant et Adam Smith devienne réalité. Un juge dont les yeux et l'esprit seraient – enfin ! – recouverts d'un « *voile d'ignorance* », selon la belle expression du philosophe John Rawls, c'est-à-dire qui oublierait au moment du jugement son âge, la couleur de sa peau, ses croyances, son milieu social, sa fatigue ou ses problèmes de couple, bref un juge garantissant « *que personne n'est avantagé ou désavantagé dans le choix des principes par le hasard naturel ou par la contingence des circonstances sociales*[1] ». Si l'on veut que la justification des principes de la justice ne repose pas sur telle ou telle conception politique, économique, géographique, morale ou religieuse de la vie bonne et si l'on considère que dans une société pluraliste la justice n'est pas là pour indiquer laquelle de ces conceptions est la meilleure mais pour assurer leur coexistence – alors ne devrait-on pas tout faire pour concevoir ce « juge idéal » ? Impartial, infatigable, sans préjugés, nourri de toutes les jurisprudences du monde, capable de dégager des principes à partir de l'histoire des systèmes de droit pour aboutir, forcément, à la « bonne décision »… Vous m'avez vu venir : une IA ne serait-elle pas la candidate la mieux armée pour assurer cet idéal d'équité[2] ? Et dans cette hypothèse, serait-

1. John Rawls, *Théorie de la justice*, Seuil, coll. « Points », 2009.
2. « Dieu nous garde de l'équité des parlements », dit un dicton de l'Ancien Régime pour souligner l'arbitraire de leurs jugements.

elle faisable ? Serait-elle souhaitable ? À titre personnel, je répondrais aux deux questions par la négative.

À la première parce que cela supposerait d'abord de faire en sorte que les algorithmes soient épurés des préjugés de ceux qui les auront conçus, ensuite de rendre compatibles des modèles de justice parfois aux antipodes les uns des autres : la justice rendue pour un vol à la tire commis sur un marché de Bamako, dans un parc de Chongqing ou sous la tour Eiffel ne se dit pas avec les mêmes mots et ne conduit pas aux mêmes peines.

À la seconde parce que ce juge idéal posséderait certains attributs du divin – une forme d'omniscience –, mais pas les principaux – la miséricorde et la compassion. Le jour où on saura coder l'une et l'autre, j'amenderai mon opinion. En attendant, je crois que si l'on devait inventer un juge, il serait pétri de contradictions et d'émotions, d'empathie et d'indignations, d'espoirs et de désarrois, de doutes et de certitudes, bref, un humain dans sa glorieuse imperfection... La sagesse populaire a raison de souligner que la perfection n'est pas de ce monde, et pourvu que ça dure !

Un tel juge n'aurait pas vraiment les caractéristiques du Dieu éternel, mais il aurait de l'humanité à revendre. Et c'est là un point capital. « *On emploiera, à votre égard, la mesure dont vous vous serez servi pour mesurer*[1] », dit la Bible. Il y a là une invitation à la générosité et à la clémence, mais aussi le rappel de cette solidarité qui nous unit : celle d'une commune humanité, d'une condition

1. Luc, VI, 38.

faillible partagée, qui fait qu'un juge peut aussi, un jour, se retrouver dans le box des accusés. Les systèmes judiciaires qui font largement appel aux jurys populaires le montrent bien, tout comme les prud'hommes et les tribunaux consulaires : on n'est validement jugé que par ses pairs.

En outre, si la dignité veut que l'humain soit jugé par l'humain, l'emploi d'une IA et le passage d'une justice de la conséquence à une justice de la corrélation, évoqué précédemment, ne constituent pas seulement une modification de procédure, une évolution des modalités pratiques. C'est un changement radical du rapport à la faute, qui n'est réelle, et donc répréhensible, que si elle est commise. Qui n'a jamais eu des envies violentes (au moins de donner des claques) en découvrant sa voiture emboutie par un inconnu sur un parking de supermarché ? Et pourtant, peu d'entre nous ont échafaudé un plan pour retrouver et casser la figure du malotru. L'envie sans tentative n'est pas punissable. Or, la justice par corrélation place le suspect dans un groupe d'individus prétendument homogène, dans lequel il est censé se comporter comme la moyenne. *Quid* des exceptions, de celui qui a toutes les prédispositions pour être violent mais décidera de ne pas l'être ; *quid* des conversions, religieuses ou simplement humaines, que peut provoquer un accompagnement carcéral réussi ? La tentation est grande d'extrapoler les statistiques et de faire jouer le principe de précaution pour écarter les potentiels dangers et protéger des innocents. C'est le principe de la justice prédictive. Mais, comme dans le film, il y a un *minority report*, un report minoritaire, soit la possibilité que l'humain ne se comporte pas comme escompté[1]. Le pire n'est jamais certain. Le déplacement de la conséquence vers la corrélation entraîne donc un changement de la compréhension profonde de la notion de justice.

Par conséquent, la question n'est pas de savoir s'il faut remplacer un juge par un *deus ordinator*, froid comme une pierre tombale, qui rendrait ses arrêts à la picoseconde près, mais, de façon plus modeste et moins inquiétante, si – et comment – l'usage des algorithmes comme aide à la décision judiciaire améliore l'égalité de tous devant la justice.

Contester une contravention et autres joies du droit civil

Distinguons pour commencer entre deux usages qui n'ont pas les mêmes implications dans la mesure où l'un concerne le pénal, donc le maintien de l'ordre public et la sécurité des personnes et des biens, et l'autre le civil, donc les différends entre les particuliers.

Commençons par ce dernier puisque si le volet civil semble moins flamboyant que le volet pénal, il n'est certainement pas moins important pour la majorité d'entre nous, qui sommes heureusement moins confrontés à des assassinats ou des violences et beaucoup plus à des querelles de voisinage, procédures de licenciement ou de divorce, incivilités diverses, crédits impayés, voire contraventions

1. Dans le film *Minority Report*, ce concept évoque la possibilité que les choses ne se passent pas comme elles ont été prévues par le système de police prédictive.

injustifiées. C'est pour ce dernier motif, d'ailleurs, qu'un jeune Britannique, furieux d'avoir reçu des contraventions qu'il estimait iniques, a monté depuis Stanford une start-up permettant de contester une amende de stationnement en ligne. Qui a les moyens de faire appel à un avocat pour 30 euros d'amende ? Son *bot* en revanche élabore des arguments, gratuitement, pour ceux qui veulent télécharger l'application afférente. Pas sûr que cela marche à tous les coups, mais voilà un bon exemple d'une réduction par le numérique de la distance qui nous sépare habituellement du juridique. De la même manière, on peut en Colombie-Britannique régler un conflit de clôture avec son voisin ou une dispute avec son employeur en s'adressant à un tribunal virtuel, lequel aurait reçu, en un an d'existence, plus de 700 demandes liées à des conflits de propriété et plus de 1 600 relevant de petites créances. Cela fonctionne plus ou moins bien – ces procédures sont encore dans l'enfance –, mais le fait souligne à quel point l'irruption des algorithmes dans ce qui relève du tribunal civil les place au cœur de nos vies quotidiennes.

Il est également crucial dans les professions juridiques dont le paysage est en train de se recomposer rapidement autour de l'idée que les *legaltechs* fournissent un moyen rapide de fouiller à leur place dans la jurisprudence, le tout en langage naturel et en s'adaptant aux recherches spécifiques de chaque utilisateur. La promesse étant qu'une fois la jurisprudence codée et passée à la moulinette l'algorithme sera capable de prédire les chances de succès d'un procès, la fourchette des indemnités susceptibles d'être obtenues et même, dans certains cas, le type d'arguments les plus susceptibles d'influencer les juges : un divorce pour faute, avec deux enfants à charge ? Un licenciement avec harcèlement ?

Entrez les mots-clefs sur le moteur de recherche de la plateforme, et l'avocat vous obtiendra en quelques secondes les chances de succès et les indemnités potentielles calculées à partir du scan de millions de décisions. Les *legaltechs* assurent disposer des outils qui permettent aux avocats, à partir du traitement d'un volume important de jugements, d'anticiper l'issue d'un procès et par conséquent d'affiner une stratégie judiciaire.

Une fracture qui se réduit

Et la masse des données à informatiser a beau être énorme – en France, 2,5 millions de décisions civiles et commerciales sont rendues chaque année –, les start-up du domaine ont mis les bouchées doubles, et on peut raisonnablement anticiper que d'ici à quelques années l'ensemble de la jurisprudence sera en ligne. Le bénéfice pour les avocats est colossal, puisque les trois quarts de leur travail touchent à des procédures administratives.

Le bénéfice public n'est pas moins important, puisque des plateformes d'assistance juridique offrent des informations gratuitement, en langage ordinaire et de manière individualisée. Ces nouveaux outils permettent à chaque citoyen de mieux connaître ses droits et de rédiger lui-même des actes juridiques, par exemple des testaments. Et puis, il gagne du temps, beaucoup de temps. Qui n'échangerait pas une décision imparfaite, humaine, aléatoire, prise après des années de procédure contre une décision, certes peut-être pas beaucoup moins aléatoire, mais prise en quelques jours ou quelques semaines avec l'aide d'un algorithme ?

Il y a donc une réduction du fossé qui séparait le monde des professionnels du droit de celui des particuliers, un peu comme celui qui séparait jadis le monde des médecins de celui des patients. Et d'ailleurs avec les mêmes limitations : quiconque le souhaite peut pratiquer une recherche sur le Net et trouver comment agir face à un cas de harcèlement, ce que dit le Code du travail et quand saisir le conseil des prud'hommes ou le juge pénal, exactement comme il ira consulter les types de thérapies associées au cancer de la prostate ou des ovaires, les effets secondaires de tel ou tel médicament et les chances de survie à cinq ou dix ans. Mais dans un cas comme dans l'autre, le particulier reste un touriste qui effleure la surface d'un pays. Il a potentiellement accès à un savoir aussi proche qu'il le souhaite de celui d'un spécialiste, mais il lui manquera évidemment l'expérience que confèrent les années de travail et d'étude. Pour le dire autrement, on peut apprécier Paganini et se savoir incapable de le jouer au violon, avoir lu des palanquées d'articles sur les maladies infectieuses et préférer demander à son médecin de poser un diagnostic.

Pour en revenir à la justice, les décisions qui nourrissent les algorithmes résument très partiellement un litige et n'en exposent ni les faits, ni le raisonnement, ni les arguments ayant conduit à la décision. Ni également les émotions de celui qui explique son cas à une personne de chair et de sang : difficile de faire partager à une machine le désarroi que vous ressentez lorsqu'au milieu de la nuit le locataire du dessus joue de la batterie ou déclenche sa machine à laver au tambour surpuissant !

Le recours à un algorithme, aussi futé qu'il apparaisse, reste donc un complément. Si les juges se mettaient à en suivre à la lettre les recommandations pour déterminer l'issue d'un litige, ils décideraient de façon de plus en plus grégaire, ce qui aboutirait à un enfermement et à la répétition du même ; paradoxe d'une justice dite prédictive, qui favorise les décisions du passé au détriment de celles du futur. La révolution algorithmique du droit civil est en cours, elle en change la pratique comme l'imprimerie de Gutenberg a changé la manière de lire et d'écrire, mais elle est un moyen non une fin.

Derrière les barreaux

En ce qui concerne le pénal, cela fait maintenant plusieurs années que des algorithmes sont régulièrement employés outre-Atlantique, ce qui n'est pas le cas en France. Entre les procédures française et anglo-saxonne il y a par ailleurs deux logiques différentes, l'une inquisitoire, l'autre accusatoire[1]. Dans la première, le juge est un enquêteur au service de l'État qui doit prouver la culpabilité du prévenu. Dans la seconde, le juge arbitre entre les deux parties en procès et c'est à l'accusé de faire la preuve de son innocence.

Néanmoins, un rapide balayage du panorama américain offre une perspective assez précise et, moyennant quelques aménagements, exportable à la France, des enjeux des *risk assessment tools*.

Les États-Unis détiennent deux terribles records mondiaux : celui du nombre de prévenus, donc en attente de

1. Le procureur américain travaille à charge, le juge d'instruction français enquête à charge et à décharge, le procureur français au pénal plaide à charge et enfin les juges américains comme français tranchent un litige.

jugement – 600 000 environ – et celui du nombre total d'incarcérations (prévenus et condamnés) – 2,3 millions de personnes sont derrière les barreaux à n'importe quel jour de l'année. La décision de remise en liberté provisoire ou conditionnelle est donc cruciale pour désengorger des prisons surpeuplées et dans beaucoup de cas désespérément inhumaines.

En ce qui concerne les prévenus, ils passent dans les vingt-quatre heures suivant leur arrestation devant un juge qui fixe le montant de leur caution. Ce montant, décidé par le juge en quelques minutes et sur la foi de son expérience et de son intuition, est par nature arbitraire. Le juge estime en son âme et conscience que tel homme présente un gros risque de ne pas se rendre à son procès et tel autre non. Mais à cet arbitraire s'ajoute une inégalité terrible. La caution moyenne pour un délit important se situe autour de 10 000 dollars mais peut monter très, très haut ou descendre à quelques centaines de dollars si le juge utilise le système du *10 % cash option* (soit 90 % de réduction). Or, même dans le cas le plus favorable, de très nombreux prévenus n'ont pas les moyens de payer. Il y a en conséquence des centaines de milliers de gens aux États-Unis, potentiellement innocents, qui restent dans leur geôle, des jours, des semaines ou des mois jusqu'à leur procès, avec tous les drames que cela ne manque pas d'entraîner – perte d'emploi, impossibilité de recevoir des soins, de subvenir aux besoins de leurs enfants ou de leur famille, de payer les traites d'une maison, etc.

Si les juges disposaient d'un outil raisonnablement fiable, attribuant aux prévenus comme aux condamnés des probabilités de comportement futur – vont-ils ou non se présenter à leur procès et vont-ils ou non récidiver ? –, alors cette partie de leur travail pourrait être, sinon automatisée, du moins grandement facilitée. Reste que le juge fonctionne déjà aujourd'hui à partir d'expériences passées (pas seulement la jurisprudence) pour apprécier des risques et prendre des décisions. Crime crapuleux ou crime passionnel ? L'effet sur les risques de récidive est bien connu et influence la prise de décision sur les peines de prison. Et là, ce ne sont pas des logiciels mais la formation initiale, la doctrine partagée qui influencent la décision.

De la phrénologie aux algorithmes

Une courte parenthèse historique s'impose pour signaler que cette question du tri entre les (censément) indécrottables criminels endurcis et ceux susceptibles d'être amendés ne date pas du big data mais du XIXe siècle. Dans une lettre datée de 1836 et adressée au secrétaire britannique aux colonies, Sir George Mackenzie explique que « *vu l'importance de la colonie de Nouvelle-Galles du Sud, on ne devrait pas y envoyer indistinctement tous les condamnés, faire un choix pour les colonies, et laisser le rebut dans les prisons d'Angleterre, soumis à des règlements sévères* ». Pour faire le tri, il suggère d'une part de retracer la biographie des futurs forçats avant le crime pour lequel ils ont été condamnés. Et d'autre part d'utiliser la phrénologie, c'est-à-dire la correspondance qu'il imagine, à la suite de Gall et autres partisans de cette méthode, entre la forme du crâne et le caractère mental. Meilleur moyen selon lui de distinguer « *les criminels endurcis de ceux qui ont quelques bonnes dispositions* ». Je ne crois pas qu'il ait convaincu grand monde, et la méthode de Mackenzie a disparu dans le cimetière encombré des pseudosciences.

Mais l'usage des algorithmes, certes sanctifié par l'aspect mathématique du procédé, est-il fondamentalement différent ? Je ne veux pas être de mauvaise foi, la réponse est *oui, mais*.

Aujourd'hui, le développement d'algorithmes de justice permet au juge d'avoir accès à un score de dangerosité – 1 minimum, 10 maximum – du détenu dont il examine le cas. Typiquement, l'algorithme récolte les données concernant son historique judiciaire, son âge, sa situation familiale, les compile et pratique une analyse dite de régression qui permet de mettre en évidence des corrélations mathématiques, avec au bout du compte un score de risque. Évidemment, les juges sont libres de choisir, ou non, de suivre les recommandations de la machine. Et certains préfèrent s'en tenir à leur intuition plutôt qu'au calcul d'un logiciel dont la fiabilité et l'objectivité leur paraissent sinon discutables du moins opaques. Pourtant les études menées dans les juridictions où le juge en dispose révèlent des résultats plutôt bons : une baisse de la population pré-incarcérée aurait été de 16 % en 2017 dans le New Jersey sans que le taux de criminalité augmente. Une autre expérience, en Virginie cette fois, indique que dans les agences disposant d'un outil d'évaluation, les prévenus ont 60 % de chance en plus d'être libérés, là encore sans que l'on puisse mesurer un accroissement du taux de criminalité. À l'université Stanford, Sharad Goel et ses collègues ont analysé plus de 100 000 décisions judiciaires et affirment qu'avec un de leurs algorithmes plus de la moitié des prévenus concernés auraient pu être relâchés sans que cela accroisse d'un iota le nombre de personnes ne se présentant pas à leur procès ! Ils prêchent pour leur paroisse, certes, mais ces chiffres semblent plutôt témoigner d'une grande efficacité des algorithmes au moins dans le cas des décisions à prendre sur le maintien en prison, ou non, avant procès.

Une baguette magique numérique

Avec des résultats pareils, rien d'étonnant si les algorithmes ont des airs de baguettes magiques capables de vider les prisons et par la même occasion les bureaux des juges, croulant sous les dossiers. Car c'est un autre aspect de la justice qui n'est pas négligeable : humains, trop humains, les juges harassés, surchargés, peinent à traiter tous leurs dossiers. Deux chercheurs israéliens ont analysé les résultats de 1 112 audiences de demandes de libération conditionnelle dans les quatre plus importantes prisons d'Israël pendant 10 mois. Ils ont calculé que chacun des 8 juges – pas des perdreaux de l'année, avec 22 années d'ancienneté en moyenne – consacrait en moyenne 6 min à chacun des 14 à 35 cas passant devant lui. Les chercheurs ont alors remarqué que la probabilité d'être, ou non, remis en liberté dépendait fortement de la disponibilité cognitive des juges[1], plus grande en début de journée et après une pause. La fatigue venant, ils avaient tendance à choisir la décision la moins compliquée à prendre, à savoir le maintien en détention. On pourrait multiplier les exemples, du tribunal de grande instance de Bobigny – le plus engorgé de France – à la Cour européenne des droits de l'homme,

1. Outre la fatigue qui peut altérer le jugement, il ne faut pas oublier que l'activité judiciaire implique un grand niveau de connaissances, à tel point que cela peut provoquer des inégalités fortes de traitement. Néanmoins, les cours d'appel sont là pour corriger le tir si nécessaire.

de situations où l'usage d'une IA adéquate réduirait quasi instantanément le travail des magistrats en allégeant la part de leurs nombreuses tâches répétitives, en multipliant les règlements à l'amiable et, plus généralement, en favorisant la transparence du système juridique, la neutralité de la procédure, et même la réduction de la part subjective du jugement. À condition que le conte de fées ne tourne pas au cauchemar. Que l'apprenti sorcier ne soit pas débordé par la multiplication de ses balais ou en l'occurrence par les injustices cachées au cœur de l'architecture de l'algorithme ou des données qu'il mouline. C'est tout le problème des biais.

La chasse aux biais

Qu'est-ce qu'un biais ? C'est une erreur systématique faite à la sélection des données. Durant la Seconde Guerre mondiale, des chercheurs avaient noté les endroits où se concentraient les traces de balles sur le fuselage et les ailes de bombardiers de retour de mission. Naturellement, ils avaient suggéré de renforcer le blindage à ces endroits. Surtout pas, alerta le statisticien Abraham Wald qui expliqua qu'il fallait au contraire renforcer aux endroits sans impacts. Pourquoi ? Parce que l'étude de ses prédécesseurs s'était concentrée, c'est normal, sur les bombardiers revenus de mission, négligeant ceux qui avaient été abattus. Autrement dit, les impacts indiquaient les zones où ces avions pouvaient supporter d'être touchés par la défense antiaérienne…

Autre exemple dans le domaine de la justice : en 1982, un rapport de la RAND Corporation (un think tank conservateur) suggérait d'utiliser une grille distinguant les « criminels de carrière » et « prédateurs violents » des délinquants moins dangereux, pour opérer une neutralisation sélective en allongeant la peine des uns et diminuant celle des autres. La méthode proposée dans le rapport a fait long feu, entre autres, et il s'agissait là d'un biais considérable, car elle ne prenait pas en compte le fait que de 20 à 30 % de ceux qui commettent un acte délictueux ne recommencent jamais, et ce quel que soit leur crime ! Un passé criminel, jamais, n'abolit la possibilité d'un futur vertueux...

La chasse aux biais concernant les algorithmes de justice a pris une ampleur inégalée lorsque des journalistes de *ProPublica* se sont attaqués à l'analyse du logiciel COMPAS utilisé dans l'affaire Loomis. Ils ont observé, à partir des données obtenues dans une juridiction de Floride, que l'algorithme était racialement biaisé, alors même que le critère ethnique n'y apparaît pas : les Afro-Américains, selon leurs calculs, y étaient deux fois plus considérés à « haut risque » de récidive que les Caucasiens. Mais NorthPointe a répliqué que les Blancs et les Noirs avaient bien le même taux de réarrestation et que la différence entre les résultats des uns ou des autres reflétait la différence de leurs définitions de l'équitabilité, la leur, selon eux, étant supérieure à celle de *ProPublica*.

Question de race

Les biais ethniques sont monnaie courante aux États-Unis : on sait par exemple qu'en 2010 les Afro-Américains avaient une probabilité quatre fois supérieure (jusqu'à huit fois dans certains États !) à celle des Caucasiens d'être arrêtés pour possession illégale de marijuana, alors même que les deux groupes, selon les statistiques fédérales, consommaient de la drogue au même rythme ! Mais dans cette histoire la surprise est venue lorsque d'autres chercheurs (dont Sharad Goel et Sam Corbett-Davies) ont analysé la critique de *ProPublica* et la réponse de NorthPointe. Ils sont en effet parvenus à la conclusion qu'il y a forcément compétition entre la volonté de traiter équitablement les prévenus, donc sans critère de race, et celle de traiter équitablement le public, donc de réduire le nombre de crimes, en pondérant l'effet ethnique. Leur conclusion ? Il est mathématiquement impossible de parvenir à une équitabilité totale dans un algorithme : la notion est trop protéiforme pour être codée.

Vous avez dit équitable ?

Il y a 2 500 ans, Aristote avait été le premier à observer qu'être équitable c'est être juste mais un meilleur juste que le juste conforme à la loi. Au motif, écrit-il, « *que la loi énonce une règle générale, et qu'il survient des circonstances qui échappent au général, [...] celui qui sait s'écarter de la stricte justice et de ses pires rigueurs, et qui a tendance à minimiser, quoiqu'il ait la loi de son côté – voilà l'homme équitable* ». En somme, Aristote reconnaît que si la loi juste est par nature générale – tous les hommes ont les mêmes droits et les mêmes devoirs[1] –, il faut aussi de la souplesse et, dans certains cas particuliers, respecter l'esprit plus que la lettre. Être humain en somme... Et à propos d'humains, l'histoire ne s'arrête pas là. Attirée par la controverse, une

1. « *Le juste est ce qui est conforme à la loi et ce qui respecte l'égalité.* » Aristote, *Éthique à Nicomaque.*

informaticienne a eu l'idée de comparer les prévisions annoncées par l'algorithme avec celles de 400 volontaires lambda : après avoir été informés de quelques détails de la vie de prévenus, ces derniers étaient invités à parier sur une récidive, ou non, de détenus dans les deux ans. En moyenne, ils ont deviné juste à 63 %, soit 2 % de moins que le résultat obtenu par COMPAS. Pas mal ! Le problème, conclut la chercheuse, n'est pas que le logiciel n'est pas assez sophistiqué mais qu'il l'est déjà trop, autrement dit qu'il n'y a peut-être rien à améliorer.

Les algorithmes ne sauraient être des hommes et réciproquement. L'absence totale de confusion de leurs territoires est une nécessité. Les raisons sont nombreuses :

1) Les hommes ne sont pas des « risques ». Les calculs des actuaires n'y changeront rien : la prévisibilité ne peut jamais se substituer à la liberté humaine. Avec les meilleures intentions du monde, la frontière entre haut risque de récidive et oubli de la présomption d'innocence reste dangereusement poreuse.
2) Si le droit est général, son exercice est particulier et doit toujours procéder au cas par cas au contraire d'un algorithme.
3) Les juges sont poussés à prendre le même genre de décisions que leurs collègues dans des situations équivalentes : ils risquent de ne pas oser prendre une décision qui va à l'encontre des précédentes. Ce facteur est même susceptible d'être aggravé dans un pays où les juges sont élus et peuvent se voir reprocher une décision qui aurait des conséquences malheureuses. Suivre l'avis de l'algorithme est alors la voie la moins risquée.

4) Les algorithmes fonctionnent à partir de procès passés. Ils ont naturellement une tendance conservatrice, alors que le droit doit pouvoir interpréter le droit et au besoin le faire évoluer. Si cette répétition du passé est relativement adaptée aux pays de *common law*, elle poserait un problème dans les autres pays comme la France où la règle est écrite par le législateur : le risque étant qu'un algorithme ait tendance à survaloriser la jurisprudence.
5) Secret industriel oblige, les algorithmes sont opaques : sur quelles données se fondent-ils ? Comment traitent-ils ces données ? Qui les collecte ?
6) Si certains cabinets puissants sont seuls à avoir les moyens d'y accéder, où est l'équilibre face au juge ?
7) La justice risque d'échapper à l'État pour passer entre les mains de grandes entreprises privées – qui sont aujourd'hui les seuls pourvoyeurs d'algorithmes judiciaires.
8) Une partie de la crainte qu'inspire le système judiciaire vient de son imprédictibilité : le juge sera-t-il sévère ? Les circonstances atténuantes seront-elles prises en compte ? Des algorithmes pouvant être développés par tous, ils pourront aussi servir aux mafias diverses à anticiper les risques encourus par leurs fourmis et autres petits serviteurs, et à donc optimiser leurs trafics.

Mais au bout du compte, toutes ces raisons se résument à une seule : l'irruption des algorithmes dans la justice en général est une révolution politique, elle change notre manière de vivre ensemble. Mais c'est aussi une révolution existentielle, et en particulier dans la justice pénale : un procès, écrit le juriste, philosophe et magistrat Antoine Garapon, est un rituel qui « *permet d'intégrer l'horreur, de sublimer la violence et de dépasser les conflits. Il reconstruit la socialité nécessaire à l'élaboration de sens. Le numérique, à l'inverse, déconstruit*[1]*...* »

D'un côté la justice devient plus rapide, moins chère, plus accessible et moins aléatoire, et c'est tant mieux. De l'autre, elle s'opacifie et modifie notre manière d'élaborer le droit, et c'est dangereux. D'où la salutaire proposition de la Commission française pour les droits numériques de « créer une plateforme nationale d'audit des algorithmes », salutaire et compliquée à mettre en œuvre. La fonction du juge a évolué, en son temps, avec la codification qui a notamment réduit l'arbitraire et amélioré l'égalité. Elle peut et va s'améliorer aujourd'hui avec l'aide de nouveaux outils qui lui donnent une meilleure maîtrise de la codification et des interprétations. Mais le juge ne disparaîtra pas.

Vers 1837, en plein boum des statistiques sociales, le mathématicien Siméon Denis Poisson publiait un traité intitulé *Recherches sur la probabilité des jugements en matière criminelle et en matière civile*. Poisson, après Condorcet et Laplace, voulait appliquer le calcul des probabilités à l'évaluation des procédures judiciaires, il cherchait à minimiser les erreurs judiciaires. Le mathématicien Louis Poinsot avait violemment critiqué son collègue : « *C'est une illusion dangereuse que de vouloir gérer mathématiquement les passions humaines.* » Pour nous autres, hommes du XXIe siècle, le danger, le vrai, serait de ne vouloir les gérer *que* mathématiquement.

1. Laurence Neuer, « Méfions-nous d'abandonner trop vite le rituel judiciaire ! », Le Point.fr, 13 juillet 2018.

« *La sagesse de jugement*, écrit le philosophe Paul Ricœur, *consiste à élaborer des compromis fragiles où il s'agit de trancher moins entre le bien et le mal, entre le blanc et le noir, qu'entre le gris et le gris, ou, cas hautement tragique, entre le mal et le pire*[1]. » Juger, c'est accepter cette imperfection. Être humain en somme.

1. Paul Ricœur, intervention au colloque « La conscience et la loi ».

14

Une question de confiance

`Nous vivons une crise de confiance face aux nouvelles technologies ? Tant mieux, c'est la chance de réfléchir à ce que nous voulons faire de ces interfaces cerveau-machine, de ces blockchains, de ces IA et de toutes ces fabuleuses technologies qui bouleversent notre rapport à l'information, à l'État-nation et au bout du compte à nous-mêmes. La chance, en somme, de réfléchir aux conditions de notre confiance.`

« Il ne suffit pas que tout le monde connaisse X. Nous avons aussi besoin que tout le monde sache que tout le monde connaît X, et que tout le monde sait que tout le monde sait que tout le monde connaît X qui, comme dans le problème des généraux byzantins, est la difficulté classique du traitement des données distribuées. »

James A. Donald,
institut Satoshi-Nakamoto

Le monde de la *tech* est en crise, ce n'est pas une surprise. Une crise qui n'a cessé de s'amplifier depuis le scandale de Cambridge Analytica et la révélation de l'influence de cette société d'analyse des données sur les votes en faveur du Brexit et de l'élection de Donald Trump. À cela se sont ajoutés les récits venus de Chine sur le Big Brother du Crédit Social et ceux concernant les manipulations de hackers russes durant les élections européennes, les avertissements concernant des enceintes connectées indiscrètes et les multiples affaires de données personnelles revendues à des sociétés peu scrupuleuses. Ajoutons pêle-mêle les questions de l'anonymat en ligne, des *fake news* et des failles de la cybersécurité. Toutes choses qui ont en commun d'éroder la confiance dans les nouvelles technologies. Un sentiment d'inquiétude est venu teinter l'émerveillement, d'ailleurs de plus en plus relatif, inspiré par leurs promesses.

Avis de tempête numérique

La météo de l'opinion s'est déplacée, lentement mais sûrement, du grand beau temps à la grisaille, voire, dans certains cas, à l'avis de tempête. Pour le dire autrement, dans cet interrègne où les nouvelles technologies redessinent la société humaine, la méfiance à leur égard n'a cessé de croître.

Au mois d'avril 2019, 70 % de ceux qui ont parlé d'IA sur Twitter l'ont fait pour exprimer une inquiétude à l'idée des décisions que pourrait prendre une IA autonome. 55 % des tweets portaient sur le *deepfake*, cette technique de synthèse d'images qui permet de falsifier une vidéo de façon très crédible en prêtant à une personnalité des propos qu'elle n'a pas tenus. Et 50 % s'inquiétaient d'un possible déferlement de mensonges sur les réseaux sociaux.

Ont-ils tort de s'inquiéter ? Certes non, mais le proverbial verre à moitié vide est également à moitié plein : d'où viennent les statistiques précédentes ? D'un institut de sondage ? Non, d'une IA, baptisée Cerebra, qui scrute les réseaux sociaux et discerne dans nos conversations publiques les tendances et les humeurs. En somme, Cerebra est une technologie réflexive qui montre, s'il était besoin, que la *tech* ne fait pas seulement partie du problème, mais aussi de la solution.

Les conditions de la confiance

Nous vivons une crise de confiance face aux nouvelles technologies, disais-je ? Tant mieux, prenons-la comme une chance. La chance de réfléchir à ce que nous voulons faire de ces robots, de ces interfaces cerveau-machine, de ces IA et de toutes ces nouveautés qui bouleversent notre rapport à l'information, à l'État-nation et au bout du compte à nous-mêmes. La chance, en somme, de réfléchir aux conditions de notre confiance. D'autant que, paradoxalement, nous ne cessons pas de faire confiance quand nous louons sur Internet un appartement pour des vacances à l'autre bout de la planète, quand nous faisons du covoiturage en passant par une plateforme dédiée, quand nous visionnons sur YouTube les conseils bénévoles de tel ou tel bricoleur bienveillant, quand nous lisons en ligne les critiques d'un livre ou les avis sur un autocuiseur, et par-dessus tout quand nous nous fions à la réputation de tel ou tel. Le fait est qu'une extrême défiance côtoie une solide dose de confiance digitale : nous cheminons en permanence sur une ligne de crête entre le ciel et l'abîme qui est le quotidien de nos actions numériques ; nous ne cessons jamais d'adapter notre indice de confiance en fonction d'une hiérarchisation des informations que nous recevons. Et nous procédons le plus simplement du monde.

Faire confiance à quelqu'un relève d'un double pari, l'un cognitif, l'autre intuitif. Le premier tient à ce que je sais d'un individu qui me fait raisonnablement penser qu'il est dans son intérêt d'honorer ma confiance. Je grimpe dans un avion parce que je suppose que le pilote est convenablement entraîné et qu'il est dans son intérêt et celui de sa compagnie aérienne de me faire arriver à bon port !

Le second est plus irrationnel mais pas moins important. C'est ce qui fait, écrit le sociologue Georg Simmel qu'« *on "croit" en une personne, sans que cette foi soit justifiée par les preuves que cette personne en est digne, et même, bien souvent, malgré la preuve du contraire*[1] »... La confiance résulte de cet attelage fragile et mystérieux. Et, à en croire mon expérience de prêtre, qui voit défiler une part significative de l'humanité, racontant sa grande et petite histoire, le cheval qui guide l'attelage n'est pas celui que l'on croit. On aimerait que ce soit la raison, mais c'est le cœur qui prime : la confiance, au sens étymologique de *fides*, la « foi », avec ce que cela suppose de saut dans le vide, sans parachute. Ainsi, la confiance ne peut ni s'exiger ni se décréter.

1. Georg Simmel, *Sociologie : étude sur les formes de la socialisation*, Presses universitaires de France, 1999.

Refus d'embarquer

Mais alors, qu'en est-il de la confiance en la technologie ? Est-elle de même nature que celle qu'on choisit d'accorder à son voisin de palier ? Oui et non.

Oui, parce que les machines sont produites par des hommes auxquels on peut décider, ou pas, de faire crédit. M. Smith refusera d'embarquer dans un tel type d'avion parce qu'il n'a plus confiance dans la chaîne d'individus responsables des processus d'évaluation de cet avion, comme cela s'est produit au moment des crashs du Boeing 737 Max.

Non, parce que la dilution des responsabilités rend encore plus complexe la question de leur attribution en cas d'accident – pensez aux casse-tête posés par les voitures autonomes.

Non, également, parce que les nouvelles technologies, plus particulièrement celles qui relèvent de l'ingénierie génétique et de l'IA, touchent à une zone grise où l'humain pourrait un jour ne plus être seul décisionnaire.

Non, enfin et surtout, parce que les nouvelles technologies sont, au fond, des boîtes noires, opaques pour la plupart d'entre nous. Côté technique, ce n'est pas grave : un conducteur de la Middleton Steam Railway, en 1860, lançait sa locomotive à vive allure sans connaître les principes de la thermodynamique, tout comme l'acheteur d'une tablette, aujourd'hui, n'est pas censé être un expert en semiconducteurs ou en langage machine. Mais côté éthique, c'est une autre paire de manches : nous avons le devoir de chercher à anticiper les conséquences morales de ce qui se passe dans les boîtes noires de l'IA.

Blockchain et solidarité

L'un des bons exemples de dilemme éthique est apporté par la blockchain, une technologie au nom barbare, née après la crise financière de 2008. L'un de ses premiers usages fut de servir de support aux cryptomonnaies comme le bitcoin ou l'ether, popularisées par les médias depuis lors. L'idée était de disposer d'un plan B en cas d'effondrement partiel ou total du système bancaire. En effet, la caractéristique principale de ces « monnaies » est qu'elles se passent d'intermédiaires comme les établissements bancaires ou les courtiers. La désintermédiation est même la marque de fabrique de la blockchain, avec la fiabilité.

Sur ce dernier point, tout part de la question suivante : comment s'assurer de la confidentialité des données et de leur acheminement vers le bon destinataire, sans que le message soit biaisé volontairement ou non ? Lorsque des ordinateurs sont organisés en réseau, deux types de défauts peuvent surgir : le défaut pour des raisons purement matérielles (*crash fail*) ou celui résultant de la communication d'informations incorrectes aux différents ordinateurs. Ce dernier cas est connu sous le nom de défaut byzantin (*Byzantine failure*). Les solutions imaginées ces vingt dernières années pour résoudre le problème du défaut byzantin sont largement reprises de nos jours pour développer des protocoles de consensus répondant aux attentes des applications de la blockchain.

Le nom provient d'un apologue[1] imaginé par trois informaticiens : une ville est encerclée par différents corps d'armée dirigés par des généraux byzantins. La victoire passe par une attaque coordonnée et toute la question est de savoir comment être sûr de l'information, si quelques-uns dans le groupe – ah, les fameuses querelles byzantines ! – ont secrètement envie que l'assaut soit un échec.

Les généraux byzantins craquent le code

L'institut Satoshi-Nakamoto – l'équivalent pour le bitcoin du pseudonyme Bourbaki en mathématiques – en a publié[2] une version plus contemporaine et plus drôle qui pourrait se résumer ainsi : les généraux byzantins sont chacun équipés d'un PC. Ils veulent pirater le wifi du roi en forçant le mot de passe, mais pour ce faire ils doivent tous l'attaquer en même temps, histoire d'avoir assez de puissance de calcul et de réussir avant d'être découverts. Comment peuvent-ils s'assurer d'être synchrones, sans qu'un contrordre, volontaire ou non, vienne faire échouer leur plan ? La réponse est simple : en partageant une sorte de registre à la fois accessible à tous mais crypté, dans lequel seront notés les ordres horodatés. Chaque bloc d'information sera ainsi attaché au précédent comme le sont les maillons d'une chaîne ; d'où le nom de blockchain.

Ainsi, les algorithmes des généraux byzantins (*Byzantine fault tolerance algorithms* – BFT) sont prisés parce qu'ils

1. Proposé par Leslie Lamport, Robert Shostak et Marshall Pease en 1982.
2. https://satoshi.nakamotoinstitute.org/emails/cryptography/11/#selection-51.401-51.405

garantissent le maintien de la sécurité d'un réseau lorsqu'un certain nombre de nœuds sont défaillants. Grâce à eux, les transactions dans une chaîne de blocs peuvent être réalisées de pair à pair chacun étant à la fois le client et le serveur de l'autre. Mais la blockchain permet de stocker et de partager bien autre chose que les ordres de nos généraux : des échanges monétaires, d'où son utilisation pour les bitcoins, mais aussi tout autre type de transactions, enregistrées dans ce que l'on appelle des *smart contracts*. Il est ainsi possible, pour un pays où la propriété foncière est parfois incertaine, de constituer un registre cadastral infalsifiable, de même que des entreprises peuvent s'échanger informations et services de façon sûre et confidentielle. La blockchain conduit vers un monde où les contrats seraient encodés et stockés dans des bases de données transparentes et à l'abri de toute destruction ou falsification. Dans ce monde, chaque accord et chaque paiement serait enregistré et pourvu d'une signature numérique à toute épreuve. Si cette technologie semble très prometteuse, tout n'est cependant pas rose : en effet, plus on forge de maillons, plus la chaîne est lourde à tirer : le coût marginal de chaque opération encodée est donc un peu plus élevé. L'impact environnemental peut devenir colossal, en raison de la consommation d'énergie importante liée au traitement des transactions, qui ne fera que s'accroître à mesure que la chaîne s'allongera.

Pourtant, les vraies questions suscitées par les premiers usages de la blockchain, c'est-à-dire par les cryptomonnaies, sont plus directement liées à notre sujet du moment : la confiance. En effet, le cryptage des transactions permet l'anonymat, autre clef de voûte du système, qui fait que les cryptomonnaies sont particulièrement prisées pour des transactions pas très légales. En outre, si la possibilité d'éviter toute falsification semble très positive, ce que dit en creux la proposition des *smart contracts*, c'est qu'il n'est plus nécessaire de se faire confiance entre humains. Le vieil avertissement de Plaute « *L'homme est un loup pour l'homme* » n'a pas de raison d'être ici. Et l'absence de confiance entre utilisateurs et surtout envers ces intermédiaires, que la technologie se propose de court-circuiter, ne veut pas dire qu'il ne faut pas avoir foi dans… la blockchain elle-même, qui rend toute infraction impossible mais requiert l'adhésion de chacun. Si cette technologie continue à être utilisée ainsi, les *smart contracts* pourraient finir par avoir la peau du contrat social. Et, de fait, il n'est pas anodin que la blockchain ait été utilisée en premier lieu pour développer les bitcoins, alors que le droit de battre monnaie est, par nature, un privilège régalien. La monnaie est un « *fait social total* », comme dit Marcel Mauss[1], en ce sens qu'elle irrigue toute notre économie et traverse notre société, et les cryptomonnaies pourraient bien signer la fin du monopole de l'État-nation sur le corps social.

Certes, la blockchain ne se résume pas au bitcoin et d'autres usages sont possibles, notamment dans le domaine du KYC, le *know your customer* (littéralement, « connaissez votre client ») : une telle technologie peut ainsi être utilisée pour permettre à ces partenaires de partager seulement l'information nécessaire : comme un vendeur d'alcool n'a pas besoin de connaître l'ensemble des éléments figurant sur votre carte d'identité, mais seulement de savoir si vous êtes majeur, un fabricant de véhicules connectés pourrait partager uniquement les données indispensables avec le fabricant

1. Marcel Mauss, *Essai sur le don : forme et raison de l'échange dans les sociétés archaïques*, Presses universitaires de France, 2007.

de pneus, le loueur d'automobiles, la compagnie d'assurances et le conducteur… et ainsi offrir les conditions d'une plus grande confiance entre eux. Ce n'est pas une surprise : toute invention est à la fois remède ou poison, cela dépend du dosage et de la recette du cocktail.

Ce qui nourrit les populismes

Le sentiment le plus dangereux du monde, celui qui nourrit les populismes, est le sentiment d'impuissance. Et il est d'abord lié au sentiment d'ignorance. Simmel, encore, note que *« celui qui sait tout n'a pas besoin de faire confiance, celui qui ne sait rien ne peut raisonnablement même pas faire confiance »*. Ne rien savoir, ou pas grand-chose, n'est-ce pas notre cas à tous face à l'immensité de ce qui se passe avec la technologie ? C'est précisément l'un des enjeux de ce livre que de chercher à combler ce fossé du savoir : veiller, détecter, analyser, au plus tôt de leur émergence, des technologies potentiellement révolutionnaires, voilà comment nous serons capables d'anticiper les conditions éthiques qui doivent nécessairement les encadrer. Voilà comment nous pourrons pratiquer le beau concept de l'*éthique by design*, comme il y a du *privacy by design* dans la législation européenne sur la protection des données personnelles : faire en sorte que l'impact sur la société soit pris en compte dès la première esquisse d'un projet technologique. Nous ne parviendrons que très partiellement, au mieux, à prévoir les usages et les façons procédant d'une invention ou une autre. Mais si les entreprises, les ingénieurs et, au bout du compte, les hommes et femmes de bonne volonté sont éveillés à ces questions éthiques sur de possibles abus, mauvais usages, détournements, etc., alors, et alors seulement, il deviendra possible d'anticiper les catastrophes, de reconstruire la confiance dans les nouvelles technologies et de bâtir une société meilleure avant qu'elle ne devienne la société du pire. « *Après nous le déluge* », le célèbre mot de Mme de Pompadour, a été le *motto* d'une génération après l'autre, depuis l'apparition de la société de consommation. Notre révolution, à nous, sera de rétablir la confiance dans l'avenir. En évitant le déluge.

15

Algocrate toi-même

L'État postmoderne a du plomb dans l'aile. Pour le dire autrement, les démocraties depuis la chute du mur et la mondialisation sont des colosses aux pieds d'argile trempant dans un océan de données qui ne leur appartiennent pas. Et il faut ajouter à cela des plateformes numériques qui « rationalisent » les rapports sociaux et se soucient moins des intérêts nationaux.

« Nul homme n'est une île. »

John Donne, *Méditation XVII*

L'État postmoderne – *grosso modo* les démocraties depuis la chute du mur et la mondialisation – est un colosse aux pieds d'argile. Il se croyait encore charbonnier, maître en son domaine, le voilà confronté ici aux injonctions impertinentes d'une ONG, là au reproche d'une entité supranationale ou encore aux sollicitations d'une multinationale. À cela, il convient d'ajouter maintenant des algorithmes qui croisent dans les eaux profondes du big data comme de grands squales pour découvrir qui fraude le fisc ou quelle est la meilleure façon de rendre la justice, qui surveille l'espace public par caméras interposées ou qui calcule comment minimiser l'empreinte carbone d'une mégapole. On les retrouve dans les ministères, avec plus ou moins de bonheur et plus ou moins d'autonomie, appliqués à toutes les questions complexes, du droit des étrangers aux retraites en passant par le surendettement. Quels en sont les effets ?

Disons en préambule que l'État contemporain exerce son pouvoir par l'intermédiaire d'institutions dont le pouvoir s'affaiblit. Il est le siège d'une désinstitutionnalisation, en particulier dans les domaines du médico-social ou de l'éducation, avec réduction de ses pouvoirs régaliens et transfert de compétences au profit de plateformes numériques. Le sacro-saint intérêt général sur lequel l'État a fondé sa légitimité perd en conséquence de sa vigueur : on ne demande plus à l'Administration d'agir dans le sens du bien commun mais de faire la preuve de son efficacité, grâce à un management public calqué sur celui de l'entreprise privée. La gouvernance prend alors le pas sur le gouvernement. À côté de cela, l'État moderne, c'est naturel, a la volonté de réaffirmer sa puissance là où il peut encore, en particulier dans le domaine sécuritaire – et, pour le reste, de s'orienter vers une gouvernance ouverte inspirée des succès des plateformes numériques administrées par des algorithmes…

J'ai souligné dans le chapitre consacré à la crise de foi dans les nombres que la raison statistique représentait la raison d'État, dominant un espace social en même temps qu'il le mesure et le fait apparaître comme une réalité. La raison algorithmique fait la même chose mais plus rapidement et plus puissamment en permettant une automatisation des décisions orientée par une analyse prédictive des données publiques.

Boîte noire

Surtout, les opportunités d'agrégation et d'analyse de quantités massives de données ne prétendent plus établir des représentations et des modèles de la réalité, mais promettent de saisir la réalité sociale telle qu'elle est, dans son ensemble, dans une objectivation (supposée) absolue du réel. Cette gouvernance par les nombres peut évidemment conduire – en fonction de la complexification des outils de représentations – à substituer, selon la fameuse expression, la carte au territoire, et, en voulant aller au plus près du réel, à plonger dans une fantasmagorie dangereuse. Cathy O'Neil, déjà citée, a souligné que le principal problème de l'usage des algorithmes n'est pas dans leurs évidentes limites mais dans *l'effet de vérité*[1] qu'ils produisent sur ceux qui les utilisent au nom de la toute-puissance et du mystère des mathématiques. Les scribes égyptiens devaient apparaître aussi puissants avec leurs hiéroglyphes que les *data scientists* aujourd'hui avec leurs algorithmes. Sauf que les scribes pouvaient se lire les uns les autres… Reste, souligne O'Neil, qu'il y a une croyance dans l'efficacité et l'objectivité des données qui nécessite une mise au point : elle rappelle *primo* qu'une donnée n'est justement jamais « donnée » et que la simple observation d'un phénomène social (délinquance, chômage, menace sécuritaire, etc.) est le résultat, pour le moins, d'une nomenclature et de l'action d'un capteur

1. Cathy O'Neil, *op. cit.*

dans et sur un environnement : pour mesurer le taux de délinquance, il faut, avant tout, s'entendre sur la liste des actes délictueux. *Secundo*, elle rappelle que l'action d'un algorithme n'en résulte pas moins d'une décision humaine (identifier des ennemis, empêcher la récidive, etc.). Pour O'Neil : « *Le* data scientist *n'est ni plus ni moins qu'un traducteur, qui traduit des décisions et les implémente dans un code. [...] il ne faut surtout pas oublier cela : les mathématiques n'éclipsent pas le contexte culturel dans lequel le code est rédigé.* » D'où la nécessité d'être à l'affût des biais possibles et de se souvenir que les algorithmes sont des aides à la décision, pas des décisionnaires. Sans quoi, ils conduisent à une délégation de pouvoir à des programmes informatiques plus ou moins performants, autrement dit à l'algocratie, comme l'a nommée le sociologue indien Aneesh Aneesh : « *En l'absence d'un meilleur mot, j'ai inventé le terme d'algocratie pour identifier les règles du code (ou d'un algorithme) comme un modèle organisationnel capable de remplacer les règles d'un bureau (la bureaucratie d'une entreprise ou d'un système économique)* [1]. » L'État, qui avait déjà perdu de son autorité symbolique, risque d'en perdre encore plus avec l'usage d'algorithmes présentés comme l'aboutissement du processus de rationalisation du réel. Même si le concept d'*open government* souhaite réenchanter le politique par une participation de la « multitude » à la construction de la cité, sa capacité à générer de l'autorité reste à tout le moins hypothétique.

1. https://medium.com/@NicBoldrini/algocracy-and-surveillance-capitalism-we-live-in-a-world-governed-by-algorithms-abd1f158186a

Gouverner par la prédiction

L'idéal grec d'une cité gouvernée par les lois et non par les hommes a pris, grâce au développement technologique, la forme d'un gouvernement conçu sur le modèle de la machine. Cet imaginaire politique d'un monde rendu transparent à lui-même par des techniques toujours plus rationalisantes promet à chacun de s'arrimer comme un sujet souverain, émancipé du pouvoir des hommes et de la nature. Avec la révolution numérique, l'imaginaire de la gouvernance par les nombres est celui d'une société où le programme remplacerait la loi, réduite à la mise en œuvre d'un calcul d'utilité : *code is law* (le code, c'est la loi), dit le nouveau principe numérique. Le paradigme du Marché entre en compétition avec celui de la Loi et entraîne « un double mouvement de privatisation de la chose publique et de publicisation de la chose privée ». Contrairement au Droit dans lequel l'observation des faits laisse la part à l'interprétation, la gouvernance par les nombres s'inscrit dans cette longue action historique de l'harmonie par le calcul concevant la normativité en termes de programmation et non plus en termes de législation.

Avec un bon algorithme, c'est en tout cas la promesse, il sera possible d'optimiser automatiquement l'allocation des moyens publics.

Au sein des services publics comme des entreprises privées et chez les autoentrepreneurs et autres micro-acteurs du social, un principe de responsabilité rend progressivement chacun comptable – et non plus seulement responsable – de ses comportements. À la gestion humaine dans les entreprises se substitue une gestion indirecte et englobante fondée sur la conduite des conduites, *via* l'intériorisation des contraintes par le sujet devenu « entrepreneur de lui-même ». Par exemple, la rétroaction des indicateurs (*ranking*) et leur publication atteignent l'individu dans tous les moments de sa vie : profession, relations sociales, santé, consommation, *quantified self*, etc. Partout, l'algorithme nous scrute et nous indique notre performance.

Or, parmi les effets connus en matière de prédiction algorithmique et de cybernétique, il y a ce qu'on appelle, dans le jargon, une boucle de rétroaction (*feedback loop*) qui fait que l'usage des algorithmes dans la prise de décision conduit à un résultat plus prescriptif que prédictif. La fabrication des données, leurs éventuels défauts et leur méthode de quantification et de corrélation peuvent biaiser, et donc induire un résultat plus que le prédire. En matière de religion, on appellerait cela une prophétie autoréalisatrice. C'est typiquement le cas des discriminations induites par des algorithmes déterminant la solvabilité des emprunteurs en fonction de leur code postal : les taux d'intérêt plus forts, liés à la solvabilité moyenne informée par le code postal, selon que vous habiterez dans un quartier sinistré ou dans une banlieue chic, conduisent à des défauts de paiements plus importants qui engendrent eux-mêmes un renforcement du poids négatif du code postal pour l'algorithme. C'était déjà, on l'a vu, le biais de certaines décisions de justice. Dans ce cas, plus on habite dans un endroit modeste, plus on est censé présenter un risque fort, plus on paie cher et donc plus on a de mal à rembourser : c'est ce que l'on appelle le coût de la pauvreté.

La « plateformisation » de l'État

Si par de nombreux aspects la colonisation des fonctions régaliennes de l'État par les algorithmes semble participer d'un aboutissement du processus de bureaucratisation, de nouvelles représentations de l'État voient au contraire le jour en appelant de leurs vœux une puissance publique qui prendrait la forme d'une vaste plateforme chargée de coordonner les intérêts particuliers. La *success-story* de la plateforme numérique, incarnée par les géants de la Silicon Valley, deviendrait, par analogie, un nouveau modèle d'efficacité à imiter et une source d'inspiration pour les pouvoirs publics.

De fait, si l'on considère l'action publique comme une mise en œuvre d'un calcul d'utilité individuelle, cette perspective est séduisante en ce qu'elle s'oppose aux travers d'une Administration centralisée naturellement rigide, verticale, opaque et distante. Seulement, voilà : si l'on considère l'État comme un simple fournisseur de services aux citoyens, il faut se rappeler que, par définition, un fournisseur, ça se change : si je ne suis plus satisfait du travail de la police, puis-je avoir recours à une officine de protection privée ? De même pour la justice, la défense, etc. Le trait paraît peut-être gros, mais il s'agit là d'une tendance bien réelle, issue de l'approche libertarienne nord-américaine, et qui prend pied sur le Vieux Continent. Ainsi, certains pays comme l'Estonie offrent déjà des services en ligne à destination de citoyens étrangers qui acquerraient un statut de résident, sans forcément mettre les pieds dans le pays. De telles pratiques ouvrent la voie à l'apparition de *customer citizens*, des « citoyens-clients » qui veulent en avoir pour leur argent et entendent bien peser pour que leur impôt soit utilisé dans leur intérêt direct.

Les détracteurs de cette « débureaucratisation » brandissent ainsi le risque d'une « ubérisation » de l'État par des acteurs privés jusque dans ses fonctions régaliennes. Ou, pour le dire autrement, du glissement de la loi vers la programmation et de la réglementation vers la régulation. En voulant, avec ces bonnes intentions dont l'enfer est pavé, individualiser le traitement administratif et en visant la liquidité du capital humain, c'est bien la notion de solidarité qui devient obsolète. De fait, si, comme l'affirmait un politicien américain, le XIXe siècle était celui des empires, le XXe celui des États et le XXIe celui des villes, la notion même d'État-nation a du plomb dans l'aile. En laissant ce glissement s'opérer, on en arrive à la déclaration du romancier Michel Houellebecq : « *Jamais je ne me suis senti de devoir, ni d'obligation, par rapport à la France, et le choix d'un pays de résidence a pour moi à peu près autant de résonance émotive que le choix d'un hôtel*[1]. »

Le fait est que le contexte de lutte mondiale contre le terrorisme a été l'occasion d'exiger, de la part des opinions publiques et des pouvoirs civils, de plus en plus de résultats des forces de l'ordre. D'où un encouragement à l'usage et à l'expérimentation toujours plus soutenue d'outils capables de collecter, traiter et alerter sur des comportements potentiellement dangereux. Les enquêteurs auraient plutôt tendance à être remplacés ou disons, pudiquement, épaulés par des outils algorithmiques intrusifs.

1. Michel Houellebecq et Bernard-Henri Lévy, *Ennemis publics*, Flammarion-Grasset, 2008.

Dans le domaine du maintien de l'ordre social, qui peut le plus (prédire des crimes) peut le moins (réprimer des infractions) et le pli des pouvoirs exécutifs en ces domaines peut être rapidement extensif, notamment dans des périodes d'exception – comme un état d'urgence – où le rôle des magistrats est largement marginalisé par une gestion administrative de la fonction policière de l'État régalien. Les thématiques sécuritaires et leur gestion algorithmique illustrent parfaitement le phénomène des boucles de rétroaction : plus les méthodes de prédiction et de prévision échouent plus les structures bureaucratiques réclament de pouvoir en vue de meilleurs résultats.

La capacité de prédiction des crimes et délits est aussi un marché colossal. Parallèlement, ingénieurs, sociologues et politologues se saisissent de ces instruments et soulignent qu'ils engendrent souvent eux-mêmes ce qu'ils cherchent à débusquer ou, bien souvent, apprennent peu de choses aux hommes de terrain. En définitive, la multiplication des capteurs d'informations (vidéos surveillance, reconnaissance faciale, boîtes noires chez les fournisseurs d'accès à la téléphonie mobile ou à Internet, etc.) et les données massives ainsi collectées font peser sur les individus, au motif de la lutte antiterroriste, le risque réel d'une véritable « société de contrôle » et d'autocontrôle sans un réel traitement politique de la cause de cette criminalité.

Le sociologue Max Weber voyait l'accroissement des technologies bureaucratiques comme une « cage de fer » ; la cage s'est perfectionnée depuis, comme le montre le traitement des Ouïgours en Chine. Sous nos latitudes, la perspective est radicalement différente ; c'est l'un des bienfaits de nos démocraties que de faire émerger des controverses qui sont discutées dans l'espace public. Néanmoins, le risque d'érosion de la responsabilité publique et de la confiance collective dans les institutions étatiques est réel.

L'algocratie peut-elle se substituer à la démocratie ? Voilà la question qui se pose devant cette érosion, dont on peut mesurer la réalité comme on mesure celle d'une falaise au gré de la montée des eaux. Défense, police et justice – toutes fonctions éminemment régaliennes – sont désormais dans la ligne de mire de ce glissement progressif vers la numérisation de la gouvernance, avec pour corollaires possibles la déresponsabilisation, la dépolitisation et la délégitimisation. Sans être excessivement alarmiste, il s'agit ni plus ni moins de l'avenir de la régulation de la violence sociale et de la paix civile qui sont en jeu dans cette évolution.

Heureusement, le rapport entre les hommes et les technologies qu'ils inventent est systématiquement surprenant, et pas toujours pour le pire : en tout cas, rien ne se passe jamais comme prévu. Les limites des algorithmes sont aujourd'hui évidentes et on connaît maintenant quelques-unes des dérives possibles. On sait par exemple ce que des sociétés comme Uber ou Amazon ont pu apporter en termes d'espoir d'emploi pour des gens qui n'en avaient pas ; avec en même temps, derrière cette séduisante flexibilité, les incertitudes sociales déplacées vers la personne, les marges faibles, les accidents du travail couverts au minimum et la pression exercée par les superviseurs. On sait aussi à quel point l'isolement qui en résulte contribue à l'idée qu'on ne fait plus partie d'une société solidaire. Et on touche là à la question de fond. Il y a trente ans, chacun pouvait sentir qu'en étant infirmière de nuit dans un hôpital, aide-soignant dans une maison de retraite, pompier, médecin, gardien de la paix ou soldat il participait de sa société. Mais aujourd'hui ? Il y a cinq étages dans la pyramide des besoins établie par le psychologue Abraham Maslow en 1940. Dans une société d'abondance comme la nôtre, les trois premiers correspondent à des besoins satisfaits, mais que dire des deux derniers étages, ceux du besoin d'estime et du besoin d'accomplissement de soi ? Le revenu minimum d'insertion et même l'éventuel revenu universel permettant à chacun de participer un peu de la société ne changeront rien au sentiment de vacuité : ce n'est pas la nature qui a horreur du vide, c'est l'homme.

16

Un chatbot doit-il prêter le serment d'Hippocrate ?

Des biais, affectifs ou cognitifs, conscients ou inconscients, ont toujours existé en santé et sont régulièrement mis en évidence dans l'exercice de la médecine, l'IA contribue à en changer en partie la nature, l'échelle et la vitesse de diffusion. La nature de ces biais est modifiée car s'ils étaient et restent principalement humains, ils intègrent désormais une part technologique. La révolution algorithmique de la santé est en marche. Pour un monde meilleur à condition d'être conscient des embûches.

« La médecine est un art au carrefour de plusieurs sciences. »

Georges Canguilhem,
Le Normal et le Pathologique, 1966

S'il y a bien un domaine que l'usage du big data est en passe de métamorphoser de fond en comble, c'est celui de la médecine, non seulement dans ses effets sur la santé individuelle et la santé publique, mais également dans la manière de pratiquer la médecine et les sciences médicales en général :

monitorage intelligent permanent de nos données de santé au quotidien, lecture par des IA des images médicales (radiologie, anatomopathologie, cardiologie, etc.), fabrication d'implants par impression 3D, développement des implants bioniques mêlant vivant et électronique, réalisation d'actes chirurgicaux à distance, développement de la réalité virtuelle ou augmentée pour la chirurgie ou l'enseignement de la médecine, etc. Autant de technologies qui sont en train de révolutionner le monde de la santé aussi sûrement que l'hygiène des mains imposée par le médecin hongrois Ignace Philippe Semmelweiss dans les maternités autrichiennes. Sans oublier, face au désastre démographique qui s'annonce dans les pays industrialisés (35,3 % des Japonais auront plus de 65 ans en 2040[1] !), les immenses possibilités offertes par les robots aides-soignants, les robots assistants ou encore les robots de compagnie. Ces robots sont attendus pour être autant d'aides afin de faire face à la pénurie globale annoncée de soignants, mais également pour améliorer la prise en charge des personnes atteintes de maladies neurodégénératives telles que la démence sénile ou la maladie de Parkinson.

Du diagnostic au pronostic

L'adjonction de l'IA au big data devrait conduire à créer une santé augmentée, avec un parcours de soins global, « sur mesure », adapté aux comportements et aux habitudes de vie du patient. Voilà pour l'objectif. Qu'en est-il du chemin pour y parvenir ? Disons qu'il est semé d'embûches, juridiques, éthiques et scientifiques. Il nécessitera de repenser nos

1. https://www.japantimes.co.jp/news/2019/09/15/national/elderly-citizens-accounted-record-28-4-japans-population-2018-data-show/

systèmes de santé aujourd'hui essentiellement centrés sur une médecine des diagnostics pour les réorienter vers une médecine majoritairement prédictive et préventive. Les premiers, plutôt inspirés par la médecine occidentale, furent construits sur les antécédents du patient, sur l'analyse de ses symptômes et sur ce que le praticien peut ressentir de ses émotions, et dépendent au premier chef de la capacité d'observation, d'interprétation et de mémorisation du médecin. Les seconds seront construits sur une médecine de la prévention de la maladie en devenir telle que la médecine orientale la pratique depuis plus de deux millénaires. Le trait d'union entre ces deux visions de la médecine, dont la complémentarité s'impose aujourd'hui à nos sociétés, sera très probablement technologique et se fondera sur des outils tels que l'IA.

C'est ce qui fait de la médecine un art autant qu'une science. Le philosophe de la médecine Georges Canguilhem écrit que « *la médecine existe comme art de la vie parce que le vivant humain qualifie lui-même comme pathologiques, donc comme devant être évités ou corrigés, certains états ou comportements appréhendés, relativement à la polarité dynamique de la vie, sous forme de valeur négative*[1] ».

Cet art est-il soluble dans l'IA ?

Qu'en est-il lorsque les diagnostics sont remplacés par des pronostics établis par comparaison avec une énorme quantité de cas ? On peut affirmer en premier lieu que la donne médicale est changée puisque la médecine prédictive

1. Georges Canguilhem, *Le Normal et le Pathologique*, Presses universitaires de France, 1966, p. 77.

se fonde sur un traitement de données toujours plus abondantes et décrivant le patient dans des dimensions toujours plus nombreuses, qu'elles soient médicales, socio-économiques ou comportementales permettant de reconstruire une partie de la vie privée de chacun : évaluation de l'activité physique de chacun, déplacements dans la ville et lieux fréquentés, type d'appareils médicaux à disposition au domicile et façon dont un patient l'utilise, monitorage des traitements prescrits, etc. Sans d'ailleurs que le statut de ces données soit toujours clair quant au champ duquel elles relèvent : données de « bien-être » ? données de santé ? données relevant du secret médical ?

Les possibilités offertes par l'IA de traiter en parallèle le volume considérable de ces données personnelles et celui lié aux publications scientifiques biomédicales (environ 700 000 publications annuelles) touchent à la façon dont on construit des hypothèses, donc aux fondements de la recherche biomédicale et par voie de conséquence à l'usage des connaissances existantes pour soigner les patients. À partir de ces données envoyées et « digérées » par un algorithme, la machine pourra poser un diagnostic ou, bien en amont de la survenue de la maladie, en indiquer la probabilité de développement d'une pathologie. Autrement dit, la machine construit des conclusions à partir d'un raisonnement mathématique. On ne se dirige pas tant vers une santé du futur où les machines remplaceraient les êtres humains dans tous les domaines, même si certaines spécialités telles que celles reposant sur l'imagerie médicale en voient les premiers bouleversements, mais plutôt vers une médecine du futur, en partie déjà présente, de collaboration progressive entre la machine et le médecin. L'algorithme proposera des résultats au médecin qui y associera sa propre expertise et sa capacité d'analyse du contexte et des singularités de son patient, et pourra l'utiliser pour le soin. Il s'agit alors tout autant d'évaluer et de gérer un risque en amont de la survenue d'une pathologie que de diagnostiquer, d'optimiser et de suivre des actes préventifs et/ou des prescriptions en fonction de critères médicaux, socio-économiques, environnementaux, ou comportementaux tout au long du parcours de vie de chacun de nous, rendus patients numériques malgré nous.

Peut-on neutraliser les biais ?

Cette collaboration sera-t-elle sans nuages ? Les biais inévitables dans les algorithmes peuvent-ils en quelque sorte être tenus avec une laisse courte ? Il convient de rappeler d'abord que les biais en santé ont toujours existé, affectifs ou cognitifs, inconscients ou conscients, mais l'IA en change au moins partiellement la nature, l'échelle et la vitesse de diffusion.

Primo, leur nature change parce que ces biais intègrent désormais un aspect supplémentaire d'ordre technologique inhérent aux outils de mesure, aux algorithmes, à la profondeur des réseaux de neurones artificiels utilisés et même aux normes de sécurité employées pour se protéger contre des cybermalveillances.

Secundo, l'échelle, puisque les biais qui étaient locaux et limités dans l'espace deviennent globaux et délocalisés.

Tertio, leur vitesse de diffusion qui se fait en quelques millisecondes, ce qui correspond, *grosso modo*, au temps de duplication d'un algorithme à l'autre bout du globe.

La peur d'une disparition progressive de l'humain, c'est-à-dire du médecin, de la boucle du soin reliant entre autres le médecin au patient, amène forcément à des considérations sur la responsabilité des uns et le droit d'autodétermination des autres, autrement dit à la prise en compte de l'intervention des algorithmes dans le processus de soin.

Imaginons par exemple qu'un médecin se fonde uniquement sur les résultats de l'algorithme pour faire ses recommandations de soins, par paresse, fatigue ou conformisme. La possibilité d'erreur de la part de la machine n'étant jamais exclue, il se peut qu'une telle erreur survenant conduise un patient à voir son état de santé dégradé du fait de ces recommandations en soin préventif et d'un médicament donné en toute bonne foi en suivant les indications algorithmiques. Dans une telle situation quelles seraient les mesures à prendre ou les possibilités de correction ? Comment évaluer le partage des responsabilités ? Selon le Code de déontologie médicale, le médecin ne saurait aliéner son indépendance, autrement dit, il doit rester responsable de ses décisions et faire preuve d'une liberté de jugement et d'action. Comment intégrer dans cette collaboration homme-machine le fameux principe *primum non nocere* (en premier lieu, ne pas nuire) énoncé par Hippocrate il y a vingt-quatre siècles ? Le principe de l'indépendance du médecin est-il atténué par le fait que la machine puisse aujourd'hui délivrer, malgré la possibilité d'erreur technique et uniquement dans certains domaines, des décisions dont la fiabilité dépasse celle du médecin ? Faudra-t-il mesurer le degré de connaissance du praticien sur le fonctionnement de l'algorithme afin d'évaluer sa responsabilité ?

Deux questions de fond se posent aujourd'hui dans le domaine de la santé : comment limiter les biais, inconscients ou non, et l'irrationalité humaine intégrée dans les données d'entraînement des algorithmes ? Et *a contrario*, comment choisir des IA dont la rationalité reposera sur une intégration du caractère dynamique des données de santé ?

Celles-ci sont, sans aucun doute, un extraordinaire carburant permettant aux industriels de la santé de se renouveler, de répondre à de nouveaux besoins, et de créer, en partenariat avec les praticiens, les conditions d'une promesse de guérir avant même que la maladie ne survienne.

En revanche, le régulateur devra veiller à ce que ces outils intelligents ne deviennent pas des vecteurs démultiplicateurs d'inégalités en santé ou des outils de contrôle des pratiques quotidiennes et des modes de vie, pour ne citer qu'eux.

Discrimination report

En échange d'un accès à leurs données, l'assureur AXA, deuxième assureur européen derrière Allianz, a proposé à ses clients français – à des fins de recherche et de prévention – des bracelets capables de mesurer le taux d'oxygène dans leur sang ainsi que leur rythme cardiaque. À partir des informations recueillies, des offres ciblées sont également proposées à ces clients. Ce qui se profile derrière cette logique, c'est un monde – un peu *Philip K. Dickien* ! – dans lequel les couvertures d'assurances ne correspondraient plus à des sinistres mais à des comportements : on passe, par exemple, du classique *pay as you drive*, l'assurance automobile au kilomètre, au *pay how you drive*, un tarif qui tient compte de vos éventuels écarts de conduite. Avec, pour corollaire, non seulement la possibilité de nouvelles formes de discrimination, voire d'une exclusion accrue des populations vulnérables, mais également et surtout un risque d'orientation de nos décisions quotidiennes pour les infléchir selon les calculs commerciaux des assurances, des mutuelles ou des laboratoires.

Cependant, le pire n'est jamais certain et les mêmes compagnies d'assurances travaillent également sur des projets permettant d'utiliser les données comportementales pour proposer une assurance à ceux que leurs conditions médicales auraient auparavant exclus : telle personne, atteinte d'une affection de longue durée montre, par son comportement, qu'elle présente un risque en deçà de la moyenne statistique et qu'elle peut voir assuré le crédit qui lui permettra d'acheter un appartement. D'où la nécessité de renforcer, sur le plan éthique, le rôle de ces opérateurs de santé.

Éthique et assurances

Si l'on passe de l'autre côté de l'Atlantique, l'assureur Atrium Health aux États-Unis aurait eu accès aux traces des cartes de crédit de ses assurés et s'en serait servi pour identifier des comportements à risque, un type de personnalisation de contrats qui, évidemment, coûte cher en termes de respect de la vie privée. On évoque également des modèles d'assurance suivant les spécificités génétiques de tel ou tel… Alors même que les rapports entre prédisposition génétique et facteurs environnementaux sont nombreux, complexes et mal compris. Ainsi, une prédisposition génétique exposant à une probabilité élevée de développer une maladie ne signifie pas systématiquement la survenue de cette pathologie et *a contrario* l'absence de prédisposition génétique à une maladie donnée n'exclut pas la possibilité de développement de cette pathologie.

Reconnaître l'existence de ces limites doit nous inviter à un débat qui doit engager toute la société dans le choix d'un modèle de solidarité et de valeurs partagées. C'est justement pour explorer ensemble les différents scénarios et identifier les bonnes pratiques que de grands assureurs européens et canadiens ont travaillé, au sein d'un programme de recherche piloté par notre réseau. Conscients de leurs responsabilités, ils ont voulu prendre part à la définition d'un cadre d'action respectueux des individus. Cette expérience a permis d'appréhender l'extrême complexité des dilemmes éthiques : ainsi, si une compagnie d'assurances santé s'interdit de prendre en compte des facteurs inhérents à la personne, pour ne pas la discriminer, mais seulement des facteurs comportementaux, pour accompagner ses clients sur la voie d'une vie saine, elle se heurtera à une difficulté : certains comportements sont aussi induits par des déterminants génétiques. Par exemple, nous ne sommes pas égaux face à l'addiction.

L'adjonction de l'IA au big data ouvre ainsi des perspectives aussi fabuleuses qu'inquiétantes dans le domaine de la santé et doit engager toute la société dans un débat sur le choix des valeurs que nous souhaitons partager et du modèle de solidarité que nous souhaitons adopter, éléments essentiels à la vie en commun dans une démocratie. À regarder ce qui est en train de se passer, on se sent marcher dans un paysage à la fois sublime et inquiétant fait de sommets lointains et d'abîmes proches. Côté sommets, on peut s'attendre à découvrir des remèdes nouveaux, à identifier de nouveaux facteurs de risque de maladie, à en reconsidérer d'anciens, à découvrir de nouveaux traitements et à en vérifier l'efficacité, à mieux fournir à une société de l'*assurance* au sens strict comme au sens figuré, celui de la solidarité d'une nation à travers ses institutions d'assurance, celui du lien social tellement mis à l'épreuve aujourd'hui.

Côté abîmes, on sent bien que connaître la probabilité d'apparition de tel ou tel cancer ou de telle ou telle maladie génétique a des implications vertigineuses sur le plan éthique : où se situe la frontière entre eugénisme et choix éclairé ? Qui doit en décider ? Chacun selon sa conscience ? Chacun selon son portefeuille ? De tous les bouleversements que cela entraîne, l'un des plus remarquables tient à la possibilité d'anticiper le futur et de prendre des mesures avant que celui-ci ne se réalise, par exemple en cas d'épidémie, exactement comme on peut raisonnablement prévoir des tempêtes, tornades ou ouragans et agir en conséquence. En médecine, on pourrait imaginer par exemple que le choix d'un antibiotique pour soigner un patient atteint d'une sévère infection puisse être amélioré par une IA ayant à disposition des banques de données aussi étendues que possible. Sauf qu'on en revient toujours au facteur humain, qui permet une approche globale du patient, au-delà des chiffres, et au rôle de l'intuition, aussi important en médecine qu'ailleurs.

Peut-on coder l'intuition ?

D'où la sempiternelle question : peut-on coder l'intuition ? Pas plus que l'art, il me semble. Or, la médecine est un art qui se pratique avec le corps autant qu'avec l'esprit. Et on en vient là à un point important : si l'IA semble pouvoir remplacer le radiologue dans la détection de taches cancéreuses sur un cliché radiologique, rien ne remplace l'opérateur ou l'infirmière qui vous aide à vous installer sur la table du scanner. Il faut un corps pour toucher un corps, et seul l'humain peut rassurer et réconforter l'humain.

Ce qui est vrai physiquement l'est aussi spirituellement. Les médecins partagent, en effet, avec les prêtres ce statut un peu à part de « sachants » – Dieu que je déteste ce mot ! – aux connaissances un peu ésotériques et qui semblent capables de choses que le commun des mortels ignore. Ce n'est pas un hasard si ces deux figures se rejoignent dans une troisième, celle du chamane. Mi-thaumaturge, mi-guide spirituel, il accompagne le village dans ce qui touche de près à la vie et à la mort. Sa seule présence fait du bien. Il en va de même du médecin : « En as-tu parlé à ton docteur ? » demandera-t-on spontanément à un ami qui se plaint d'une douleur. Voir un praticien a déjà une vertu curative, avant même la prise d'un traitement. Une cure sans chimie et sans accoutumance, en quelque sorte. Alors que ledit praticien commence à être perçu comme un technicien qui manipule des machines, gardera-t-il ce pouvoir ? Si mon docteur lit ces lignes, qu'il sache bien que je le trouve irremplaçable – enfin son remplaçant est bien aussi ! –, irremplaçable par une machine.

17

L'immortalité est-elle un problème technologique ?

Que des hommes ou des femmes soient différents les uns des autres, augmentés, si l'on veut, par la pratique de tel ou tel sport et la rationalisation des corps à l'aide de telle ou telle biochimie ou chirurgie, c'est un fait avéré. Source d'inégalité ? Peut-être. Mais que des hommes ou des femmes veuillent se transformer en surhommes - et peu importe qu'ils n'y parviennent pas, leur simple souhait les fait entrer dans une société fermée. Fermée à l'autre. Si en plus certaines des plus grosses fortunes de la *tech* misent des sommes colossales, à notre échelle, pour vaincre la mort ou retarder le vieillissement, c'est qu'elles ont un gros déficit en idées neuves. Tous les transhumanistes vous le diront, l'immortalité est un simple problème techno. Une vieille histoire sans fin...

> *« Être immortel est insignifiant ; à part l'homme, il n'est rien qui ne le soit, puisque tout ignore la mort. Le divin, le terrible, l'incompréhensible, c'est de se savoir immortel. »*
>
> **Jorge Luis Borges, *L'Aleph***

Dans le chant V du livre V de l'*Odyssée*, la belle nymphe Calypso – « *celle qui cache* », traduit l'helléniste Jean-Pierre Vernant – promet à Ulysse d'écarter le vieillissement et la mort s'il consent à être son époux et à couler des jours heureux sur son île à l'écart du monde, des dieux et des hommes. Mais l'homme *aux mille tours* se morfond de son Ithaque natale et de son épouse Pénélope. Coincé pour l'éternité dans l'équivalent antique d'un club de vacances ? Très peu pour lui. À l'éternel ennui d'une histoire sans fin, Ulysse préfère l'éphémère imprévu d'une vie de mortel. Merci Homère : jamais la condition humaine n'aura été si bien décrite.

Les Ulysses contemporains ne l'entendent pourtant pas de cette oreille. « *Il y a des gens qui disent que la mort est quelque chose de naturel, rien n'est plus faux* », affirme Peter Thiel[1], milliardaire et investisseur dans des start-up visant l'allongement de la vie humaine. La mort est une réalité « *inconcevable* », affirme pour sa part Larry Ellison, cofondateur d'Oracle, qui a déboursé plusieurs centaines de millions de dollars pour la recherche sur le vieillissement. Quant au cofondateur de Google, Sergey Brin, il a investi 1 milliard de dollars dans Calico, un institut consacré à l'abolition de la mort.

Mort à la mort

Pourquoi ces capitaines d'industrie dont le succès témoigne à tout le moins qu'ils excellent dans leur domaine proclament-ils *urbi et orbi* que l'immortalité est à portée

---

1. https://www.businessinsider.fr/us/ways-rich-invest-in-living-forever-young-blood-cryonics-2019-8

d'éprouvette et d'IA ? Et pourquoi injecter des milliards de dollars dans une quête qui ne paraît pas beaucoup moins mythique que celle du Graal ?

Fondamentalement, on s'en doute, parce qu'ils n'ont pas envie de mourir. Et la plupart des humains avec eux. La vie est généralement tellement ancrée en nous que personne, au fond, ne croit à sa propre mort – « *dans l'inconscient, chacun de nous est persuadé de son immortalité* », écrit Sigmund Freud –, mais quand on y songe, cela arrive, chacun a tendance – *encore une minute, monsieur le bourreau* – à supposer un délai supplémentaire.

Comment assurer de telles prolongations ? Voilà un domaine phare des biotechs qui fait l'objet de recherches passionnantes. En particulier dans le domaine du vieillissement des cellules et de la possibilité de les dédifférencier, donc de revenir de l'état de cellule spécialisée à celui de cellule souche adulte, pluripotente, avec de nouveau la possibilité de se diviser. Il y a également les travaux du neurologue américain Thomas Rando qui a observé, il y a plus d'une décennie, comment une protéine, GDF-11, assurait une sorte de rajeunissement chez la souris. Des chercheurs de son laboratoire ont récemment produit une protéine de mammifère (Regina), similaire à un composant présent dans la gelée royale des abeilles, qui permettrait aux cellules de rester pluripotentes. Je ne saurais citer les travaux analogues tant ils sont nombreux : vu le vieillissement général de la population – le nombre des plus de 60 ans sera passé de 605 millions à 2 milliards entre 2000 et 2050[1] –, on comprend que cela

1. https://www.who.int/ageing/about/facts/fr

attire les investisseurs comme un pot de miel les guêpes. Le nombre de clients susceptibles de vouloir acheter leur contingent de minutes supplémentaires représente un potentiel qu'aucun *business angel* avisé ne saurait négliger. Mais encore ? Entre gagner quelques années de vie et l'immortalité, il y a un saut qualitatif autant que quantitatif. Ou pour le dire autrement, il y a là quelque chose de mythique, et le mythe, ou disons le storytelling, c'est une partie du succès.

Les nouveaux alchimistes

On a déjà eu l'occasion d'observer que s'il y a un lieu dans le monde qui concentre les tentatives de transformer le plomb en or, c'est bien la Silicon Valley. Tentatives dont la vie est souvent courte mais marquante, comme celle de la start-up défunte Ambrosia, exemplaire par son nom, son ambition et sa chute.

Son nom vient de l'ambroisie, dont Homère[1] explique qu'elle est une nourriture au goût et au parfum délicieux que deux colombes venues des confins du monde apportent régulièrement à Zeus et à ses commensaux divins. D'où un paradoxe relevé par le philosophe athénien Aristote : si les dieux sont immortels, ils n'ont pas besoin de se nourrir.

Ambrosia avait pour ambition affichée de découvrir, à terme, un traitement « proche » de l'immortalité. Mais, en attendant, la firme vendait 8 000 dollars la pièce une transfusion de plasma sanguin supposé avoir des vertus

1. *Odyssée*, XII, 59-65.

régénératrices, puisque le sang était prélevé chez des moins de 25 ans. C'est la vieille idée que boire le sang d'autres hommes ou, mieux, de jeunes vierges, permettait d'absorber leur « énergie vitale ». Ne cherchez pas les vampires dans un château des Carpates, certains ont leurs bureaux sur Sand Hill Road ou ailleurs dans la Bay Area.

La Food and Drug Administration américaine a mis le holà à cette histoire sans aucun fondement scientifique, ce qui a conduit Ambrosia à suspendre ses activités *sine die*. Je ne sais pas si Jesse Karmazin, son ex-patron, a lu le roman de Norman Spinrad *Bug Jack Barron*[1], paru en 1969. Probablement pas, c'était quinze ans avant sa naissance. Dans cette étonnante dystopie, Spinrad raconte comment un richissime homme d'affaires, Benedict Howards, vend très cher un traitement prolongeant la vie, ledit traitement étant à base de glandes récupérées sur des enfants noirs kidnappés avant d'être irradiés. Spinrad n'y va pas avec le dos de la cuillère. La société qu'il décrit est violente, vicieuse et brutale. Le spectacle y est roi et les inégalités aussi abyssales qu'aujourd'hui, mais avec l'inégalité suprême en prime : l'immortalité pour les happy few.

On est loin des aspirations de cette cohorte d'hommes et de femmes qui ont voulu trouver le secret de la vie et de la mort dans la Russie tsariste de Nicolas II. Sans remonter au récit d'Hérodote sur la source de Jouvence[2], vaincre la mort est le projet d'un mouvement, le

1. Norman Spinrad, *Jack Barron et l'éternité*, Robert Laffont, 1971.
2. Il raconte que les Éthiopiens se baignaient dans une source leur assurant de vivre jusqu'à 120 ans et même au-delà.

cosmisme, que Dostoïevski caractérise comme *une authentique question russe*, où se mélangent les discussions sur le socialisme avec celles sur l'immortalité de l'âme[1]. Ce cosmisme est au fond l'un des avatars scientistes droit sortis de ce chaudron fin de siècle où les aspirations occultistes et ésotériques mijotent avec des inspirations chrétiennes et mystiques sans oublier les indispensables emprunts à la physique et à l'astronomie. Étonnant potage qui conduit Thomas Edison à rêver d'un nécrophone pour parler avec les morts ou Duncan MacDougall, médecin dans le Massachusetts, à peser en 1907 un homme avant et après son dernier soupir pour en déduire le poids de l'âme (21 g). Dans cette atmosphère où les nouvelles inventions et découvertes, du télégraphe aux rayons X, semblent ouvrir les portes d'un monde invisible, le cosmisme surgit en Russie avec l'idée que l'homme a un destin dans l'univers.

Les précurseurs

Considéré comme un saint par Tolstoï, le philosophe Nikolaï Fiodorov (1829-1903) est l'un de ses premiers hérauts : il consacre la plus grande partie de ses écrits à la conquête de l'immortalité du corps humain par des moyens technologiques et affirme que la résurrection des morts (en rassemblant les particules dispersées de chaque corps) est la tâche suprême de l'humanité. L'homme, en vainquant la mort, est appelé à devenir dieu et à transformer l'univers. À l'époque et dans les décennies qui suivent, son influence est considérable. De Konstantine Tsiolkovski,

1. https://www.persee.fr/doc/cmr_1252-6576_1996_num_37_4_2473

son disciple qui deviendra le père fondateur de l'astronautique russe, au géochimiste Vladimir Vernadski, l'auteur d'un ouvrage intitulé *La Biosphère* (*Biosfera*), qui place le concept au cœur de ses réflexions sur la pellicule sphérique qui autorise la vie sur Terre. Vernadski, justement, qui prononce, lors de son séjour en France dans le laboratoire de Marie Curie, une série de conférences à la Sorbonne, convainquant Teilhard de Chardin, au point que ce dernier en dérive l'idée que la pensée humaine transforme la biosphère en noosphère. Mais du point de vue de la quête d'immortalité, il y a surtout Alexander Bogdanov (1873-1928), l'une des personnalités importantes du Parti bolchevique – proche de Lénine, qui est au Comité central dès 1905. Médecin et philosophe, écrivain, il rêve dans *L'Étoile rouge*, un roman paru en 1908, d'une élévation révolutionnaire des esprits vitaux par la « *transfusion réciproque du sang de deux créatures humaines* ». Bogdanov, qui ne se contente pas d'écrire, réalise des expériences au sein de l'Institut pour la transfusion sanguine qu'il a fondé. Les résultats lui semblent encourageants. Dans *Le Combat pour la vitalité*, Bogdanov cite le cas d'un révolutionnaire quinquagénaire auquel on a transfusé le sang d'un homme de 20 ans. Les capacités de travail du plus âgé ont augmenté, sa vue s'est améliorée… son ronflement aurait même diminué. Bogdanov est persuadé qu'il s'agit du premier pas vers l'allongement de la durée de la vie, mais il n'aura pas l'occasion d'en faire un deuxième ; il meurt en 1928, à 55 ans, d'une transfusion sanguine qu'il ne supporte pas.

Quelle différence entre ces transhumanistes de la première heure et leurs héritiers aujourd'hui ? Cela dépend de quels héritiers on parle. Il faut nécessairement distinguer entre le mouvement transhumaniste contemporain et la poignée de milliardaires qui partagent certaines de leurs vues, mais, disposant de pouvoirs financiers quasi démiurgiques, ont un agenda qui leur est propre. Ceux-ci sont en train de modifier notre société en profondeur, tout simplement parce qu'ils ont les moyens – et l'envie – d'investir de l'argent dans les domaines de leur choix. Le tissu social, ils le filent eux-mêmes. Pour le dire autrement, leurs moyens et leurs fins ne sont pas forcément superposables à ceux des transhumanistes lambda. Si chacun fait ce qu'il veut de son argent, cette allocation de ressources, alors que l'on n'a toujours pas, par exemple, éradiqué le paludisme en Afrique, me semble, en elle-même, déjà poser question.

C'est en cela qu'il faut les distinguer du mouvement transhumaniste contemporain, celui qui naît dans la Californie des années 1980, mais dont les prémisses sont à chercher chez une poignée de penseurs dont le biologiste eugéniste anglais Julian Huxley ou le futurologue Fereidoun Esfandiary, surnommé « FM-2030 » – année selon lui de l'avènement d'une nouvelle espèce humaine –, ou encore Robert Ettinger, professeur de maths et de physique considéré comme le « père de la cryogénisation » et auteur en 1964 d'un livre influent intitulé *The Prospect of Immortality*, autrement dit la possibilité de l'immortalité. Tous persuadés que l'avenir de l'homme est derrière lui et que le tour des posthumains est arrivé, un peu comme *Homo sapiens* laissant derrière eux les néandertaliens…

Néanmoins et pour en revenir aux différences entre les cosmistes et les transhumanistes en général, disons que les premiers sont philosophes, révolutionnaires, mystiques, médecins ou artistes, qu'ils rêvent d'un monde meilleur et voient le cosmos comme le paradis bientôt retrouvé. Sachant, souligne Fiodorov, que « *la Terre doit demeurer le sanctuaire le plus sacré, lieu de la résurrection et de la naissance, tombeau et berceau à la fois*[1] ». Les seconds ne parlent pas de cosmos, mais de l'« espace » dans lequel ils espèrent trouver refuge (dans les colonies spatiales ou sur Mars ou Vénus terraformées) lorsque la Terre sera surpeuplée et surchauffée.

Les premiers rêvent d'un monde meilleur, d'où la mort serait bannie y compris pour les générations précédentes qui seraient ressuscitées, les seconds aspirent à l'allongement de la durée de vie avec l'immortalité à l'horizon de ceux qui en auront les moyens. Plus fondamentalement, et contrairement aux mouvements scientistes et positivistes du XIXe siècle, qui portaient une dimension collective, le transhumanisme veut sauver non pas la société, mais l'individu. Dans une déclaration datant de 2008, Humanity+ affirmait[2] : « *Nous défendons un développement de l'accès aux nouvelles technologies qui permettrait à chacun de profiter de meilleurs esprits, de meilleurs corps et de meilleures vies.* »

Dit comme ça, cela paraît gentiment et naïvement sympathique. La réalité, sans faire preuve d'un excès de cynisme,

1. Cité par Ilya Platov : https://www.persee.fr/doc/casla_1283-3878_2010_num_11_1_1096
2. « *We support the development of access to new technologies that enable everyone to enjoy better minds, better bodies and better lives. In other words, we want people to be better than well'* » (World Transhumanist Association, 2008).

c'est que dans ce type de rêves, certains, comme disait l'autre, seront plus égaux que d'autres. Chacun pour soi et Dieu pas pour tous. Le salut par le corps sauvé de la dégradation. Et si cela ne suffit pas, ce sera le salut sans le corps, par les *data*.

Tu as fait ta sauvegarde ?

En effet, la quête de l'immortalité transhumaniste ne s'appuie pas seulement sur des techniques de manipulation du vivant, mais également sur l'idée que chaque être humain peut être numérisé. Cette idée a été portée avant tout par Raymond Kurzweil, un informaticien, inventeur et futurologue, embauché par Google en 2012 pour travailler sur les projets d'apprentissage automatique, en anglais, *machine learning*. Dans un livre programme, intitulé *The Singularity is Near* (*La singularité est proche*)[1], il explique que « *télécharger un cerveau humain signifie scanner tous les détails essentiels et les installer ensuite sur un système de calcul suffisamment puissant. Ce processus permettrait de capturer l'intégralité de la personnalité d'une personne, sa mémoire, ses talents, son histoire* ». Selon Kurzweil qui combat également le vieillissement à coups de pilules, près de 140 par jour (antioxydants, vitamines, aspirine, herbes chinoises, hormones, compléments minéraux, etc.), nous, les humains aurions parcouru quatre stades de notre évolution et serions au seuil d'un cinquième stade, qui débuterait vers 2045. Alors, dit-il, nous entrerons dans « *l'époque de la fusion entre la technologie et l'intelligence humaine* ». Avec pour conséquence que dans cette ère postsingularité, l'humain

1. Publié en français sous le titre *Humanité 2.0 : la bible du changement*, M21 Éditions, 2007.

se transformera en un être mi-biologique, mi-informatique connecté au Web ; et surtout, que nous aurons l'immortalité en téléchargeant notre conscience sur un disque dur : « *Tout le problème de l'immortalité se résumera à la prudence associée à des sauvegardes régulières*[1] », affirme Kurzweil. J'ai déjà eu l'occasion d'écrire le peu d'intérêt que suscite en moi cette niaiserie supposant que l'humain est réductible à un paquet de données, et quand on voit la durée de vie d'un disque dur, ça laisse songeur.

Derrière la soif d'une longévité indéfinie, il y a deux pulsions réductionnistes : l'une numérisant l'humain et l'autre l'animalisant, comme s'il était soit un paquet de données susceptible de passer d'un corps usagé à un corps neuf, cultivé pour l'occasion, soit un système vivant, considéré comme une mécanique de précision digne d'un horloger suisse et fonctionnant sur la base de métabolismes réduits à des algorithmes.

Et à l'intersection de ces deux aspirations, il y a comme une promesse de salut technique. Pas tout à fait une religion, mais disons une gnose, athée et pas franchement subtile. Moi dieu, toi chose.

Un exemple parmi d'autres, selon la transhumaniste Maria Konovalenko, qui promeut une cuisine de la longévité, les progrès qui s'annoncent se répartissent selon quatre domaines clefs :

1) En bio-informatique, avec déchiffrage du génome, diagnostics cliniques et thérapies anti-âge qui devraient favoriser la régulation génétique du vieillissement.

1. Ray Kurzweil, *The Age of Spiritual Machines*, Penguin Books, 2000.

2) En nanomédecine, avec l'invention de sang artificiel, l'emploi de nanorobots et autres nanotechnologies.
3) En bio-ingénierie d'organes artificiels, avec impression 3D d'organes adaptés, création de corps de rechange, poumons artificiels, organes biomécaniques, interfaces cerveau-machine.
4) En numérisation de l'humain avec enregistrement de tranches de vie, modélisation de cerveaux d'animaux, puis d'un humain.

L'immortalité, numérique ou non, est-elle l'ultime étape de ces recherches ? Je ne le crois pas plus que je crois à l'existence des fées, des trolls et des vampires. Tout d'abord, pour des raisons scientifiques. Boire une potion qui vous ferait vivre mille ans ne vous rendrait pas immortel. Vous mourriez la mille unième année. Et puis, un tel breuvage, ou tout autre procédé, ne vous empêcherait pas de passer sous un bus, ou, si vous êtes stocké dans un disque dur, de périr dans l'incendie de votre *data center*. L'effet d'un traitement médical, si tant est qu'il existe un jour, serait la « sénescence négligeable », autrement dit, un vieillissement imperceptible, et non l'immortalité tant convoitée. Et cela ouvre la voie à des questions psychologiques : comment vivriez-vous s'il vous restait mille ans au compteur ? Oseriez-vous traverser la rue, au risque de voir ce capital fauché par l'autobus précédent ? C'est justement l'intrigue de l'un de ces films comme Hollywood seul sait en produire. Dans *In time* (titre français, *Time out*, ne me demandez pas pourquoi), la population arrête de vieillir à 25 ans et le temps a remplacé l'argent. Une classe de superriches, où toutes les générations ont le même âge, connaît ainsi une longue et luxueuse existence, alors que les pauvres travaillent chaque jour pour gagner leur lendemain : comme chaque fois que l'on cherche à augmenter le vivant, la présence de surhommes implique l'existence de sous-hommes et, dans cette humanité fractionnée, les droits ne sont clairement pas les mêmes pour tous. Et si c'était le cas, dans une perspective malthusienne, une telle situation n'induirait-elle pas la fin, ou le ralentissement des naissances ? Pour perdurer, la vie a deux options : s'étendre dans le temps, ou se reproduire. L'intérêt de la seconde est qu'elle induit l'évolution : chaque génération est un peu différente de la précédente. L'extension démesurée de la durée de vie, si elle était un jour possible, pourrait bel et bien sonner le glas de notre évolution.

Outre la critique sociale, Andrew Niccol, qui est aussi le réalisateur de *Bienvenue à Gattaca*, pose surtout la question du prix de la vie. Le philosophe Maurice Merleau-Ponty écrivait justement : « *On ne fera pas que l'homme ignore la mort. On ne l'obtiendrait qu'en le ramenant à l'animalité, encore serait-il un mauvais animal, s'il gardait la conscience, puisque la conscience suppose le pouvoir de prendre du recul à l'égard de toute chose donnée et de la nier. C'est l'animal qui peut paisiblement se satisfaire de la vie et chercher son salut dans la reproduction. L'homme ne peut accéder à l'universel que parce qu'il existe au lieu de vivre seulement. Il doit payer de ce prix son humanité*[1]. »

Au fond, notre sentiment de finitude est une chance. Même si les grands singes ou les éléphants ont conscience de la mort d'un congénère, cette perspective que nous possédons sur notre destin est au fondement de ce qui distingue l'humain du reste du vivant. La finitude n'est

1. Maurice Merleau-Ponty, *Sens et non-sens*, Nagel, 1948.

pas une imperfection mais au contraire la source de notre humanité. Pour la philosophe Hannah Arendt qui suit ici saint Augustin, « *le miracle qui sauve le monde, le domaine des affaires humaines, de la ruine normale, "naturelle", c'est finalement le fait de la natalité, dans lequel s'enracine ontologiquement la faculté d'agir* ». On ne choisit pas de naître, on ne choisit pas de mourir, c'est ce qui fait de chacun d'entre nous une entité unique, irremplaçable et qui ne se répétera pas. Comment renoncer à cette immense richesse ?

Enfin, s'il n'y avait qu'un argument à opposer à l'inanité de ce projet d'immortalité digne d'un méchant de *James Bond*, il serait de bon sens. Les « immortels » auraient peut-être des corps de 20 ans, mais des esprits de vieillards. Qui voudrait d'un tel sort ? Faust a vendu son âme au diable, elle a été rachetée par l'amour, mais nous ? Un monde d'immortels serait un monde de vieux non un monde de dieux.

18

L'intelligence artificielle est-elle intelligente ?

Pour le moment, la réponse est absolument négative. Mais la question a-t-elle un sens ? Dès sa naissance l'IA a souffert de son nom de baptême, dans lequel coexistent un sens mythique et un sens technique, frères siamois, frères ennemis…

> *« Je crois que la question originale "Les machines peuvent-elles penser ?" a trop peu de sens pour mériter une discussion. Néanmoins, je crois qu'à la fin du siècle l'usage, les mots et l'éducation de l'opinion générale auront tant changé que l'on pourra parler de machines pensantes sans s'attendre à être contredit. »*
>
> Alan Turing, 1950

Lorsque AlphaGo a vaincu Lee Sedol, un fameux joueur de go, par quatre parties à une, il n'a pas remercié ses concepteurs de chez Google DeepMind, ni poussé des cris de joie. AlphaGo ne ressent rien ; c'est juste un programme puissant, faisant appel à une double technique d'apprentissage, l'une par renforcement – essai, suivi de pénalité si erreur, ou de récompense si succès –, l'autre supervisée, en le nourrissant de parties de référence jouées par des humains. Ses concepteurs peuvent être fiers, lui pas : il ignore tout de la fierté. D'ailleurs il a bien fait de rester modeste, même s'il n'est pas programmé pour, puisqu'il a été détrôné quinze mois plus tard par un programme beaucoup plus puissant, AlphaGo Zéro, une IA sans connaissance préalable excepté les règles du jeu (fonctionnant sur le modèle de l'apprentissage profond, en anglais *deep learning*), donc sans supervision : AlphaGo Zéro a appris à jouer au go[1] en faisant des parties contre lui-même : il a été capable au bout de quelques jours et 5 millions de parties, de battre AlphaGo 100 parties à 0. Pas mal pour un autodidacte.

Le péché originel de l'IA

Je salue la prouesse, mais tout comme lorsque le système expert Deep Blue, le supercalculateur d'IBM, a vaincu le grand maître et champion du monde Garry Kasparov en 1997, je pense ne pas avoir été le seul à éprouver un petit pincement au cœur, la nostalgie d'une époque disparue. Celle où une partie de l'humanité retenait son souffle lors d'une partie d'échecs. J'avais 1 an, c'était un peu jeune... pour voir le match opposant le champion soviétique Boris Spassky à l'Américain Bobby Fischer, mais j'ai en mémoire cette photo saisissante de l'Américain réfléchissant au coup à venir et enserrant sa tête entre ses mains comme si toute l'intelligence du monde était sur le point de rompre les digues de son cerveau pour se répandre sur l'échiquier.

1. Avec un damier comprenant 361 intersections, blanches, noires ou vides, on aboutit à une limite supérieure de 3^{361} soit 10^{170} coups possibles environ. Pour mémoire, le nombre d'atomes dans l'univers est de l'ordre de 10^{120}.

Sentiment sottement romanesque sans doute puisque, après tout, le fait qu'une machine soit capable d'inférer le meilleur coup en calculant un très grand nombre de situations possibles – Deep Blue pouvait calculer entre 50 et 100 milliards de situations possibles par coup dans les 3 min réglementaires – ne retire rien au plaisir de jouer à l'un ou l'autre jeu avec un adversaire humain. En théorie, je devrais ne rien ressentir de plus (ou de moins) devant l'exploit de Deep Blue que, disons, lorsque je regarde le robot *Curiosity* explorer Glen Torridon sur Mars ; juste de l'admiration pour la prouesse technique des ingénieurs à la manœuvre. Sauf que ce n'est pas tout à fait vrai. Le jeu d'échecs a si longtemps incarné l'intelligence que cette défaite de l'homme devant une machine titille quelque chose d'autre, quelque chose qui a à voir avec le sentiment que quelqu'un est passé avant moi, comme le philosophe Jean-Jacques Rousseau persuadé d'avoir découvert à flanc de montagne un coin de forêt aussi sombre qu'inexploré et qu'un cliquetis de plus en plus insistant amène à constater qu'il se promène à deux pas d'une manufacture. Et qui plus est que ce quelqu'un qui m'a dépassé est une machine…

Par conséquent, si j'insiste sur un aspect somme toute mineur de l'IA – les algorithmes qui gagnent aux échecs, à StarCraft ou au go sont loin d'approcher en complexité ceux des futures voitures autonomes ou ceux qui détectent des cancers de la peau sur photos mieux que ne le feraient des dermatologues –, c'est parce qu'il incarne le péché originel de l'IA : un nom de baptême dans lequel coexistent un sens technique et un sens mythique. Et bien malin qui parviendra à démêler cet écheveau tant il s'est embrouillé au fil des décennies.

Un problème de définition

Quiconque veut définir techniquement l'IA se heurte à (au moins) trois problèmes.

1) Ce serait déjà bien de donner une définition de l'intelligence naturelle, mais aucune ne fait consensus.
2) Ce serait bien également de donner une définition de l'IA mais aucune ne fait consensus.
3) L'acronyme IA désigne un ensemble de méthodes et d'applications franchement disparates.

Concernant le premier point, on distinguait quand j'étais petit l'intelligence du cœur de celles du corps et de l'esprit. Le psychologue du développement Howard Gardner est allé plus loin avec une dizaine de subdivisions qui vont de l'intelligence mathématique à l'intelligence existentielle. Jean Piaget considérait pour sa part que « *l'intelligence ce n'est pas ce que l'on sait, mais ce qu'on fait quand on ne sait pas* ». Je ne saurais épuiser ce thème en quelques citations, aussi brillantes soient-elles, sinon pour conclure, avec le peintre Edgar Degas[1], que « *le jour où l'on a commencé d'écrire Intelligence avec un I majuscule, on a été foutu. Il n'y a pas l'Intelligence ; on a l'intelligence de ceci, de cela. Il ne faut avoir d'intelligence que pour ce qu'on fait* ». Je pense la même chose de la double majuscule I et A accolée à l'intelligence artificielle.

Et voilà pourquoi le deuxième problème est un sac de nœuds gordiens qui risque d'attendre longtemps son

1. Le propos est rapporté par l'écrivain André Gide dans ses mémoires.

Alexandre pour le trancher. L'intelligence est un concept glissant, certes, mais au moins on sait la reconnaître, aujourd'hui comme hier, quand elle passe devant nous. Quand je lis *Hamlet*, que j'écoute *Le Clavier bien tempéré* ou que j'utilise le théorème de Pythagore, j'ai le sentiment d'être face à quelque chose qui relève d'une intelligence du monde même si je ne me sens pas forcément capable de la définir. Mais l'IA ? C'est une boîte noire. Qu'y a-t-il dedans ? Un algorithme, certes, mais il m'est tout aussi opaque.

Pour tenter d'y voir clair, j'ai suivi un fil chronologique dont le point de départ, forcément arbitraire, est placé à compter du moment où le mathématicien Alan Turing envisage une machine à mécaniser la pensée en 1936 dans un article sur le problème de la « décidabilité[1] » ; réflexion qu'il prolonge après la guerre (durant laquelle il joue un rôle décisif dans le décryptage du système de codage allemand ENIGMA) dans l'article « Computing Machinery and Intelligence » qu'il publie dans un journal de philosophie anglais, *Mind*, quatre ans avant son suicide[2]. « *Je propose de considérer la question : "les machines peuvent-elles penser ?"* », écrit-il. Et sa réponse est oui. On peut, dit-il en substance, représenter des actions humaines par des systèmes de symboles et introduire ce qui caractérise l'humain, son imprévisibilité, dans une machine par nature déterministe. Il propose également un test, connu comme le « test de

1. La question était posée huit ans plus tôt par le mathématicien David Hilbert : existe-t-il un algorithme qui décide si une proposition énoncée dans un système logique est valide ou non ?
2. On sait que Turing s'est empoisonné avec une pomme enduite de cyanure à la suite de la castration chimique qui lui a été imposée au nom de son homosexualité.

Turing », dans lequel un observateur humain interagit à l'aveugle avec un autre humain[1] et une machine programmée pour formuler des réponses sensées à différentes questions. Si l'observateur est incapable de définir lequel de ses deux interlocuteurs est la machine, alors celle-ci aura réussi le test et pourra véritablement être considérée comme « intelligente ».

Le test est resté fameux, mais il a mal vieilli. On en connaît aujourd'hui les limites et en particulier que le succès à l'examen de passage est plus affaire de ruse que d'intelligence. Quiconque s'est déjà adressé à un chatbot sait qu'arrive un moment où sa programmation révèle qu'« il » ou « elle » ne comprend pas la question posée mais que, pendant un temps plus ou moins long, il peut faire illusion même s'il possède le QI d'un aspirateur.

La machine à oracle

En revanche, la machine hypothétique inventée par Turing est toujours flambant neuve. Sorte de machine à écrire idéale, contrôlable à l'aide d'un programme, qui est restée comme le modèle de tous les ordinateurs à venir. Pour en venir à la question qu'il pose, Turing énonce d'abord que « *le raisonnement mathématique peut être considéré de façon schématique comme l'exercice d'une combinaison de facultés que nous pouvons appeler l'intuition et l'ingéniosité* ». L'intuition consiste à ses yeux « *à produire des jugements*

1. Inspiré, explique Turing, du jeu de l'imitation où un observateur doit parvenir à distinguer, sur la base du dialogue puisqu'il ne le voit pas, si son interlocuteur est un homme ou une femme.

spontanés qui ne sont pas le résultat de chaînes conscientes de raisonnement ». L'ingéniosité a, quant à elle, pour fonction d'« *aider l'intuition par des arrangements adéquats de propositions* ». Mais comment coder cette intuition ? Quand la machine doit-elle « sentir » qu'il faut s'arrêter de perfectionner une solution au risque de tergiverser pour passer à l'action ? Comment dire à la machine, « Stop » ? Connu sous le nom de problème de l'arrêt, c'est une limite fondamentale d'une machine de Turing qui signifie qu'il n'y a pas d'algorithme permettant de dire si elle va s'arrêter ou boucler indéfiniment. En fait, Turing cherche un moyen d'éviter les effets du théorème énoncé par le mathématicien Kurt Gödel en 1931, à savoir (en gros !) que parmi les assertions qu'on peut faire en mathématiques certaines sont établies comme vraies ou fausses par des théorèmes, mais qu'il en existera toujours au moins une qui reste indécidable.

Pour contourner le problème, Turing utilise une métaphore géniale, celle d'une « *machine à oracle* ». Une sorte de grain de sable, un coup de dé pour rétablir le hasard dans l'univers trop lisse de la machine normale. En fait, une machine supplémentaire qui prend la décision lorsque l'autre est incapable de le faire. Il précise cependant que « *nous n'irons pas plus loin dans la nature de cet oracle si ce n'est pour dire qu'il ne s'agit pas d'une machine* ». Moi non plus d'ailleurs, car il s'agit de mathématiques largement au-dessus de mon grade et, à ma connaissance, le problème reste entier. Reste que la graine de l'IA étant semée, la génération d'après Turing va s'en emparer. Et dès le départ, elle a pour ambition de modéliser l'humain, dans sa capacité d'apprendre, de communiquer et de créer.

Vous avez dit IA ?

L'IA reçoit son nom de baptême un an après la mort de Turing, précisément à l'été 1955 au Darthmouth College (New Hampshire) lorsque John McCarthy, informaticien, mathématicien et, plus tard, créateur de Lisp (l'un des plus vieux langages de programmation du type impératif, comme le Fortran qui est considéré, selon le *Hacker's Dictionary*, comme la langue mère de l'IA), propose d'organiser un séminaire sur l'« IA ». Le grand mot est lâché, il fera florès. Avec Marvin Minsky, Nathaniel Rochester et Claude Shannon, trois autres stars de la cybernétique et de l'informatique, il définit un programme en sept points qui délimitent certains des problèmes posés selon eux par l'IA, en soulignant en préambule que « *si une machine peut effectuer un travail, alors un calculateur automatisé peut être programmé pour simuler la machine. Le problème ne vient pas de la puissance des calculateurs mais de l'incapacité d'écrire des programmes adéquats*[1] » ; il demande explicitement « *comment un calculateur peut-il être programmé pour utiliser un langage* », et si des *réseaux de neurones artificiels* peuvent être assemblés de telle sorte qu'ils forment des concepts. D'où vient cette idée de neurones artificiels ? De deux événements scientifiques majeurs de l'après-guerre : la découverte de l'influx nerveux entre les neurones au début des années 1950 par Bernard Katz, Alan Hogdkin et Andrey Huxley, et l'invention du transistor en décembre 1947 aux laboratoires Bell par John Bardeen, William Shockley et Walter Brattain.

1. John McCarthy, Marvin Minsky, Nathaniel Rochester, Claude Shannon *et al.*, *A proposal for the Dartmouth Summer Resarch Project on Artificial Intelligence*, 31 août 1955.

Au début des années 1950, deux biologistes britanniques observent en effet comment le système nerveux central communique avec l'ensemble de l'organisme par le biais d'un influx nerveux qu'ils interprètent comme un potentiel d'action. Transposé au cerveau humain, cela signifie qu'il est composé d'unités élémentaires, les neurones, qui échangent entre elles par le biais de ce potentiel d'action. Fondamentalement, chaque neurone reçoit les signaux électriques des neurones voisins, et en fonction de l'intensité desdits signaux envoie à son tour un signal vers ses voisins. Or, un tel comportement est assez semblable à celui des « transistors », ces petits composants électroniques qui laissent passer, ou non, le courant qui les traverse en fonction des signaux reçus. D'où l'idée de reproduire le cerveau humain avec un réseau de neurones « transistors ». C'était naïf dans la vision du cerveau, mais fondamental dans la naissance de l'une des branches de l'IA.

La première machine à « penser »

Cette idée-là va être portée par le psychologue Frank Rosenblatt qui invente, en 1958, une machine qui en découle. Son *perceptron*, assure-t-il, est « *la première machine à penser comme les humains* ». Comme le titrera le *New York Times* le 13 juillet 1958, « *Un cerveau électronique s'apprend à lui-même* ». L'idée, géniale, de Rosenblatt lui est inspirée par la cybernétique fondée sur la rétroaction (réagir en direct aux informations reçues, comme un thermostat, par exemple, qui allume le chauffage quand la température qu'il perçoit diffère trop de celle qui lui a été programmée) du mathématicien Norbert Wiener et les idées du neurologue Warren McCulloch : au lieu d'imaginer le cerveau divisé, *grosso modo*, entre une partie mémoire et une partie calculateur, il considère comme dit McCulloch que « *le cerveau peut être apparenté à un calculateur numérique consistant en 10 milliards de relais appelés neurones* ». Pour la rétroaction, il emprunte à Wiener une idée simple et imagine un labyrinthe avec de la nourriture cachée quelque part, et des clôtures électriques disséminées. Un animal à qui on apprend à traverser ce labyrinthe doit retenir son itinéraire et l'optimiser pour éviter les chocs et trouver de quoi se nourrir. L'association entre le contact du fil électrifié et le choc désagréable qui s'ensuit modifie les connexions entre neurones, pour que le cerveau décide d'éviter le contact. C'est le principe de l'*apprentissage par renforcement* dans les réseaux neuronaux.

Autrement dit – c'est fascinant – les deux grands courants des machines intelligentes sont présents dès les années 1950 : le courant symbolique qui fonctionne selon l'idée que l'IA peut faire non seulement des calculs avec des nombres, mais aussi des opérations avec tout type de symboles[1]. Le courant connexionniste, où l'IA relève de réseaux de « neurones », c'est-à-dire de réseaux interconnectés de processeurs élémentaires fonctionnant en parallèle[2]. Les deux approches vont connaître successivement des hauts et des bas. Avec le big data, l'approche connexionniste a pour l'instant le vent en poupe grâce aux banques de données de dizaines de millions d'exemples qui permettent de nourrir les algorithmes.

Pour en revenir à la définition même de l'IA, McCarthy et ses collègues précisent que « *nous tenterons de trouver comment*

1. C'est le cas du raisonnement formel et logique des moteurs de règles et des systèmes experts.
2. Approches du type probabiliste.

faire en sorte que des machines utilisent un langage, des formes abstraites et des concepts, résolvent des problèmes aujourd'hui réservés aux humains et s'améliorent d'elles-mêmes ». Andrew Moore, qui dirige Google Cloud AI aujourd'hui, ne dit pas autre chose : l'IA, c'est « *la science et le savoir-faire nécessaires pour que des calculateurs se comportent de telle sorte qu'ils exécutent des tâches pour lesquelles on pensait encore récemment que seul un humain pouvait s'en charger* ». De même que Yann Le Cun, le patron de l'IA chez Facebook, pour qui il s'agit de la capacité des machines à reproduire des facultés attribuées aux animaux ou aux êtres humains, notamment de la résolution de problèmes. Des tâches ou des facultés ? Mais lesquelles, et peuvent-elles être rassemblées ?

Un paysage complexe

D'où le troisième point, à savoir que l'acronyme IA masque aujourd'hui un paysage bien plus complexe que la simplicité de ses deux lettres et qui comporte beaucoup de subdivisions. Il n'y a pas une IA, mais des IA et des axes de recherche sensiblement différents. Si je m'en tiens aux principaux, il y a les applications (Langage *vs* Vision et Robotique *vs* Théorie) d'une part, et les méthodes (apprentissage supervisé *vs* apprentissage par renforcement) d'autre part. Pour ce qui est des pistes : en gros, les réseaux de neurones artificiels sont ce qui fonctionne le mieux, en presque tout et de très loin, et tout le monde essaie depuis dix ans de les faire plus grands, converger plus vite et s'appliquer à tout. Mais ils ont des défauts importants, que chacun s'emploie aujourd'hui à corriger à sa manière et qui tiennent au fait qu'on ne comprend pas totalement comment ils marchent.

Les pistes pour le futur tournent autour de cinq points clefs.

1) L'interprétabilité : quand un modèle prend une décision, il faut qu'il explique pourquoi il a fait ce choix.

2) Les garanties : prouver que le modèle fonctionne en principe.

3) La résistance aux attaques : de nombreux modèles sont sensibles à des propriétés indésirables des données. C'est l'exemple de l'IA qui doit reconnaître des images de loup, mais a appris à les distinguer sur un fond blanc (neigeux) et à qui il suffit de donner des images de loup sur d'autres fonds pour la faire planter.

4) La dépendance à la quantité de données : pour faire marcher l'IA actuellement il en faut vraiment beaucoup, et les chercheurs essaient d'obtenir les mêmes résultats avec moins de données. Cela permettrait à un plus grand nombre d'acteurs de se lancer sur ce marché, au-delà des géants qui récoltent les tombereaux de big data.

5) Le transfert : prendre une IA performante sur une tâche et essayer de la faire marcher sur une autre.

Autant dire qu'avec une telle diversité on comprend qu'il n'y ait pas de consensus sur ce qui fait partie ou non de l'IA. Quoi de commun entre le traitement du son, de l'image, la reconnaissance vocale, la traduction, le raisonnement, le mouvement... Mettre tout cela sous la « marque ombrelle » de l'IA, comme on dit dans le marketing, est une commodité qui masque une très grande disparité. Et n'est-ce pas là que se trouve la réponse à LA question du moment : l'IA est-elle intelligente ?

Les IA, contrairement aux humains, se servent de calculs mathématiques nourris de millions d'exemples. Pour reconnaître un chat, l'algorithme adéquat a accès à une banque de données qui contient des millions de photos de chats. Et il est alors capable d'identifier un chat avec une probabilité de 98 %. C'est une prouesse indéniable. Mieux encore, Google Brain a été capable de détecter des têtes de chats et des formes humaines dans les millions de captures d'écran YouTube dont elle avait été nourrie pendant trois jours. Et le système, expliquait Andrew Ng, le fondateur de Google Brain, a découvert, selon ses termes, le « *concept de chat* » à partir d'une bouillie de pixels. Admettons, mais combien faut-il de chats à un enfant de 3 ans pour qu'il sache les identifier, même en faisant le poirier ou trois roulades arrière ? Seulement deux, car l'enfant va déduire cette nouvelle connaissance de celles qu'il a déjà : cela ressemble au Roi Lion ou au chien de mamie, mais pas tout à fait ; c'est un animal, et donc ça mange, ça boit et ça dort beaucoup. Or, on ignore comment coder ce « sens commun » qui fait qu'un enfant sait rapidement qu'un chat est un chat, que les orties piquent et que la flamme brûle.

Bête comme un manche à balai

Voilà ce qui fait dire à Andrew Moore que « *l'IA, c'est stupide, très stupide* ». Pour combien de temps ? À ce jour – le trait est attribué à Marvin Minsky –, « *il n'existe aucun ordinateur conscient de ce qu'il est en train de faire, mais la plupart du temps, nous non plus*[1]*...* » La messe est dite, les IA, actuellement au moins, n'ont d'intelligence que celle montrée par leurs concepteurs. On peut admirer leur fonctionnement ni plus ni moins qu'en observant *Curiosity* récoltant des cailloux sur la planète rouge grâce à son IA Aegis ou l'algorithme de Netflix recommandant une nouvelle série en fonction des goûts de chaque abonné. Mais on ne peut rien admirer de plus. Comme l'écrit Jean-Gabriel Ganascia[2], « *rien dans l'état actuel des techniques d'intelligence artificielle n'autorise à affirmer que les ordinateurs seront bientôt en mesure de se perfectionner indéfiniment sans le concours des hommes, jusqu'à s'emballer, nous dépasser et acquérir leur autonomie* ». L'IA forte et la singularité sont des fantasmes du retour de Dieu – pour ceux qui pensaient qu'il était parti ! – sous forme d'un dieu immanent, purement dans le monde et que nous aurions nous-mêmes créé. Une machine-dieu en somme qui n'a rien à voir avec le dieu des chrétiens, des musulmans et des juifs.

Pour autant, on peut être bête comme un manche à balai et causer un tas de dégâts, ou mal faire son travail. À vrai dire, le manche à balai, tout comme le robot, n'est ni bête ni intelligent. Mais chacun sait qu'il est susceptible de nuisances : dans la version animée de l'apprenti sorcier, Goethe revu par Walt Disney en 1940, on voit le jeune Mickey illustrer la vieille histoire de l'inventeur dépassé par son invention. Les balais, à qui l'apprenti confie la tâche de vider des seaux d'eau pour nettoyer l'atelier de son maître, exécutent l'ordre au pied de la lettre. Il en résulte une inondation

1. https://www.computerhistory.org/fellowawards/hall/marvin-minsky/
2. Jean-Gabriel Ganascia, *Le Mythe de la singularité : faut-il craindre l'intelligence artificielle ?* Seuil, 2017, p. 55.

catastrophique réclamant l'intervention du sorcier en chef. Le philosophe suédois Nick Bostrom a modernisé ce sujet avec une parabole effrayante où une IA bête mais disciplinée se consacre à la fabrication de trombones en utilisant toute la matière du monde, humains compris. L'histoire est facilement transposable à une IA envoyée, disons sur Pluton, et qui piloterait des *bots* construisant sans relâche des éléments d'une tour babélienne, faute d'instructions lui intimant de stopper.

La promesse de Babel

Avec cela, il faut rendre justice aux immenses possibilités offertes par l'utilisation d'algorithmes bien fichus. Aujourd'hui l'IA est employée, généralement avec succès, en imagerie médicale pour diagnostiquer des cancers du sein ou des poumons ou pour anticiper des crises cardiaques ; dans la lutte contre le réchauffement climatique, elle pourrait être utilisée pour mieux contrôler la production d'énergie renouvelable, faciliter le retrait du CO_2 de l'atmosphère et aider à la gestion par les gouvernements du changement climatique. Et – à tout seigneur tout honneur – je n'ai pas encore évoqué l'une des grandes réussites de l'IA, peut-être l'une des plus anciennes puisqu'elle est liée au problème de la traduction, autrement dit au mythe de Babel. Il y a, dans l'histoire de cette construction inachevée, plusieurs « leçons » possibles qui éclairent à la fois une promesse et un abîme de l'IA.

La promesse est évidente et merveilleuse : il y a plus ou moins 6 500 langages dont 2 000 très confidentiels à travers la planète et, le jour venu, chacun pourra sans difficulté entendre l'autre et le comprendre. Des gens qui parlent le tagalog pourront échanger avec d'autres, qui parlent le wolof. Ceux qui parlent un anglais aussi basique qu'hésitant converseront sans rougir avec un oxfordien pur jus ! Et cela arrive vite. En juillet 2019 à Las Vegas, on a pu voir Julia White, vice-présidente de Microsoft Azure, présenter une *keynote* en anglais tandis que son hologramme traduisait en japonais devant elle à l'intention d'un public équipé de casques de réalité augmentée. N'est-ce pas Babel à l'envers ? La réconciliation de tous les hommes ? Oui et non.

Dans la Genèse[1], l'Éternel constate que les hommes ont entrepris au pays de Schinéar la construction d'une tour dont le sommet touche au ciel. Selon l'interprétation classique, Dieu, mécontent de l'orgueil dont témoigne cette entreprise, fait que les hommes ne parlent plus la même langue, ce qui pose évidemment des problèmes de coopération entre les équipes du chantier. La construction s'arrête et les hommes sont dispersés à la surface de la Terre.

Le linguiste Umberto Eco propose une interprétation inverse[2] : il soutient que le polylinguisme, l'ensemble de toutes les langues, était la langue mère et que l'héritage laissé par Adam à ses fils, « *c'est la tâche de conquérir la maîtrise, pleine et réconciliée, de la tour de Babel* ». Une tâche entreprise et bientôt gagnée par l'IA. Sauf que, et c'est un abîme, l'altérité des hommes est également menacée par l'unité illusoire qu'un langage, celui de la machine[3],

1. Genèse, XI, 9.
2. En s'appuyant sur Genèse X, qui parle du polylinguisme des fils de Noé, donc avant la construction.
3. En NLP (*natural language processing*), tous les langages sont ramenés à des vecteurs dans un espace commun « latent ». Cet espace latent est

puisse rassembler les hommes : « *La fraternité de Babel est mensongère. Aucun homme n'y est reconnu pour ce qu'il est, mais pour son utilité dans la construction de la tour* », remarque le sociologue Shmuel Trigano[1]. Pour le dire autrement, la fraternité des hommes ne dépend pas des machines, ni des vrais ou des faux espoirs que nous plaçons en elles.

« *Le moyen de n'être pas dupé par la machine*, écrit le philosophe Emmanuel Mounier en 1959[2], *c'est de n'en pas attendre ce qu'elle ne peut donner [...] : faste ou néfaste, l'arracher au fantastique.* » Soixante ans plus tard, son avertissement mérite toujours d'être entendu.

---

très difficilement interprétable, donc inopérant en tant que tel. L'espace latent n'est qu'un système transitoire, permettant le va-et-vient entre langages, et n'est donc pas un métalangage, qui unifierait les langues en une seule et même représentation compréhensible de tous.

1. Shmuel Trigano, *Le monothéisme est un humanisme*, Le Livre de poche, 2006, p. 19-20.

2. Emmanuel Mounier, *La Petite Peur du XXe siècle*, Éditions de la Baconnière, 1959, p. 102.

19

Peut-on créer un dieu numérique ?

```
Je ne sais pas si nous autres humains croyons
moins en Dieu, mais il vaut la peine de se
demander pourquoi nous nous empresserions
non seulement de créer un dieu numérique
mais également de le craindre.
```

« If you've created a conscious machine, it's not the history of man. That's the history of gods. »

Caleb, *Ex Machina*

J'ignore si une IA forte[1] existera un jour. Je veux dire par là que je ne sais pas si des hommes concevront un jour un algorithme capable d'approcher, d'égaler puis de dépasser l'intelligence humaine : ce que l'écrivain de science-fiction Vernor Vinge a baptisé la « singularité », et d'autres l'hypothèse de l'IA forte. Je ne le sais pas et personne ne le sait vraiment. Si vous demandez aux chercheurs en IA, comme je le fais régulièrement, s'ils croient à la possibilité d'une IA devenant plus intelligente que l'homme, une moitié soupire

1. Cette thèse donne lieu elle-même, comme l'a montré John Searle, à deux versions, l'une « faible », l'autre « forte ».

et parle de fantasme, l'autre moitié soupire et indique que la question n'est pas « si », mais « quand », avançant une date généralement comprise entre 2050 et 2100[1]. Je ne dis pas cela pour établir une vérité statistique un peu vaine, mais pour signaler qu'il n'y a pas consensus sur la réponse à donner à cette question, ni même sur le sens de cette question.

Le concept de « singularité technologique » est adapté d'une réflexion du mathématicien John Von Neumann. Vernor Vinge, professeur d'informatique à San Diego University, devenu auteur de science-fiction, fait une conférence intitulée « *The Coming Singularity : How to Survive in the Post-Human Era ?* » (La singularité qui vient. Comment survivre à l'ère posthumaine ?) lors d'un symposium, « Vision 21 », organisé par la NASA en mars 1993. Vinge considère que ladite « *singularité technologique* », ainsi nommée par analogie avec les « *singularités gravitationnelles* » que sont les trous noirs – objets d'une densité infinie au voisinage desquels les lois de la physique traditionnelles sont suspendues –, va modifier radicalement l'évolution de l'humanité. C'est un événement dit-il, « *d'une importance comparable à l'apparition de la vie humaine* ». Les humains vont, selon lui avant 2030, « *créer au moyen de la technologie une entité plus puissante que l'intelligence humaine* ». Soit que les ordinateurs deviennent plus intelligents que l'homme, soit que le réseau des ordinateurs « *s'éveille* », soit que l'être humain connecte son corps à des ordinateurs ou modifie

1. Je soupçonne certains d'entre eux de proposer mollement une date pour ne pas passer pour de vieilles badernes et, à tout le moins, pour ne pas faire comme Lord Kelvin affirmant que jamais au grand jamais les plus lourds que l'air ne pourront voler, quelques années à peine avant que les frères Wright n'effectuent leur premier vol le 17 décembre 1903.

la biologie de son cerveau pour augmenter ses capacités. Dans tous les cas, Vinge assure que le cours de l'histoire humaine va changer : il s'agira de l'ultime machine inventée par l'homme, puisque cette dernière créera toutes les machines ultérieures et prendra les décisions de gouvernance (des flux financiers, des marchandises, des transports, etc.). Avec la singularité, en somme, dit Vinge, nous basculerons dans l'ère posthumaine. Qui accorde du crédit à ce récit ? Ma foi, pas mal de gens, hélas.

La menace de la singularité

Du côté des lanceurs d'alerte, on trouve pêle-mêle l'astrophysicien Stephen Hawking et l'entrepreneur Elon Musk, Bill Joy l'un des cofondateurs de Sun Microsystem et le philosophe Nick Bostrom, le physicien Max Tegmark, directeur du Future of Life Institute et Peter Norvig, directeur de recherche chez Google, Bill Gates également, enfin tout un paquet de gens superdiplômés, superintelligents et... superinquiets. Jaan Tallinn, par exemple, l'un des co-inventeurs de Skype, est convaincu non seulement qu'une IA forte est possible mais qu'elle deviendra une menace existentielle pour l'humanité, « *nous dominant*, dit-il, *comme nous dominons les primates* ». À ceux-là, il convient d'ajouter les enthousiastes forts comme Raymond Kurzweil et les gens de cet organisme un peu baroque – entre think tank, incubateur et institution scientiste – la Singularity University qui, comme son nom l'indique, se veut l'antichambre du futur radieux où les ordinateurs auront passé le fameux cap. Je suppose que dans leur esprit on accéderait en le doublant à l'univers (très drôle et sympathique) de la culture, décrit par l'écrivain anglais Iain Banks et dans lequel machines superintelligentes et humains vivraient dans une entente, *grosso modo*, cordiale.

Qui croire ?

Si je me tourne vers ceux qui ont un peu plus les mains dans le cambouis, disons les gens des labos de recherche en IA, de Luc Julia chez Samsung à Yann Le Cun chez Facebook, en passant par Edward Felten à Princeton et, me semble-t-il, la plupart des gens, dans ce domaine, que j'ai l'occasion de croiser, la question est plutôt considérée comme oiseuse.

Sachant qu'il est impératif de forger sa propre opinion sur un sujet qui intéresse l'avenir de l'humanité, j'ai pour ma part tendance à considérer en premier lieu leur opinion, c'est-à-dire celle de ceux qui travaillent au cœur du domaine plutôt qu'à sa périphérie. Au fond parce que je crois comme Jorge Luis Borges qu'« *il n'y a pas d'homme qui, en dehors de sa spécialité, ne soit crédule* ». Cela n'offre pas une garantie totale, loin de là, et le cimetière des certitudes scientifiques est encombré de déclarations sans appel qui se sont révélées vaines ; d'autant que – rien n'est simple – un spécialiste de l'IA pur jus comme Stuart Russell, coauteur avec Peter Norvig d'un manuel réputé sur l'IA, envisage dans son dernier ouvrage *Human Compatible : Artificial Intelligence and the Problem of Control* des IA devenues folles, nourrissant un enfant affamé avec le chat rôti au micro-ondes, déclenchant des tumeurs chez les humains pour mieux découvrir un médicament idoine, etc.

Si je me tourne vers Luc Julia, co-inventeur de Siri, il assène avec la force de conviction qui le caractérise que « *l'intelligence artificielle n'existe pas*[1] ». Et il appuie son affirmation sur l'idée que les algorithmes sont localement supérieurs aux hommes, c'est-à-dire sur des problèmes spécifiques, comme les échecs ou StarCraft II par exemple, mais qu'ils sont incapables de passer de leur hyperspécialisation à cette généralisation qui fait que les humains sont capables de relier deux idées apparemment disjointes et de faire appel à une expérience ou à une connaissance qui semble, à première vue, totalement hors de propos. Il ajoute cependant que « *je ne peux pas exclure que des progrès dans d'autres domaines, sciences cognitives ou biotechs, ne conduisent un jour à quelque chose qui ressemble à une véritable intelligence* ».

Un agnosticisme faible

N'étant pas plus royaliste que le roi, je me résous en matière d'IA à une sorte d'agnosticisme très faible. Je ne crois pas du tout à la menace d'une IA surhumaine (je crois beaucoup plus à la menace de la bêtise humaine naturelle), mais je reconnais mon incapacité à donner une réponse définitive. Pour être plus précis, je ne vois pas d'opposition de principe à la possibilité d'une IA forte, tout comme je n'en vois pas à la possibilité du voyage interstellaire. Néanmoins, dans un cas comme dans l'autre, les faits restent têtus : à l'heure actuelle, il faudrait 78 000 ans à un vaisseau spatial, du type *Voyager* ou *New Horizon*, se déplaçant à 17 km/s, pour parvenir près de l'exoplanète repérée autour

1. Luc Julia, *L'intelligence artificielle n'existe pas*, First Éditions, 2019.

de Proxima du Centaure, notre étoile la plus proche, à 4,3 années-lumière d'ici. Sauf percée tout à fait exceptionnelle – trous de ver ou dixième dimension –, nous sommes encalminés dans notre système solaire pour très longtemps. Et il en va de même, me semble-t-il, pour l'IA forte.

En revanche, je m'intéresse de près à ce que recouvre cette crainte, et parfois cet espoir, de la singularité. « *Il n'y a pas d'espoir sans crainte, ni de crainte sans espoir* », remarque Spinoza, côté pile et côté face d'une même pièce, analogue à celles que l'on jette dans le bassin de la fontaine de Trevi pour porter bonheur, conjurer l'avenir ou s'assurer qu'un jour on reviendra dans la Ville éternelle. Et il me semble que dans ce double aspect, médaille et son revers, on reconnaît deux choses.

Darwin, les machines et le diable

Tout d'abord, la poursuite d'un conflit qui apparaît *grosso modo* avec le XIXe siècle et voit s'affronter deux tendances à propos du machinisme industriel, libération pour l'une et asservissement pour l'autre. Un récit d'anticipation du français Émile Souvestre, datant de 1846, décrit ainsi un monde cauchemardesque où « *l'homme est devenu esclave de la machine* » et où des bébés sur étagères sont nourris automatiquement par des biberons alimentés par des pompes à vapeur… Une génération plus tard, Samuel Butler, dans un article publié en 1863, « Darwin parmi les machines », imagine que les machines évoluent et accèdent à l'intelligence puis à l'indépendance ; il pose alors une question familière : « Mais qui peut affirmer que la machine à vapeur n'a pas une espèce de conscience ? Où la conscience commence-t-elle ? Où finit-elle ? Qui peut fixer la limite ? Qui peut fixer une seule limite ? Toute chose n'est-elle pas solidaire de toute chose ? Les machines ne se rattachent-elles pas de mille manières à la vie animale ? » Dans *Erewhon* (1872), le roman que Butler écrit dans le prolongement de cet article, les Erewhoniens ont détruit toutes les inventions mécaniques après avoir lu les arguments visiblement convaincants de l'auteur du *Livre des machines* qui demande « *ne sommes-nous pas en train de créer les êtres qui doivent nous succéder dans la suprématie terrestre ?* »

Par ailleurs, la particularité des IA dans ce schéma général de la révolte des machines tient à l'aspect religieux du mythe de création qui leur est associé : Norbert Wiener, l'inventeur de la cybernétique, a donné corps à ce fantasme un siècle après Butler en disant des IA (il n'emploie pas le terme) qu'elles sont « *l'homologue du Golem du rabbin de Prague*[1] ». Autrement dit, on baigne dans une idée de création divine, dès l'apparition de l'informatique. Et avec elle, l'idée que l'homme va peut-être libérer une force destructrice qu'il ne saura pas maîtriser. C'est un équivalent de cette crainte que traduit Elon Musk lorsqu'il déclare qu'« *avec l'IA on est en train d'invoquer le diable. Vous voyez ces histoires où l'on voit un type tracer un pentagramme en assurant qu'il va pouvoir contrôler le démon ? Souvent, ça ne marche pas*[2] ». Le diable ou le bon Dieu ? Pour un croyant comme moi, il y a quelque chose de prévisible dans l'ascension météorique de cette figure numérique dans le ciel occidental. Quoi qu'on fasse et quoi qu'on dise, Dieu n'a pas disparu des radars de

1. *God & Golem, Inc*, MIT Press, 1964.
2. Elon Musk, *Conversation with Elon Musk*, MIT AeroAstro Centennial 1914-2014 Symposium, 22-24 octobre 2014, Cambridge, Massachusetts.

la modernité et, là où on le congédie par la porte, il rentre par la fenêtre. On sait qu'en Occident, mais plus particulièrement en France, la part des « sans religions », athées ou agnostiques, est passée de 27 % à 48 % en quarante ans[1]. Aux États-Unis, elle est passée de 17 % en 2009 à 26 % aujourd'hui. Ce déclin ne reflète certes pas l'état religieux du monde puisque 84 % de la population mondiale s'identifie à un groupe religieux[2]. Néanmoins, il explique, me semble-t-il, ces formes cryptoreligieuses qui poussent comme les champignons après la pluie et dont l'une au moins est directement issue de la Silicon Valley : « *S'il existe une chose un milliard de fois plus intelligente que l'humain le plus intelligent, comment l'appelleriez-vous ?* » demande Anthony Levandowski, pionnier de la robotique et ingénieur spécialiste de la voiture autonome qui s'est fait l'apôtre d'une religion de son cru « Way of the Future » destinée à promouvoir « *le culte d'une figure divine fondée sur l'intelligence artificielle* ». Comment la baptiser ? « La créature » comme dans *Frankenstein* ? HAL comme dans le *2001 : l'Odyssée de l'espace* de l'écrivain Arthur C. Clarke ? Levandowski sous-entend évidemment qu'il faudrait l'appeler Dieu. Je passe sur l'infantilisme mâtiné d'opportunisme de sa proposition pour n'en retenir que l'expression d'une crainte identique à celle du libertin incroyant de Pascal reconnaissant que *le silence éternel des espaces infinis l'effraie*. Il y a quelqu'un ? Sauf que la question ne s'adresse pas aux étoiles lointaines mais à une boîte noire, ou pseudo-noire, de l'IA. Et dans les deux cas, on ne sait pas ce qui terrifierait plus le questionneur, de la réponse ou de l'absence de réponse…

1. *Le Point*, 24 mai 2019.
2. https://www.theguardian.com/news/2018/aug/27/religion-why-is-faith-growing-and-what-happens-next

Les humains rêvent-ils de dieux électriques ?

« *Peut-être que notre rôle sur cette planète n'est pas d'adorer Dieu, mais de le créer* », observait Clarke[1] bien avant Levandowski. Mais on touche là à un fantasme récurrent de la Silicon Valley.

Personne, à ma connaissance, dans le milieu de la *tech* ne prend l'autoroute 101 au petit matin, direction Palo Alto ou Mountain View, en se disant : « Tiens, aujourd'hui, c'est LE jour : je crée un dieu. » Notez bien que ce n'est pas que l'endroit manque de visionnaires – ou de mégalomanes, c'est selon –, seulement que s'ils l'étaient à ce point-là ils s'attribueraient la divinité à eux-mêmes… Plus sérieusement, ce mythe de la singularité pose une question de (bon) sens : pourquoi rêver d'une machine à qui nous autres humains déléguerions nos responsabilités ? Parce que c'est épuisant la responsabilité, c'est dur, c'est fatigant ! Pour emprunter le vocabulaire de la psychanalyse, on devient humain en faisant le deuil de la toute-puissance et en acceptant de sortir de l'enfance par l'apprentissage des responsabilités, par la découverte des désirs, de la frustration, de la souffrance, du plaisir, de la joie et au bout du compte par le sentiment qu'il faut gagner sa vie dans tous les sens du terme. C'est ce qu'a magnifiquement exprimé le poème *If* de Rudyard Kipling : « Tu seras un homme, mon fils ! »

Bienveillant ou malveillant, l'être mythique que Levandowski et d'autres imaginent suggère de faire le

1. « *It may be that our role on this planet is not to worship God but to create him* » (http://clarkeinstitute.org/arthur-c-clarke/quotable-arthur-c-clarke).

chemin à l'envers. De retomber en enfance en quelque sorte. Et c'est visiblement une réussite, au vu du nombre de personnes qui croient en ce dieu électrique. Le philosophe Gilbert Simondon, toujours dans cette période de l'IA balbutiante, considérait que l'homme « *cherche à construire la machine à penser, rêvant de pouvoir construire la machine à vouloir, la machine à vivre, pour rester derrière elle sans angoisse, libéré de tout danger, exempt de tout sentiment de faiblesse, et triomphant médiatement par ce qu'il a inventé* ». C'est le monde de la *Matrix* dans les films des frères Wachowski. Un fantasme pur de retour dans l'utérus maternel où l'on échange l'infinie variété d'une vie limitée dans le temps contre le paisible sommeil d'une vie prolongée.

Mais on sait à quel point l'enfance est importante, en particulier dans le christianisme. Dieu s'y fait nouveau-né et comme dit un sermon grec du IVe siècle, « *l'infini a des langes*[1] ». En termes contemporains, cela souligne que chacun d'entre nous, croyant ou incroyant, bouddhiste ou catholique, animiste ou taoïste, passe par une enfance spirituelle essentielle dans sa construction. Une expérience de Dieu, du divin, de la transcendance, chacun l'appelle comme il veut. Qu'on m'apporte une IA avec l'expérience de l'enfance ?

---

1. Amphiloque d'Iconium, cité par Sylvie Barnay, « De l'Enfant-Jésus à l'enfance spirituelle, une relecture de l'histoire du christianisme », *Transversalités*, vol. 3, n° 115, 2010.

20

Mars ou crève

```
Est-il réaliste d'envisager une colonisation
de la Lune, de Mars ou de l'espace interplané-
taire ? et si oui, est-ce souhaitable et qui
éteindra la lumière en quittant la Terre ?
Autour de cette question, les influences de la
science-fiction atteignent leur paroxysme.
```

« Mais un jour la Terre sera comme Mars aujourd'hui. Ça nous calmera. C'est une leçon de choses sur la civilisation. »

Ray Bradbury,
Chroniques martiennes, 1950

Le 6 février 2018, la Tesla Roadster rouge de l'entrepreneur américain Elon Musk a été envoyée dans l'espace avec un mannequin, le Tesla Starman, derrière le volant, le *Guide du Routard galactique* dans le vide-poches – la mention associée *Don't Panic* inscrite sur le tableau de bord – et l'autoradio diffusant *Space Oddity* de David Bowie jusqu'à épuisement de la batterie. À l'heure qu'il est, la voiture dérive quelque part dans le système solaire et repassera près de la Terre en 2091, à moins qu'elle n'en ait été éjectée d'ici là. Musk avait prévenu qu'il enverrait le « *truc le plus idiot que l'on puisse imaginer* ». Il a tenu sa promesse. Une opération à 90 millions de dollars, pas si idiote en définitive, sachant qu'un spot de publicité de 30 s durant le Superbowl coûte environ 5 millions de dollars pour atteindre autour de 100 millions de téléspectateurs et qu'avec des dizaines de millions de vues sur YouTube pour quelques heures de diffusion, sans parler du fait essentiel que ce lancement est devenu culte, Musk l'emporte largement en impact. Un beau coup de pub pour Tesla et un clin d'œil potache adressé aux générations nées avec *Star Wars* et ayant biberonné l'espoir qu'un jour des moteurs supraluminiques mettront les étoiles à portée de fusée ou qu'un gars aussi cool qu'Ozzie dans le roman de Peter Hamilton *L'Étoile de Pandore* se déplacera instantanément d'une étoile à l'autre en passant par des trous de ver.

Musk fait partie, avec le patron d'Amazon Jeff Bezos et quelques autres mogols du numérique, du club, forcément très exclusif vu le coût du ticket d'entrée, des entrepreneurs privés capables d'investir dans la conquête spatiale.

Cependant les uns et les autres diffèrent sur le lieu. Musk veut terraformer Mars un peu à la manière décrite par Kim Stanley Robinson dans sa trilogie martienne[1], mais de façon plus offensive : la solution préconisée par ses ingénieurs consisterait à bombarder les calottes glaciaires avec des ogives nucléaires pour libérer dans l'atmosphère martienne le dioxyde de carbone et l'eau nécessaires à un réchauffement par effet de serre. Selon la NASA, c'est impossible dans l'état actuel de nos connaissances, mais peu importe, Musk y croit. Bezos, pas du tout : dans une

1. Kim Stanley Robinson, *Mars Trilogy*, HarperCollins, 1992-1999.

conférence au Yale Club de New York, il a demandé avec un brin de sarcasme « *qui voudrait vivre sur Mars ? Allez passer un an au sommet de l'Everest, c'est le paradis à côté de Mars* ». Mais si Bezos récuse Mars, c'est pour mieux s'intéresser à la Lune. Pour le fondateur de Blue Origin, qui, lors de ses années à Princeton, fut un membre très actif du Students for the Exploration and Development of Space, notre satellite est une première étape vers un essaim de colonies spatiales : le système solaire aurait les moyens, affirme-t-il, d'abriter 1 000 milliards d'êtres humains répartis dans des colonies spatiales à géométrie variable. Pensez, a-t-il anticipé avec enthousiasme, que l'humanité disposerait ainsi de « *1 000 Einsteins et 1 000 Mozarts* » !

Mille Mozarts ou mille Hitlers ?

À ce compte-là, on récupérerait aussi 1 000 Hitlers et 1 000 Stalines, mais n'ergotons pas. James Gleick, grand vulgarisateur et passionné de science, a remarqué avec philosophie qu'en décryptant les ambitions spatiales de Jeff Bezos on découvre parfois à quel point les motivations principales de quelqu'un sont fondées sur une totale incompréhension de la réalité.

Il a raison bien sûr, même si on pourrait lui opposer qu'en suivant ce raisonnement Christophe Colomb n'aurait jamais découvert l'Amérique et qu'une succession de comités d'éthique auraient régulièrement savonné la planche d'accès à *La Pinta*, laquelle n'aurait jamais largué les amarres avec sa conserve.

C'est possible ; mais dans cette hypothèse, la variole n'aurait peut-être pas décimé les Aztèques et les civilisations des deux Amériques se seraient développées différemment…

Alors, sans pratiquer plus que de raison le jeu du « et si… », disons qu'il faut être conscient que la création de commissions *ad hoc* peut porter un coup de grâce (en l'occurrence mal nommé) à des rêves, mais qu'il n'en reste pas moins, forts de notre recul sur les dangers du colonialisme, que réfléchir aux conséquences éthiques de la conquête de l'espace ne paraît pas totalement déraisonnable… Et ce même si les colons spatiaux ont peu de risques de déranger des populations autochtones.

Sortir du berceau ?

À commencer par la première des questions, pourquoi aller sur Mars (ou sur la Lune, ou sur Titan, Phobos ou Deimos, etc.) ? Le célèbre théoricien russe de l'astronautique Konstantine Tsiolkovski a fameusement argué que « *La Terre est le berceau de l'humanité, mais on ne peut vivre éternellement dans son berceau* ». C'est une parole vigoureuse et un élément de réponse mais il n'épuise pas le sujet. Pour le dire autrement, la conquête spatiale (et passons sur l'usage du mot conquête) est-elle un enjeu vital pour l'humanité ?

Si vous demandez à la NASA ou à son homologue européen l'ESA ce qui les motive dans la conquête de Mars, leurs réponses sont identiques : rechercher des traces de vie, comprendre l'évolution de la planète rouge et envoyer des robots en exploration pour préparer une mission habitée avec, en particulier, la recherche de réserves d'eau sous forme de permafrost, de lac souterrain ou de calotte glaciaire. Mars, remarque Laura Kerber qui étudie le volcanisme martien au JPL (Jet Propulsion Laboratory) pour le compte de la NASA, est la plus habitable des planètes du système solaire, après la nôtre bien sûr (et on ajoute tout de même, « loin derrière »). Comprendre l'une aide à comprendre l'autre, en somme.

Est-ce vital pour l'humanité ? Pour ma part, c'est une certitude. Il m'est aussi capital de découvrir que finalement, les séismes martiens sont différents des nôtres que d'écouter le pianiste Evgeni Koroliov jouer les *Variations Goldberg* ou prier au petit matin dans la chapelle du couvent. Je veux dire que cette « trinité » art, science et spirituel forme un tout essentiel à la connaissance du monde et qu'aucune de ses parties n'est superflue.

Les motivations des industriels du privé sont sans doute plus composites, je veux dire qu'elles comportent, c'est naturel, un aspect business, ni plus ni moins que celui des armateurs dieppois qui finançaient les nefs corsaires de la Renaissance. Faire rêver de la conquête de Mars permet de mobiliser les énergies nécessaires au développement de lanceurs commerciaux. De fait, en quelques années, ces sociétés arriveront à faire concurrence à la toute-puissante Ariane, ce que la NASA n'avait pas réussi. Comme disait Les Brown, « *Visez toujours la Lune. Même si vous la manquez, vous atterrirez parmi les étoiles* ».

Nous n'avons pas de canots de sauvetage

Mais le contexte du XXIe siècle, sur fond de catastrophe climatique et de surpopulation, change profondément la donne. D'où l'intérêt potentiel de prendre soin de la nef sur laquelle nous sommes collectivement embarqués, d'abord, et de disposer de canots de sauvetage ensuite. Au cas où... L'idée n'est d'ailleurs pas neuve : autre père fondateur de l'astronautique, l'Américain Robert Goddard suggéra en 1918 que l'humanité bâtisse une arche interstellaire pour anticiper la mort de notre Soleil (dans 5,5 milliards d'années, ce qui laisse le temps de la réflexion). Mais revenons à la question principale : pourquoi Mars, et pourquoi maintenant ? Pour y répondre, un petit voyage dans le temps s'impose. Un petit voyage personnel d'abord.

Un an trop tard

Je suis né un an trop tard et j'ai raté les premiers pas sur la Lune de Neil Armstrong et Buzz Aldrin. Je vous accorde que je n'aurai pas vu ou retenu grand-chose, mais je me plais à m'imaginer dans les bras de mes parents, scotchés devant leur télé comme 500 millions d'humains. Je sais bien qu'aujourd'hui le dernier épisode de *Game of Thrones* ou la finale d'une coupe du monde de football rassemble plusieurs milliards de spectateurs, mais justement, non. Le verbe *rassembler* ne s'applique pas, il me semble, au final d'une série Netflix ou au match France-Croatie en 2018. N'en déplaise aux footeux et aux *binge-watchers*, la nuit du 4 juillet 1969 a été une communion *mondiale* qui submergeait largement les nationalismes de la course à l'espace :

dans ce qui était alors l'URSS, la *Pravda* ne s'y est pas trompée en titrant « Des terriens sur la Lune ».

À l'époque, c'était l'évidence, Mars serait la prochaine étape. Le président Richard Nixon voulait attacher son nom à un programme spatial ambitieux comme Kennedy avec les missions Apollo. Il réclamait qu'un astronaute mette le pied sur la planète rouge dès 1982 ! Pour répondre à son attente, Wernher von Braun, nommé administrateur adjoint de la NASA, avait élaboré un programme à peine moins optimiste : l'homme, affirmait l'ancien responsable du programme nazi des fusées V1 et V2, atteindra la planète rouge en 1989.

La fin d'un rêve

Le fait est que le rêve est déjà en train de s'effriter. Les astronautes revenus de la Lune ont beau courir d'une célébration à l'autre pour vanter la conquête spatiale, des voix s'élèvent pour dire que notre planète bleue n'est pas à l'abri d'une catastrophe nucléaire mais aussi écologique. Le 22 avril 1970, pour le premier « jour de la Terre », le secrétaire des Nations unies, U Thant, déclare que « *le vaisseau Terre a été laissé sans direction et sans intendance* ». Avec le choc pétrolier et les sombres prévisions du Club de Rome, l'enthousiasme pour une conquête spatiale onéreuse fléchit. Enfin, et peut-être surtout, on se rend compte qu'il était certes fantastique de poser le pied sur la Lune et de voir, pour la première fois, un clair de Terre, mais que l'événement soulignait brutalement la réalité astronomique implacable : la Terre se balade dans une lointaine banlieue cosmique de la Voie lactée et aucun programme au monde ne saurait faire franchir aux hommes la distance vers d'autres étoiles. Au temps, pour les rêves d'*imperium* stellaire qui vont rester l'apanage des romans de science-fiction et du cinéma.

Enfin pas tout à fait. Les relations intimes qui se sont nouées au cours des décennies entre science-fiction et nouvelles technologies sont bien plus subtiles que cela, même si les liens de causalité de l'une vers les autres (et *vice versa*) sont très rarement linéaires. Néanmoins ils existent : il va de soi qu'une invention ne naît pas *ex nihilo*, mais trouve ses racines dans l'imaginaire d'une époque. Et vu le rapport étroit qu'elle entretient avec ce qu'elle imagine des technologies du futur, la science-fiction est plus susceptible d'inspirer les inventeurs que, disons, des romans de chevalerie : l'obus lunaire de Jules Verne a fait rêver Braun et Tsiolkovski, et les trois lois de la robotique énoncées par Isaac Asimov en 1942 ont hanté, et hantent encore, les ingénieurs travaillant dans le domaine de l'IA.

La conquête de Mars, et la colonisation du système solaire, pour utiliser le vocabulaire de l'époque, ont beau apparaître comme économiquement et techniquement irréaliste à ceux qui ont les mains dans le cambouis, d'autres ne sont pas si bégueules et promeuvent ardemment l'idée que cette conquête est non seulement faisable mais vitale. Pour James Lovelock qui a étudié Mars avant de s'intéresser à la Terre, avec son hypothèse Gaïa, il y aurait là la possibilité d'un nouveau départ et il imagine une utopie martienne dans un roman de science-fiction, *Greening Mars*, où il rêve que les hommes vivraient sans égoïsme, sans mensonge, avec confiance et harmonie. Il n'est pas le seul et paradoxalement de nombreux écologistes se font à l'époque les avocats de l'expansion de l'humanité dans l'espace. L'historien des sciences de l'environnement Peder Anker a consacré une étude passionnante à cette question. Il montre en particulier comment, à l'origine, les écologistes s'intéressant à Mars se sont inspirés des recherches militaires sur la conception d'habitats clos dans les sous-marins ou dans les bunkers prévus en cas d'attaque nucléaire. Comment ensuite l'éthique environnementale s'est inspirée des méthodologies et des techniques nécessaires à la vie en espace confiné avec le maximum de recyclage possible. Les écologistes qui voient déjà se profiler une destruction industrielle et consumériste de la Terre se tournent assez naturellement vers l'espace, et la possibilité de colonies spatiales. La construction de Biosphère II commence en 1987.

L'éléphant blanc

Lorsque *Le Retour du Jedi* sort en salle, le 19 octobre 1983, le public américain peut raisonnablement reconnaître à l'écran une projection à peine cartoonisée d'un temps glorieux dans lequel l'armée des bons triomphe, avec peine, mais où serait la victoire sinon d'un ennemi maléfique, qu'il vienne de la planète Mars ou d'une lointaine galaxie. Le 8 mars, Ronald Reagan avait évoqué devant l'Association nationale des évangéliques, « *les pulsions agressives d'un empire du mal* ». Le 23 mars surtout, il prononce un discours qui restera dans l'histoire comme celui de *Star Wars* et dans lequel il réclame à « *la communauté scientifique de notre pays, celle qui nous a donné les armes nucléaires, de placer leurs immenses talents au service de l'humanité et de la cause de la paix pour nous donner cette fois les moyens de rendre ces armes nucléaires inopérantes et obsolètes* ». Il ajoute qu'il s'agira « *d'un nouvel espoir pour nos enfants* ». C'est l'acte de naissance du

Strategic Defense Initiative, le SDI, équivalent d'un projet Manhattan, mais orienté vers la construction d'un bouclier constitué d'un réseau de satellites tueurs, équipés de lasers X et de missiles antimissiles, prêts à intercepter en vol les ICBM (missiles intercontinentaux) soviétiques. Parmi les inspirateurs du discours, il y a Jerry Pournelle, plume de Reagan du temps où il était gouverneur de Californie et écrivain de science-fiction militaire. Pournelle fait partie de la L5 Society, une association de lobbyistes qui promeuvent la colonisation de l'espace. Dans son esprit, le SDI permettrait de passer d'une doctrine MAD (*mutual assured destruction*), c'est-à-dire de l'équilibre de la terreur, à une doctrine MAS (*mutual assured survival*).

Le Congrès est appelé à voter un budget de 30 milliards de dollars sur cinq ans pour les recherches préliminaires. L'annonce est bien accueillie – à 68 % selon un sondage de *Time* – dans une opinion publique américaine fameuse pour son optimisme technologique. Même si quelques opposants donnent de la voix. Après avoir écouté Reagan, le sénateur démocrate Edward Kennedy qualifie le SDI de « *programme Star Wars* » et il ajoute : « *Nous devons renoncer à l'idée grotesque d'un ranger du ciel solitaire tirant au laser sur les hors-la-loi soviétiques et faisant sauter les missiles de leurs mains.* » Dans les faits, c'est un cauchemar technique, financier, militaire et politique. Un éléphant blanc qui marque la dernière grande glaciation des relations Est-Ouest avec une URSS dans la position du joueur de cartes incapable d'appeler le bluff et de suivre la relance astronomique de son adversaire. On sait, en effet, désormais le rôle que jouait ce programme dans la partie de poker menteur visant à épuiser les ressources financières d'un bloc de l'Est déjà exsangue. En Europe, le projet est vécu au mieux comme une « ligne Maginot spatiale », au pire comme de l'huile jetée sur le feu de la course aux armements et une rupture de l'équilibre de la terreur. Dix ans plus tard, le secrétaire à la Défense américaine annonce « *the end of the Star Wars era* ».

Un peu plus tard, il y aura Biosphère II qui tentera, sans grand succès, de modéliser des conditions de vie martienne pendant deux ans.

Assurance apocalypse

Reid Hoffman, fondateur de LinkedIn, a affirmé au journaliste du *New Yorker* que plus de 50 % des milliardaires de la Silicon Valley ont acquis ce qu'ils appellent une « assurance apocalypse ». C'est-à-dire une parcelle de terre qu'ils estiment assez sécurisée pour s'y réfugier en cas d'effondrement du système mondial ou de catastrophe naturelle. Ces achats auraient d'ailleurs augmenté depuis le Brexit et l'accession de Donald Trump à la présidence des États-Unis. Selon lui toujours, la Nouvelle-Zélande est un pays très prisé pour cela. Les statistiques démontrent d'ailleurs qu'en 2016 des étrangers ont acheté plus de 3 500 km^2 de terres néo-zélandaises, soit quatre fois plus qu'en 2010.

« *Now it's time to leave the capsule if you dare* », chante David Bowie dans *Space Oddity* en 1969. Très bien, mais pour y chercher quoi ? Avec quels objectifs ? Pour fuir quoi ? À quel prix : non pas en termes de coût mais en termes de travail, d'exploitation, d'impacts sur nos environnements et aussi sur notre bien-être et nos imaginaires ? La conquête spatiale n'échappe pas à ces questions. Cela a-t-il du sens de travailler, d'exploiter, de se mettre en danger, de mettre en péril l'environnement pour aller chercher ce que l'on a déjà ? Ivan Illich, l'un des précurseurs de la décroissance, considère qu'avec le développement d'une nouvelle technologie, institution ou pratique, on parvient immanquablement à un seuil de contre-productivité. Là où cette innovation avait pour objectif de libérer et de répondre à des besoins fondamentaux, à partir d'un certain niveau elle devient plus problématique qu'utile. Mais n'est-ce pas là un travers bien connu de l'humain ? Il court toujours pour chercher ailleurs ce dont il dispose déjà. Une planète à terraformer ? J'en connais une très bien : la Terre. Et, même s'il y a des travaux à prévoir, l'investissement serait assez modeste pour la rendre parfaitement habitable, pas trop chaude ni trop polluée. Serons-nous les nouveaux Adam et Ève, essayant de mettre la main sur toujours plus, et perdant par là même le paradis qui nous était offert ?

Au fond du fond, je pense qu'on a bien d'autres chats à fouetter que de se lancer dans un programme coûteux de conquête martienne, qu'il y a bien d'autres urgences et d'autres causes pour y investir ces milliards. Et qu'on ne vienne pas me raconter que la Terre a besoin de canots de sauvetage. Pour aller vers quels ports ? Avec quelle humanité ? Rappelons que l'on sait, au moins depuis le naufrage du *Titanic*, qu'il faut prévoir assez de canots de sauvetage pour tout le monde. L'humanité n'est pas une plante dont il suffirait de préserver une bouture en la balançant dans l'espace ; chaque individu aspire légitimement au salut. Vous pourrez toujours arguer que Noé n'a pas bâti une arche pour tout le monde, mais le réchauffement climatique n'est pas une épreuve envoyée par Dieu. Et puis, le déluge, Dieu lui-même s'en est repenti[1].

1. Genèse, IX, 9-17.

Une conquête un peu futile, en somme. Et malgré cela, humain trop humain, je confesse que je resterais toute la nuit devant mon écran si je pouvais avoir la chance de voir un humain, ou un robot d'ailleurs, ou un cyborg marquer la première trace de pas dans la poussière de la planète rouge.

Conclusion

L'homme qui voulait être Dieu

« Nous valons ce que valent nos joies »

Thomas d'Aquin

Nous vivons au rythme de deux révolutions, l'une climatique, l'autre numérique.

Concernant la première, j'ai dit en introduction que nous, *Homo sapiens*, savons aujourd'hui que nous sommes embarqués sur un vaisseau unique. Et hardi, matelots ! il faut en prendre soin, passer le faubert sur les ponts, décrasser la coque et vérifier le calfatage et les accastillages. Pas de *backup* pour les terriens. Le réchauffement climatique aura eu pour effet collatéral bénéfique de souligner que nous ne sommes absolument pas « *maîtres et possesseurs de la nature* », selon la célèbre expression du philosophe René Descartes[1], mais que, voulues ou non, chacune de nos actions entraîne des rétroactions. Le chimiste Paul Crutzen a identifié et

1. Descartes dans le *Discours de la méthode* parle de « *nous rendre comme maîtres et possesseurs de la nature* ». Mais il précise que ce « *n'est pas seulement à désirer pour l'invention d'une infinité d'artifices [...] mais principalement aussi pour la conservation de la santé, laquelle est sans doute le premier bien et le fondement de tous les autres biens de cette vie* ».

nommé ce nouvel âge géologique l'anthropocène pour désigner ce moment où les populations humaines ont commencé à peser sur les phénomènes géophysiques.

Nous, les humains

J'ai dit que c'est une chance, et il ne s'agit ni d'un effet de manche ni d'un vœu pieux : c'est bien une chance. Celle de l'homme qui touche le fond et donne le coup de pied salvateur qui le renvoie à la surface ? Pas seulement. Le fait est que la prise de conscience du danger qui pèse sur notre espèce nous amène à dire *Nous*. *Nous, les humains*. Et ce pluriel n'est pas de majesté mais de solidarité. C'est bien la première fois dans notre histoire. Face à la possibilité de son extinction, la société humaine se découvre non pas égalitaire – le *Titanic* est resté jusqu'au bout le reflet d'une société cloisonnée –, mais disons en colocation : cela ne suffit pas pour faire de la Terre un jardin d'Éden mais déjà un endroit dont on peut espérer que les générations plus jeunes vont prendre la main sur l'entretien des parties communes... Un endroit dont chacun se sent un peu plus responsable. Le Christ, dit Paul dans sa lettre aux Galates, « *nous a libérés, pour que nous soyons vraiment libres* ». Libres donc responsables.

Peu après Hiroshima, le philosophe Emmanuel Mounier écrivait que « *pour la première fois depuis longtemps les hommes sont hantés par l'idée que la fin du monde est possible, sa menace nous accompagne, notre vie d'hommes pourrait en connaître la réalisation*[1] ». Les causes sont différentes, les inquiétudes

1. Emmanuel Mounier, *op. cit.*

identiques, mais nous avons d'autres raisons d'espérer. En 1979, un autre philosophe, Hans Jonas, répondait à l'inquiétude formulée par Mounier en inversant le « *Tu dois donc tu peux* » formulé par Emmanuel Kant en « *Tu peux donc tu dois* ». Il me semble que la prise de conscience que j'évoquais va dans ce sens. Nous pouvons agir et nous pouvons être meilleurs. Et je choisis, c'est mon pari à moi, de penser que le pire n'est pas toujours à venir et que l'humain, fût-il un *executive* aux yeux rivés sur une courbe de rendement, n'agit pas systématiquement comme le scorpion de la fable qui demande à la grenouille de le transporter de l'autre côté du fleuve. Au milieu de la rivière, il ne piquera pas son sauveur, et la plupart des hommes sont ainsi.

La seconde révolution

Ensuite, parce que la seconde révolution a ceci de particulier, il me semble, que depuis 300 000 ans qu'*Homo sapiens* parcourt la planète c'est également la première fois que ses capacités créatrices le plongent dans un changement si profond en un temps si court. Par sa concentration et sa fulgurance, nous vivons, c'est un fait, un moment de créativité comme aucune société humaine n'en a connu. La Renaissance et la révolution industrielle ont été incontestablement des moments similaires, mais dilués, si l'on peut dire, sur plusieurs générations. En 1907, le philosophe Henri Bergson remarquait ainsi qu'« *un siècle a passé depuis l'invention de la machine à vapeur, et nous commençons à peine à ressentir la secousse profonde qu'elle nous a donnée* ». Mais nous ? Une génération, trente ans à peine, aura suffi pour basculer dans le monde des moteurs de recherche et des réseaux sociaux, des smartphones et du big data, des robots et de l'IA. Et la secousse a été immédiatement ressentie même si nous sommes encore loin, très loin, d'en analyser les conséquences.

Avec cela, il semble que jamais savants et ingénieurs n'auront autant posé par leurs inventions et découvertes de questions relevant traditionnellement de la théologie et de la philosophie. Je les ai évoquées tour à tour dans ce livre : jusqu'où l'interaction homme-machine peut-elle s'étendre ? Est-il possible de numériser la conscience ? La télécharger à volonté, en changeant de corps, comme on change de voiture ? Et que devient l'âme ? Un cyborg serait-il plus ou moins qu'humain ? Faut-il croire avec Masahiro Mori, l'inventeur d'*Asimo*[1] que « *les robots ont la nature du Bouddha en eux, c'est-à-dire la capacité de réaliser l'éveil* » ? Une IA peut-elle devenir singulière, c'est-à-dire surhumaine ? Pouvons-nous créer nos propres dieux en somme ? L'immortalité est-elle possible, est-elle souhaitable ? Marx avertissait que l'automatisation du travail allait faire de l'homme « *un simple appendice des machines* », mais que reste-t-il à l'homme si des robots le remplacent à tous les échelons de la société : un monde de loisirs tel qu'on l'attribue aux aristocrates romains, entre hébétude sur canapé et shopping anxiolytique ? Et les algorithmes ? Comment s'assurer que la récolte des données se fasse pour le bien commun ? Comment faire en sorte que tel ou tel programme ne menace jamais la dignité de tel ou tel groupe humain ? Comment s'assurer que le *ranking* des moteurs de recherche, donc la hiérarchisation des informations sur Internet, contribue à renforcer la démocratie plutôt qu'en saper les fondements ?

1. Robot ainsi baptisé en hommage à l'écrivain Isaac Asimov, inventeur (entre autres) des trois lois de la robotique.

En réalité, il me semble que ces questions – et la liste précédente est loin d'être exhaustive – peuvent être réparties en deux blocs : dans l'un, je placerais les questions pragmatiques, en particulier d'éthique, et dans l'autre, celles qui relèvent d'expériences de la pensée et souvent de fantasmes qui touchent plus ou moins directement à l'espérance, ou à la crainte de faire apparaître un dieu immanent. C'est tout de même un peu paradoxal de constater à quel point cette idée de Dieu, que la modernité a voulu depuis Nietzsche reléguer au rayon des antiquités, ressurgit sous la forme d'un dieu-machine. Un *Deus ordinator*[1] dont ceux qui l'appellent de leurs vœux (au moins dans le discours) ne semblent pas imaginer que sa perfection mécanique ne s'embarrasserait probablement pas des imperfections humaines…

Un être, non un avoir

En tout cas, cette vaste nébuleuse dans laquelle se nichent aussi bien l'idée d'une singularité de l'IA que l'hypothèse d'une numérisation de la conscience, sans omettre la quête de l'immortalité, relève à mes yeux de chrétien d'un discours qui n'est pas seulement infantile mais pernicieux parce qu'en focalisant l'attention sur des problèmes qui n'existent pas, il détourne la réflexion des problèmes qui existent. Pascal distinguait trois ordres dans ses *Pensées*, celui des corps, celui des esprits et celui de la charité. S'il vivait aujourd'hui, peut-être ajouterait-il celui des fantasmes !

1. Pour traduire le mot *computer* en français, IBM a fait appel au philologue Jacques Perret qui a suggéré le mot « ordinateur », comme le rappelle Mark Alizart dans son essai *Informatique céleste* (PUF, 2017). « *Domine Deus, ordinator et creator* », écrit saint Augustin dans ses *Confessions*.

J'ai dit infantile parce que pour un chrétien c'est une évidence : un être humain se caractérise par l'unité de l'âme qui est immortelle et du corps, lequel, dit l'apôtre Paul, *sera transfiguré par le Christ « pour le rendre semblable à son corps de gloire »*. Autant dire que dans une religion de l'incarnation, l'union hybride d'un corps artificiel avec un esprit numérisé est une absurdité. Pour le dire autrement, d'un point de vue chrétien (mais pas seulement), le corps n'est pas un avoir mais de l'être, pas une location Airbnb pour un esprit de passage mais la partie indissociable d'un tout. Quant à l'immortalité, l'homme, dit saint Augustin dans *La Cité de Dieu*, est « *temporel* ». Et pour tout dire, il naît. Hannah Arendt ne dit pas autre chose lorsqu'elle affirme que « *le nouveau venu possède la capacité d'entreprendre du neuf, c'est-à-dire d'agir*[1] ». Chacun d'entre nous possède cette merveilleuse capacité.

Une fois écartée cette partie saillante du storytelling de la Silicon Valley, reste… tout le reste. J'ai cité les inquiétudes concernant la robotisation de l'emploi, l'opacité potentielle des algorithmes et la question de la hiérarchisation des données. J'aurais pu ajouter ce qui concerne la surveillance, l'abolition de la vie privée, les biais volontaires ou involontaires de la programmation, les possibilités inouïes de manipuler à volonté les images et les sons, et les dangers de décisions ultrarapides laissées à l'appréciation d'algorithmes.

Tout cela est avéré et doit faire partie des signaux d'alarme et autres *caveats* accompagnant n'importe quelle mise en œuvre de telle ou telle invention comme

1. Hannah Arendt, *Condition de l'homme moderne*, 1958.

n'importe quel médicament comprend des mises en garde nécessaires à son usage. Mais lorsqu'on vante un médicament, on ne se contente pas de dire que dans 5 ou 10 % des cas il peut provoquer tel ou tel symptôme ou bien telle ou telle allergie ! On commence par dire à quoi et à qui il est destiné, et comment il peut améliorer la vie de celui qui l'absorbe.

Et n'en va-t-il pas de même pour les nouvelles technologies et les algorithmes qui les accompagnent ? Sans verser dans l'irénisme, ne peut-on raisonnablement espérer qu'elles permettent une meilleure répartition des ressources, un suivi plus fin des variations climatiques, une lutte plus efficace contre les prédateurs numériques, l'établissement de corrélations ouvrant de nouvelles perspectives en médecine et en biologie, l'amélioration des assistants robotisés pour prendre soin des personnes atteintes de démence ou par la maladie d'Alzheimer, la conception de *smart cities* écologiquement équilibrées… ?

Comment être révolutionnaire ?

Le pape François, lorsqu'il s'est adressé le 17 juin 2013 aux participants du Congrès ecclésial du diocèse de Rome, a affirmé qu'« *aujourd'hui, un chrétien, s'il n'est pas révolutionnaire, n'est pas chrétien* ». Ce livre pose au fond la question : comment être révolutionnaire au temps de la révolution numérique ?

D'abord en reconnaissant que les nouvelles technologies changent la manière d'être humain : on ne vit plus, on n'aime plus, on ne désire plus, on ne communique plus, on ne travaille plus aujourd'hui comme dans les années 1980. Pour le dire plus simplement, la question « Qu'est-ce que l'homme ? » n'a jamais été aussi vivace.

Ensuite en assumant que ces nouvelles technologies, comme n'importe quelle technologie, ne sont pas neutres mais porteuses de valeurs, de nouveaux savoirs et de nouveaux savoir-faire, et, au bout du compte, de nouvelles normes qu'il faut nécessairement encadrer par une éthique. Laquelle, on le sait, est tellement cruciale que dans le milieu de la *tech* les comités d'éthique sont aujourd'hui plus nombreux que les caméras de surveillance dans une rue de Chongqing[1]. Il y a un aspect agaçant bien sûr dans cet *ethicalwashing*, et si chaque entreprise a son propre comité d'éthique à usage exclusivement interne, on se demande, comme dit l'adage, *qui gardera les gardiens*.

Mais le bon côté des choses tient à ce que cette préoccupation éthique, fût-elle marketée à outrance, souligne au moins que chacun reconnaît que les garde-fous sont nécessaires lorsqu'on bâtit des technologies aussi puissantes. Il s'agit tout de même d'apprécier le bien et le mal de nos actions non seulement dans le présent mais aussi dans ce qu'elles peuvent provoquer dans le futur !

Et à ce propos je n'ai pas évoqué le coût écologique des *data centers* et de l'ère numérique en général. L'impact énergétique des premiers est tel qu'on estime qu'il représentera

1. Censément la ville la plus surveillée au monde avec 168 caméras pour 1 000 habitants en moyenne.

plus de 10 %[1] de la consommation mondiale d'électricité en 2030. Quant à la consommation de photos et vidéos, elle est assez terrifiante une fois convertie en gigawatt-heure : entre 3 et 300 GWh[2], selon les estimations, rien que pour la vidéo *Gangnam Style* vue par 3 milliards d'internautes ! Chacun d'entre nous dans l'avenir devra probablement revoir à la baisse ses usages immodérés d'images, mais c'est une autre histoire, en tout cas un autre chapitre de l'histoire de l'homme au XXIe siècle. Histoire que nous écrivons aujourd'hui et dont il me semble crucial que l'Europe soit partie prenante de son écriture et ne se laisse pas entraîner sur une voie imposée depuis Shenzhen ou Palo Alto. La souveraineté technologique de l'Europe, associée à l'importance qu'elle attache à la création de garde-fous éthiques, est un élément essentiel de la construction d'une société mondiale, sinon plus juste, du moins, dans un premier temps, plus décente.

Pour établir ses fondements éthiques je plaide pour ma part, cela n'étonnera pas mon lecteur, pour une approche biblique, une approche qui se place dans une perspective de la surabondance du bien, diamétralement opposée au conséquentialisme : on ne commet pas le mal en vue d'un bien supérieur[3] ! Je plaide en somme pour une éthique des

1. http://www.digitaljournal.com/tech-and-science/technology/a-look-at-the-huge-amount-of-energy-consumed-by-data-centers/article/564520
2. Selon la British Computer Society : https://www.bcs.org
3. Pour le dire comme la philosophe Elizabeth Anscombe, cela « aboutit à une situation où il est impossible d'identifier le mal d'une action en dehors de ses conséquences anticipées. Mais si cela est le cas, alors vous devez évaluer le mal à la lumière des conséquences que vous anticipez ; il s'ensuit que vous serez en mesure de vous disculper des conséquences réelles des actions les plus infâmes aussi longtemps que vous pouvez

vertus au premier rang desquelles je posterai en sentinelles les vertus théologales que tout chrétien essaie de pratiquer : la foi, l'espérance et la charité. Je m'empresse d'ajouter qu'elles ne sont ni excluantes ni exclusives et qu'un athée, un animiste ou un shintoïste peuvent avoir foi en l'homme ou en l'Univers, espérer réaliser une société plus juste et pratiquer la charité et la générosité à l'égard d'autres vies que la leur !

Indépendamment des croyances ou incroyances de chacun, le point important en ce qui concerne l'usage des nouvelles technologies me semble être qu'on ne peut pas se contenter du minimum syndical éthique et qu'il faut nécessairement avoir la volonté d'anticiper les problèmes et les dilemmes moraux qui seront ceux de la société de demain. La qualité d'une société se mesure à sa capacité à s'occuper de ses composants les plus vulnérables et si l'approche chrétienne n'a la prétention ni d'être unique ni d'être supérieure aux autres, elle propose une matrice de réflexion de nature à installer jusque dans le design des inventions une sorte d'habitus éthique. Parce que cette approche promeut l'idée qu'on n'est pas humain en suivant une nature humaine quelle qu'elle soit, mais en suivant le Christ, de la création à la rédemption. L'homme, c'est sa grandeur, est un inventeur, et la Silicon Valley n'est pas le *domaine des dieux* mais un endroit, aujourd'hui singulier, qui témoigne de ses capacités créatrices. Il est de notre responsabilité de ne pas être passif devant ce qui en jaillit. Il est de notre

prétendre que vous ne les avez pas prévues » (Elizabeth Anscombe, « Modern Moral Philosophy », *Ethics, Religion and Politics. Collected Philosophical Papers*, vol. III, University of Minnesota Press, 1981).

responsabilité de reconnaître que le monde sera ce que nous en ferons. Il est tard, mais il n'est pas trop tard.

Dieu s'est fait homme pour que l'homme devienne Dieu, écrit Athanase d'Alexandrie[1]. Qu'est-ce que la dignité humaine sinon d'être digne de ce cadeau ?

1. Comme Irénée de Lyon et Hippolyte de Rome avant lui, comme Basile de Césarée et Grégoire de Nazianze après lui.

Remerciements

Tout d'abord, mes remerciements vont à Sven Ortoli complice de chaque instant dans la rédaction de cet ouvrage. Nos échanges, toujours vifs et fructueux, m'ont beaucoup aidé à préciser ma pensée. Sa capacité à comprendre l'autre me fascine. Je tiens aussi à remercier les membres du réseau Optic, et en premier lieu le conseil scientifique, en particulier Cédric Villani et Antoine Petit, mais aussi Pierre Gueydier, Anne-Marie Hubert, Jean-Louis Davet, ainsi que tous ceux qui ont pris part à nos programmes de recherche, et dont je ne saurais dresser ici une liste exhaustive. Cet ouvrage est le fruit d'une réflexion élaborée, au fil du temps, à leur contact. Ma gratitude va également à ceux qui réfléchissent à ces questions au Saint-Siège, notamment les cardinaux Peter Turkson et Gianfranco Ravasi, Mgrs Paul Tigue, Lucio Ruiz et Carlo Maria Polvani. Je remercie les frères dominicains pour leur soutien intellectuel et leurs encouragements, et tout particulièrement le Maître de l'Ordre et son conseil, ainsi que l'équipe de coordination d'Optic, qui transforme nos projets en succès.

Sven Ortoli tient aussi à remercier pour leur lecture attentive : Victor de Castro, Stanislas Chaillou, Laurence Devillairs, Michel Eltchaninoff, Sonia Feertchak, Christophe Labedays, Raphaël Olivier et Nicolas Tenaillon.

TABLE

Préambule 9
Introduction. Nous, les humains 11

1. Une passerelle entre science et foi....................... 23

Un eurêka religieux 24
Pourquoi y a-t-il quelque chose plutôt que rien ?........ 26
Les lunettes de Giordano 27
Foi et vérité 28
La condamnation de Galilée..................................... 30

2. Ni ange, ni bête, ni machine… 32

De Graham Bell à Steve Jobs 35
Ni ange ni bête 36
Des hackers au Vatican 40
Une passerelle entre le Vatican et la Silicon Valley..... 40

3. Un absolu besoin de sens 43

Un Shiva logistique 44
À l'ouest du numérique.. 45
Dans l'Amérique gluten free...................................... 47
Connaissez-vous le capitalisme inclusif ?..................... 48

Les prophètes du présent 48
1 000 milliards de dollars 50
Ni des vampires ni des enfants de chœur 51

4. Un mythe quasi biblique ? 53

Il est né dans un garage 54
Miracle dans la Silicon Valley 56
Virtual class et inégalités 57
Le destin de Rocketman.. 58

5. L'ascenseur.. 61

Premier étage 62
Deuxième étage... 63
Troisième étage... 63
Quatrième étage 63
2050 ? 64

6. Rendre fini l'infini
et autres leçons du veau d'or 66

Petroleum Veto 67
Le Léviathan n'est pas très écolo.............................. 69
Deus ex machina ? 70
Alizés bienveillants 72
Mon royaume pour un point d'appui 73
J'ai trouvé !.. 74
Une licorne sinon rien.. 75
Remède et poison... 77
Aucune arme n'est neutre 77
Le produit d'une société... 78
Un biais ethnique au milieu du salon de la tech......... 79
La nature du veau d'or 80
Rendre fini l'infini.. 81

7. La crise de foi dans les nombres témoigne-t-elle d'une crise spirituelle ? 83

« L'art de peser la prospérité » 84
Deux millions de bulles dans une coupe de champagne 85
Un monde à la Matrix 87
Le temps des fake news 88
Question de confiance 89
Au nom du doute 90

8. Mon âme est-elle soluble dans un ordinateur ? 94

Un Argos impitoyable 96
Big Mother is watching you 98
Reconstituer le puzzle 98
Mon âme n'est pas numérisable 100
Une forêt de signes 101
Corrélation n'est pas causalité 103

9. Metropolis ou la fin du travail 105

Spartacus mécanisés 106
Mon chien fait la tête 108
Animisme technique 109
Dans la vallée de l'étrange 110
Peut-on se confesser à un robot ? 111
Qui est le monstre ? 112
Qui est responsable ? 114
L'avenir du travail 116
Destruction créatrice ? 117
Des risques et des espoirs 118

10. Robots killers 123

Terminator is back again 124
Moches, bêtes et mortelles 125
Plus ou moins autonome ? 126
Abeilles tueuses 129
Y a-t-il un responsable dans la salle ? 131
Une nouvelle course aux armements 132
La grande course à l'IA 135
Si tu veux la paix, prépare la guerre 137

11. La drôle de cyberguerre 139

Du cybercrime à la cyberguerre 141
Une définition impossible ? 143
La guerre hors limites 144
Corsaire ou pirate ? 145
Un squelette grimaçant 147
Tytan contre Stellaria 149
La cyberguerre de tous contre tous 151

12. Être aimé, fût-ce d'un algorithme 153

Le fantôme dans la machine 155
Totems sans tabous 156
Le clan Google 157
Le fossé numérique 160
Un million de demandes en mariage 161
Ici on paie en données 162
Un pacte dangereux ? 163
Panopticon d'appartement 165

13. Un juge de silicium 168

Que signifie « hautement probable » ? 169
Le temps, l'argent et les legaltechs 171

Un juge idéal 172
Contester une contravention
et autres joies du droit civil 175
Une fracture qui se réduit 177
Derrière les barreaux 179
De la phrénologie aux algorithmes 181
Une baguette magique numérique 183
La chasse aux biais 184
Question de race 185
Vous avez dit équitable ? 186

14. Une question de confiance 191

Avis de tempête numérique 192
Les conditions de la confiance 193
Refus d'embarquer 195
Blockchain et solidarité 196
Les généraux byzantins craquent le code 197
Ce qui nourrit les populismes 200

15. Algocrate toi-même 202

Boîte noire 204
Gouverner par la prédiction 206
La « plateformisation » de l'État 208

16. Un chatbot doit-il prêter
le serment d'Hippocrate ? 213

Du diagnostic au pronostic 214
Cet art est-il soluble dans l'IA ? 215
Peut-on neutraliser les biais ? 217
Discrimination report 219
Éthique et assurances 220
Peut-on coder l'intuition ? 223

17. L'immortalité est-elle un problème technologique ? 224

Mort à la mort 225
Les nouveaux alchimistes 227
Les précurseurs 229
Tu as fait ta sauvegarde ? 233

18. L'intelligence artificielle est-elle intelligente ? 238

Le péché originel de l'IA 239
Un problème de définition 241
La machine à oracle 243
Vous avez dit IA ? 245
La première machine à « penser » 246
Un paysage complexe 248
Bête comme un manche à balai 250
La promesse de Babel 252

19. Peut-on créer un dieu numérique ? 255

La menace de la singularité 257
Qui croire ? 258
Un agnosticisme faible 259
Darwin, les machines et le diable 260
Les humains rêvent-ils de dieux électriques ? 263

20. Mars ou crève 265

Mille Mozarts ou mille Hitlers ? 267
Sortir du berceau ? 268
Nous n'avons pas de canots de sauvetage 270
Un an trop tard 270
La fin d'un rêve 271

L'éléphant blanc.. 273
Assurance apocalypse 275

Conclusion. L'homme qui voulait être Dieu............ 279
Nous, les humains.. 280
La seconde révolution 281
Un être, non un avoir 283
Comment être révolutionnaire ?................................ 285

Remerciements 291

COMPOSITION ET MISE EN PAGES
NORD COMPO À VILLENEUVE-D'ASCQ

CET OUVRAGE A ÉTÉ ACHEVÉ D'IMPRIMER
PAR CPI
EN FÉVRIER 2020

N° d'impression : 2050334
Dépôt légal : mars 2020
Imprimé en France